Libéralisme
et totalitarisme

Questions contemporaines
Collection dirigée par B. Péquignot, D. Rolland et Jean-Paul Chagnollaud

Chômage, exclusion, globalisation... Jamais les « questions contemporaines » n'ont été aussi nombreuses et aussi complexes à appréhender. Le pari de la collection « Questions contemporaines » est d'offrir un espace de réflexion et de débat à tous ceux, chercheurs, militants ou praticiens, qui osent penser autrement, exprimer des idées neuves et ouvrir de nouvelles pistes à la réflexion collective.

Dernières parutions

Alain MESSAGER, *Le sabre et la poussière, Essais sur le postmodernisme et la guerre,* 2015.

Sébastien EVRARD, *Réformer l'administration et réformer l'état, Jalons historiques et juridiques,* 2015.

Max MEMMI, *La France en partage*, 2015.

Marine LAMARE, *Le droit à la ville. Justifications, apports, manifestations et portées*, 2015.

Louise FINES, *Irresponsabilités récurrentes des élites. Accidents fortuits et crimes en col blanc*, 2015.

Sophie AOUIZERATE, *Les habitants de France sont-ils des Français ?,* 2015

Paul SCHEFFER, *Formation des diététiciens et esprit critique, Comment favoriser l'indépendance professionnelle et une pratique réflexive du métier ?,* 2015.

Nicolas BOURGOIN, *La république contre les libertés, Le virage autoritaire de la gauche libérale (1995-2014),* 2015.

Antonio FURONE, *Les crises de Santé publique, entre incompétence et compromissions,* 2014.

Frank GUYON, *France, la République est ton avenir,* 2014.

Guy PENAUD, *Pour en finir avec l'affaire Robert Boulin*, 2014.

Alain COGNARD, *Misère de la démocratie. Pour une réingénierie de la politique*, 2014.

Jean-Marc Da Silva

Libéralisme et totalitarisme

L'Harmattan

5-7, rue de l'Ecole-Polytechnique, 75005 Paris

http://www.harmattan.fr
diffusion.harmattan@wanadoo.fr

ISBN : 978-2-343-060682
EAN : 9782343060682

Merci à Isabelle et Christian pour leur relecture
et à Élisabeth qui m'accompagne.

Introduction

La responsabilité de chacun implique deux actes : vouloir savoir et oser dire.[1]

La question que nous poserons est de savoir pourquoi et comment l'idéologie libérale a monopolisé l'ensemble des mentalités depuis des décennies au point que l'avènement d'un monde totalitaire n'apparaît pas être qu'une vue de l'esprit.

On hésite à parler de libéralisme — et non *des* libéralismes — comme s'il n'existait qu'une doctrine. En réalité, la pensée libérale admet d'amples variations apportées par ses concepts adjacents[2]. Nous entendons nous attacher à l'essentiel et tenterons de démontrer que l'idéologie libérale, comme toute idéologie, repose sur une idée simple. Par ailleurs, nous nous emploierons à montrer la force d'une idéologie, non seulement par sa prégnance et sa contagion dans les esprits, mais également — et c'est la spécificité du libéralisme — par sa capacité à se présenter comme vierge de tout présupposé idéologique, un discours neutre en quelque sorte composé d'énoncés de bon sens, une position qui va de soi pour tout homme sensé. Elle donne néanmoins une grille de lecture de la réalité, mais elle est avant tout pensée en vue de l'action, organisation mentale propre à façonner les comportements individuels. À ce titre, elle se distingue de la science et de la philosophie : elle ne vise ni la connaissance, ni l'explication, ni la réflexion. Le libéralisme, en tant qu'idéologie, constitue un guide d'action propre à orienter la manière de faire des hommes. Comme toute idéologie, il est éminemment politique en ce qu'il établit une « pensée-action qui se propose de construire un monde juste. »[3] L'action ne doit pas être entendue seulement en termes d'actes, mais aussi de comportements, d'attitudes, de « postures » comme on dit de nos jours, d'affects et d'émotions[4]. L'idéologie, quelle qu'elle soit, a tendance à s'emparer de la totalité de l'homme, apparemment pour son bien et le rendre libre, et par là même elle annonce sa vocation totalitaire.

---

[1] H. Grouès, alias L'Abbé Pierre, *Servir : paroles de vie*, avec A. Navarino, Presses du Châtelet, 2006.

[2] Voir les travaux de M. Freeden et son analyse de la structure des champs idéologiques, *Ideologies and Political Theory*, Oxford University Press, 1996. Ces concepts adjacents engendreront l'utilitarisme, le libertarianisme, le néolibéralisme, le libérisme italien, etc.

[3] A. Badiou, entretien, *Alain Badiou, philosophe en temps de crise*, Mediapart, 19.02.2012.

[4] Au sens originel de mouvement et trouble (*motus*) de l'âme.

Dire cela — à savoir que l'idéologie conditionne les comportements — semble reprendre la *camera obscura*[1] de Marx, selon qui il faut juger les sociétés non d'après leur idéologie, mais d'après le sort sociohistorique qu'elles réservent aux hommes. Partant de leurs conditions concrètes d'existence, il est alors possible de remonter aux structures idéologiques qui les déterminent. La méthode inverse entraîne des affrontements idéalistes sans solution quant à leur traduction dans la réalité de tous les jours. Autrement dit, *actor sequitur esse*, les actes et comportements sont la signature de l'être, de ce qui agit. Pour les comprendre, il faut encore les décrypter et, pour ce faire, il faut les décoder à l'aide d'un outil sémantique constitué de concepts ou d'idées. Dès lors, il est vrai que rien n'interdit de considérer ces comportements et actes comme expressions de tendances sous-jacentes et qu'il revient à l'analyste de traduire ces expressions non dites en idées claires. Mais cet effort de clarification est double, puisqu'il faut simultanément mettre en évidence la signification des actes et les concepts utilisés pour dégager ces significations. Le rôle du philosophe consistera alors à faire émerger le sens caché, à le mettre en évidence sous forme d'idées dans un discours, mais également à expliciter sa propre grille d'interprétation. Nous reprendrons à notre compte la philosophie du marteau[2], celle qui consiste à frapper les concepts pour savoir quel(s) son(s) ils rendent. Autrement dit, nous adopterons une force questionnante et laisserons à chacun le soin d'apprécier les réponses en retour.

Évidemment, chaque idéologie repose sur des principes et se donne des fins à réaliser. Chacune prétend conduire à des fins universelles, bonnes et généreuses pour tous. Les comparer et les juger à ce niveau reviendrait à disposer d'une pensée non idéologique. L'argument est classique. Ce n'est pas notre objet. En reprenant l'argument de Marx, on ne peut qu'évaluer une idéologie, c'est-à-dire mesurer l'écart entre ses aspirations et les moyens mis en œuvre pour les atteindre en étant attentifs aux surévaluations qui, précisément, ont pour but de surestimer — à la limite, falsifier — un fait objectif qui apparaît, du coup, insuffisant par rapport à l'ambition ou aux aspirations attendues. La tendance de l'idéologie n'est pas de se remettre en cause par un mouvement de réflexion, mais à l'aide d'hypothèses *ad hoc*, de réorganiser son discours à la périphérie ou de donner une autre version des faits. Puisque l'idéologie prétend détenir la vérité — son idée première —, il ne lui est pas permis de la remettre en cause à moins de s'effondrer.

---

[1] « Et si, dans toute l'idéologie, les hommes et leurs rapports nous apparaissent placés la tête en bas comme dans une *camera obscura*... », *L'idéologie allemande*, partie I, *Feuerbach*, Éditions sociales, 1966, p. 36.

[2] En référence au titre alternatif du *Crépuscule des idoles* de F. Nietzsche, « Comment on philosophe avec un marteau ».

Nous considérerons donc le libéralisme comme une idéologie, non seulement parce qu'il ne constitue pas un discours formellement cohérent et théoriquement achevé comme le serait une philosophie, mais encore parce qu'il développe des discours à partir d'une idée première, d'un postulat non discuté. En ce dernier sens, nous reprendrons l'origine étymologique de l'idéologie, à savoir le développement logique d'une idée, comme l'a déjà rappelé Hannah Arendt[1]. Ce point est fondamental : l'idée première appréhende l'expérience en la ramenant à son unité, avec la garantie que la vérité est une et ne peut être qu'une.

Le schéma général de notre recherche fut le suivant : définition des concepts-clés du libéralisme et du totalitarisme, mise en évidence des stratégies et outils du libéralisme, observation de leur mise en œuvre dans l'histoire récente (une manière de tester nos hypothèses ou de les illustrer notamment dans le domaine économique), retours d'expérience avec la préfiguration d'une construction totalitaire, reprise des concepts-clés en les articulant avec les contenus factuels, et enfin la question : sous quelles conditions l'homme — nous autres — peut-il se dégager de l'enfermement totalitaire dans lequel il est embarqué ?

Les contraintes d'édition — et on les comprend — nous obligent à ne reprendre que les phases théoriques (« concepts-clés ») de notre entreprise sous la forme d'un essai. Se trouvent donc amputés les moments probants, événementiels — toujours sujets à caution — et la conclusion d'ouverture vers l'action (en préparation) qui ne peut être qu'hétérodoxe face à l'idéologie dominante.

On ne s'étonnera donc pas de nos emprunts quasi exclusifs au monde socio-économique qui se présente comme la réalité première de notre époque. Ils seront encore justifiés lorsque l'on montrera que l'économie forme la première orbite du foyer libéral. Ils le seront d'autant plus si le libéralisme retient que la souveraineté — la capacité ultime de décider, de faire passer une idée dans la réalité des choses — est attachée à l'individu et non à la collectivité : l'économie de quelques-uns serait-elle la ruine de tous les autres ?

Dès lors, ne faut-il pas renverser les images que nous recevons du monde ? Le discours ambiant rabâche que la crise économique engendre des crises financières comme une évidence, alors que cette rhétorique présuppose une causalité de la première sur les secondes, loin d'être démontrée par le cours de l'histoire. L'énoncé est d'autant moins probant qu'il impute dans la foulée la responsabilité de « la crise » aux États qui n'ont pas su contenir leurs dépenses, ni réduire les aides sociales et les

---

[1] « Une idéologie est très littéralement ce que son nom indique : elle est la logique d'une idée ». *Les origines du totalitarisme, Idéologie et terreur*, Seuil, Coll. Points, 1972, p. 216.

impôts, ni libéraliser davantage leurs rouages, alors que depuis des décennies le libéralisme s'est employé à retirer aux États toute implication dans le domaine économique et financier.

Comment le président de la plus grande puissance mondiale a-t-il pu déclarer, sans sourciller ni démissionner, que « l'État n'est pas la solution, mais le problème »[1] ? Comment le courant de pensée qui l'animait a-t-il pu résister au temps, alors que d'autres se sont effondrés ? Comment cette résistance du libéralisme a-t-elle pu conduire à un système chaotique ? Existe-t-il une force originelle qui assurerait sa longévité et, tout en même temps, un vice caché qui justifierait cette situation anarchique ?

Les crises financières actuelles ne sont-elles que conjoncturelles ou structurelles ? Dans le premier cas, des mesures d'ajustements sont possibles (même si elles sont drastiques). Dans le second, il faut avoir le courage politique de changer radicalement le système. La stratégie marketing l'emporte sur le choix politique : l'ingéniosité consiste à entretenir la confusion et à faire passer l'une pour l'autre. Les « ajustements structurels » avancés par les communicants ne touchent aucunement aux fondamentaux du système, mais aux conséquences tout en prenant l'allure de réformes structurelles en profondeur.

On l'a bien compris, la structure est définie *a priori* et exprime des concepts logiquement organisés et articulés entre eux. Le système s'élabore progressivement à partir des faits, des pratiques et il s'analyse à l'aide d'observations empiriques, de recueil de données solidarisées entre elles. Pour l'instant, nous laissons le débat ouvert en employant l'un et l'autre : les crises financières relèvent-elles d'une structure propre à l'économie ou, plus simplement, de comportements systémiques ? Et encore, le libéralisme n'est-il pas la cause de l'une et des autres au point de constituer un tout, une totalité, une réalité totalitaire ?

[1] R. Reagan, discours d'investiture, 20 janvier 1981.

L'ouvrage de Catherine Audard[1], spécialiste de l'histoire du libéralisme, a provoqué notre questionnement. L'auteure a su remarquablement positionner les enjeux et les jeux des concepts au sein des variations de la pensée libérale. Nous nous distinguerons de sa thèse notamment sur la place de l'économie dans le libéralisme.

Frédéric Lordon a stimulé notre intérêt et provoqué notre réflexion sur les questions économiques. Il nous a contraint à faire un effort de recherche et de compréhension. Espérons qu'il ne sera pas vain.

Enfin, il est superflu de préciser que ce travail de compréhension n'est pas une œuvre de connaissances : les faits rapportés ne seront jamais suffisants. Des faits manquent — et manqueront toujours, nécessairement — et, de plus, ils manquent d'explications sous-tendues par une théorie. Certes, les spécialistes s'attendent à discerner, au travers de l'analyse des faits, une théorie connue, une tendance d'école, voire une démonstration déterminante. Ce n'est absolument pas notre projet ni notre objet, d'autant que la théorie des faits n'est qu'une théorie, une manière d'articuler la réalité à partir d'hypothèses qui l'éclairent. Il est avant tout question ici de comprendre, de rassembler les idées et les expériences dont chacun est capable.

---

[1] *Qu'est-ce que le libéralisme ?*, Gallimard, coll. Folio essais, 2009.

Livre I
Libéralisme et totalitarisme

Titre 1
Le libéralisme

Dans les lignes qui suivent, nous n'ignorons pas que le terme même de libéralisme est apparu au début du XIXe siècle[1] et nombreux sont ceux qui attribuent sa paternité à Locke. Nous ne retracerons pas l'histoire du libéralisme, ses écoles et ses tendances. Nous nous limiterons à en extraire les principes, les concepts-clés et distinctifs, à partir desquels se sont formés différentes théories, courants de pensée ou écoles.

L'intérêt d'une analyse des constituants *génétiques* du libéralisme revêt une importance de premier ordre puisqu'elle met en évidence ce qui, dès et par les principes, conditionne tous les développements ultérieurs. Autrement dit, reprendre la genèse d'une idéologie montre que, dès le commencement, se trouvent impliqués les fondamentaux ou les premiers mots qui ancreront les débats ultérieurs.

---

[1] Le premier emploi du terme remonte vers 1810, selon Lalande : *Liberales* désigne le parti espagnol qui veut introduire en Espagne le parlementarisme de type anglais. Maine de Biran définit le libéralisme en 1818 dans son journal comme « la doctrine favorable au développement des libertés ».

Chapitre 1
L'axiome : la primauté de l'individu

Pour le libéralisme, c'est une évidence, l'individu est premier. Il est le principal sujet et objet du discours et il prime sur tous les autres. Entendons par là que c'est toujours un individu qui parle et qui parle de sa principale préoccupation à savoir : lui-même. C'est une évidence parce que nous le constatons tous les jours, sans discontinuer : tout discours s'amorce ou aboutit à un jugement personnel qui implique le sujet. L'opération langagière traduit plus ou moins habilement en énoncés « objectifs » (vérifiés ou vérifiables), universels (valables pour tous) des interprétations subjectives de la réalité. Même un énoncé de base, premier ou primitif, ne peut prétendre à la vérité[1]. Si aucune proposition de départ ne peut se justifier elle-même — comme l'a démontré Kurt Gödel[2] —, il n'en demeure pas moins vrai que l'individu qui la formule la tient pour vraie et c'est la seule vérité à laquelle il ait affaire. Il en va de même des formules mathématiques, des hypothèses ou lois scientifiques, elles sont toutes produites par des individus particuliers.

À cette conception particulière et subjective de la vérité s'oppose la valeur universelle d'énoncés valables en tout temps et en tout lieu, quelles que soient les personnes. De ce point de vue, l'origine particulière n'entame pas la valeur universelle des propositions. Ainsi, la théorie de la relativité générale « découverte » par Einstein a suffisamment montré sa valeur universelle, certes dans certaines limites fixées par la mécanique quantique[3]. Il n'est pas utile, ici, de rentrer dans ce débat. Il suffit de relever que, par principe, le libéralisme favorise le particulier au détriment de l'universel et que toute théorie, y compris morale, a toujours une valeur restreinte, limitée à celui qui l'énonce ou à ceux qui y adhèrent. Aucune ne s'impose de soi aux individus. La pensée libérale est réservée, sinon hostile, aux règles, codes et normes qui restreignent les droits individuels. Ils ne s'imposent que par une réalité transcendante, placée au-delà des individus, Dieu. Encore faut-il y croire.

Le discours lui-même n'est pas un « déjà-là », un état. Il est le résultat — on vient de le dire — d'une production, d'un acte individuel. C'est dire que l'individu est essentiellement agissant, producteur, créateur en quelque sorte. Il introduit de la nouveauté ne serait-ce que par le langage qui ne se

---

[1] Il n'est pas question ici de s'embarquer dans les débats ouverts par l'empirisme logique.

[2] Aucune proposition initiale ne peut se justifier elle-même à moins de sortir du système qui l'a énoncée. Elle est donc incomplète.

[3] Au-delà du débat inauguré en 1927 par le congrès de Solvay, se pose la question d'une Vérité unique, des limites de la connaissance de la physique relatives à la naissance de l'Univers, de la preuve des théories scientifiques, etc.

rencontre pas dans la nature, sinon par l'interprétation des hommes qui, par anthropomorphisme, assimilent des signaux à leur propre mode d'expression et de communication. L'action et l'innovation composeront les ramifications du libéralisme.

On ne peut alors placer le libéralisme comme une théorie philosophique — au sens spéculatif —, un système d'interprétation du Monde et de la nature humaine, mais plutôt comme un guide d'action fondé sur des principes suffisants pour justifier une action qui, de fait, empiriquement, sera toujours individuelle. Il faut donc postuler que l'individu, l'intérêt individuel, est le seul *motif* de son action. Quelles que soient les *raisons* qui la justifient, l'ultime motif est individuel. C'est toujours un individu et un seul qui, concrètement et en définitive, pose un acte.

La primauté individuelle relègue au second plan, ou discrédite selon les tendances, la nature sociale de l'individu. La nature politique de l'homme est ici seconde : elle est nécessaire parce que nous vivons ensemble, mais elle ne l'est pas essentiellement comme l'énonçait Aristote : sans elle, l'homme est « ou une brute ou un dieu »[1]. Nous sommes — et nous devons rester — indépendants du social, au sens où celui-ci ne doit pas nous conditionner. Le social est à la fois nécessairement induit par la cohabitation, à la fois nécessairement utile pour assurer la satisfaction des besoins de chacun. Ni brute, ni Dieu, l'individu se civilise. Le fait social imposé en tant que fait est, dans son mode de fonctionnement et son application réelle, déterminé par les individus. Il faut le prendre comme le produit des interactions individuelles et, à ce titre, il relève de la responsabilité des individus.

Le dogme : l'individu souverain

On l'a dit, l'individu prime tous les autres sujets de pensée puisque c'est lui qui apporte toutes les déterminations. La souveraineté manifeste une puissance d'exercice première, s'appliquant à tout et à tous. Elle est « suprême », comme l'indique son origine étymologique[2], rien n'est au-dessus d'elle. En l'attribuant à l'individu, elle le place comme la mesure de toutes choses. Il est non seulement le seul auteur de ses énoncés, mais aussi de ses actes : il s'autodétermine. *Stricto sensu*, la souveraineté ne se partage pas. La proposition de base libérale est bien constituée d'un sujet — *l'individu* — et d'un attribut — *souverain* —, ce dernier conférant une qualité au sujet. La réalité nous montre pourtant qu'elle se différencie, qu'elle se délègue, qu'elle se divise en instances représentatives d'une part de souveraineté (comme le judiciaire, le législatif, l'exécutif). La prétention du concept se heurte à l'explication de la réalité. Cette antinomie sera reprise tout au long de notre cheminement.

---

[1] *La politique*, I, 2, 1253 a 29.
[2] De *super, supra*, en latin.

L'individu souverain est la pierre angulaire de l'édifice libéral et son suprême étalon, celui par rapport auquel les idées et les pratiques sont jugées. Traditionnellement, l'individu désigne un genre, terme général et premier, qui n'admet plus de distinctions spécifiques pour les êtres qu'il désigne. Il regroupe et comprend toutes les espèces et différences, mais il n'est plus lui-même l'objet d'une différence. Parler donc d'individu consiste à gommer toutes les particularités, toutes les caractéristiques particulières et, en les pluralisant (« les individus »), à ne considérer que des représentations d'un même genre sans différences entre elles.

Partant du concept d'individu ainsi défini — un quelconque —, tout individu vaut strictement un autre, quelle que soit sa nature spécifique, son individualité, mieux, sa personne. De même qu'un kilo de plume est égal à un kilo de plomb. Si l'on ajoute la souveraineté à l'individu, cette autonomie individuelle monadique fait que la liberté de l'un est strictement égale à celle de l'autre, sans que l'une puisse fondamentalement influencer l'autre. Dans cette optique, « aucun être humain n'a un droit naturel ou divin à gouverner les autres »[1]. Le principe ne revêt aucune valeur de l'un par rapport à l'autre. Et la différence en valeur est uniquement fondée sur un jugement de comparaison des hommes entre eux dans un contexte social.

Par conséquent, la valeur « utile » ou efficace de chacun est autre chose. Elle dépend de facteurs naturels (les capacités, les dons), de la puissance de chacun à les exercer (les compétences), du hasard (la chance ou la fortune[2]), de l'échange entre les compétences et les attentes des uns et des autres (le mérite étant attribué à la compétence définie comme sa valeur attendue et estimée). Dans ce cadre, une société juste sera celle où chacun aura sa juste place compte tenu de sa valeur « utile ». Chacun étant souverain de lui-même, la valeur est estimée par la société, par le commerce, ces relations d'échange que les uns entretiennent avec les autres. En cas d'échec, il sera imputé à une « mauvaise pioche », pas de chance pour ce sujet qui, pour des raisons internes ou externes, n'a pas trouvé sa place, sa valeur utile dans ce commerce. Le hasard est innocent. Par suite, la responsabilité revient toujours à l'individu puisqu'il est souverain et tout ce qui lui arrive ne peut être attribué qu'à lui-même.

Il faut le dire clairement : l'individu souverain est l'individu qui se suffit à lui-même. L'intelligence du libéralisme consistera à faire glisser cette suffisance en interdépendance dans le domaine de la vie pratique, économique : sans entamer ma souveraineté, je peux commercer avec

---

[1] C. Audard, op. cit., p.179.

[2] La chance (*Tuché*) se distingue du hasard (*Automaton*). Un exemple d'Alexandre d'Aphrodise éclaire bien la distinction d'Aristote entre les deux concepts : un cheval échappé rencontre son maître par hasard ; il y a *Automaton* pour le cheval et *Tuché* pour le maître. Lalande, *Vocabulaire technique et critique de la philosophie*, article *hasard*. La « fortune » suggère bien le sens financier de la chance.

d'autres pour assurer mes propres besoins. L'autarcie ne correspond pas à la réalité. Pour autant, le commerce avec les autres n'entame pas ma souveraineté, pour peu que je ne perde pas mon intérêt, à savoir ma liberté de vivre et de conscience. L'articulation entre souveraineté individuelle et règles communes n'est pas aussi simple et fait l'objet de multiples ajustements dans l'histoire de la pensée libérale.

Sur ce point, nous trouvons une certaine cohérence à ne pas définir l'individu souverain. En effet, la complexité des êtres humains et leur complexion, la diversité des inclinations et des performances interdit d'aller au-delà d'une appellation générique. On ne peut réduire et simplifier cette prodigieuse diversité de la nature sans la falsifier. Déterminer la particularité d'un individu, vouloir la décrire ou la désigner singulièrement, c'est déjà en quelque sorte en prendre possession et nier sa souveraineté.

L'individu n'est pas un sujet, une personne : un sujet qui a des droits — mais qui n'est pas lui-même source de droit — et une personne riche de la complexité. La personne est particulière, unique, singulière. Il n'est alors pas deux « individus » identiques.

Liberté et égalité

Quant aux attributs de liberté et d'égalité accordés *par nature* à tout individu[1], ils sont l'objet d'interprétations opposées : l'une considère que ces attributs sont acquis par nature, dès la création, et l'autre qu'il s'agit d'idéaux à atteindre, inscrits, eux, au titre de *semences de vérité*[2] qu'il revient à l'homme de développer. Tout cela conduit à des oppositions tant politiques que philosophiques au sein même du libéralisme. Pour en donner un exemple : dans le premier cas, l'homme a été perverti et aliéné depuis son état de nature[3] par le despotisme de la société ; dans le second, l'homme, naturellement mauvais, mais pas que mauvais, est en mesure d'assurer son salut par son action et de retrouver la liberté et l'égalité auxquels il peut en droit et en fait accéder. À une vision descriptive, inspirée par les récits de la création biblique, répond une prophétie normative d'un droit à installer. Nous signalerons, ici ou là, ces interprétations sans nous y attarder.

Le rapport de l'une à l'autre distinguera les pensées libérales. Le mariage des deux concepts est difficile. L'égalité abolit les différences que la liberté exige. Il semble que l'extension de l'une soit dans un rapport inverse à celle

[1] « Il faut considérer dans quel état les hommes sont naturellement (...) un état de parfaite liberté (...) et d'égalité ». J. Locke, *Traité du gouvernement civil*, chap. II.

[2] R. Descartes, *Règles pour la direction de l'esprit*, règle IV. Bien que « les premières semences de pensées utiles » soient affectées à « l'intelligence humaine » et lui confère « quelque chose de divin ». Nous employons donc cette expression pour désigner également des valeurs morales.

[3] Pour dissiper un malentendu classique, l'état de nature n'a jamais existé. C'est un concept explicatif qui permet de comprendre et de construire le phénomène « société ».

de l'autre, comme l'extension l'est à la compréhension : plus je définis une chose, d'autant je lui attribue des différences spécifiques, qualitatives, d'autant cette chose se différencie des autres et se rapproche de la singularité au point de devenir unique. À l'inverse, le dénombrement des choses suppose une identité de nature entre elles, une égalité qui me permet de les collecter sous un même critère. Plus le critère est large, indéterminé, comme l'est « l'individu », plus l'extension l'est également. À privilégier l'égalité des individus, leur liberté passe au second plan et se présente plutôt comme un bien non défini. À l'inverse, si l'on veut accorder une place éminente à la liberté, à l'autonomie, alors les différences individuelles apparaissent et le concept d'égalité devient formel.

À ce stade, la nature qualitative de la liberté disparaît au profit d'une appréciation quantitative. Nous entendons par là que le concept de « la personne », par exemple, contient en lui-même une unicité, une singularité, une individualité qui n'admet pas une égalité entre deux êtres où l'un est identique à l'autre. Nous privilégierons le terme de « personne » lorsqu'il s'agira de désigner un être humain singulier, différencié, et celui d'« individu » lorsqu'il sera question d'un quelconque, anonyme.

Initialement, fondamentalement répétons-le, la liberté individuelle est identique pour tous au regard de la pensée libérale et elle peut être définie comme capacité de se déterminer soi-même. Il peut être curieux de constater le caractère abstrait de la liberté ainsi définie, alors que le libéralisme entend développer une conception des êtres et des choses proche du concret, de manière à engendrer une action juste et efficace.

Il suffit de considérer une inégalité de fait entre les hommes pour que la liberté prenne une tout autre allure. Comme ces différences réelles introduisent naturellement des degrés de liberté entre les hommes, une société juste sera celle qui n'introduira pas une différence supplémentaire entre les individus susceptible de majorer ou de minorer leur degré de liberté et qui réservera une égalité de traitement entre eux. La fonction de la société sera prioritairement d'assurer une égalité *susceptible* d'apporter une même liberté, de préserver la liberté individuelle. Ainsi le libéralisme moderne parlera-t-il d'égalité des chances, celle qui permet d'accéder au libre développement des aptitudes de chacun et de justifier le principe inégalitaire de la réussite compétitive étant entendu que chacun a les mêmes chances au départ. Toutefois, pour garantir cette égalité, il faut que la collectivité n'y mette pas obstacle. Une autre conception de l'égalité des chances, positive, envisage de compenser les différences naturelles en favorisant l'accès aux ressources économiques et culturelles grâce à l'État-providence : donner plus à ceux qui ont moins (sans oser dire « donner moins à ceux qui ont plus »). Il s'agit bien « d'égalité des chances » et non pas d'égalité sans restriction : la redistribution des ressources n'est pas une mesure libérale[1]. Il est bien entendu que l'égalité des chances admet en arrière-fond les inégalités naturelles, de naissance, sans qu'il soit procédé à leur analyse et à la recherche des causes. Dieu, sans doute, l'a voulu ainsi. Bien souvent, le libéralisme flirte avec cette idée que la liberté est un attribut de la pauvreté[2], car celui qui n'a rien, n'a rien à perdre et n'est tenu par rien. Par là même, une société de pauvres est naturellement égalitaire.

Le dualisme liberté-égalité ne saurait être dépassé que par une pensée dialectique, bien éloignée de la pensée libérale. Celle-ci se veut linéaire, proche des faits qu'elle articule, plutôt descriptive alors que celle-là fait jouer les concepts par une activité réflexive.

La liberté individuelle rejette toute interférence ou contrainte sociale arbitraires et justifie la protection de la vie privée : la revendication de l'anonymat y trouve là sa justification. La liberté consiste en la capacité de l'individu à résister à tout dogmatisme moral qui dicterait sa conduite. En ce sens, personne, aucun système théorique ou groupe, ne peut avoir la prétention d'avoir raison et de vouloir contraindre les autres — en douceur ou par la violence — à adopter des valeurs ou à s'engager dans la promesse d'un monde meilleur. Chacun est responsable de ses idées et de ses actes. La conviction est personnelle et ne peut être imposée à autrui[3].

De la souveraineté individuelle découle toute une série de droits fondamentaux et inaliénables, comme le droit de propriété (les biens acquis par l'individu) ou la liberté de conscience (dans la définition du bien et du mal). Soulignons à cet endroit l'ambivalence de ceux-ci : en ce qui concerne la propriété, s'agit-il des biens seulement acquis par la force de travail de l'individu[4] ou ceux également transmis par héritage ? Quant à la liberté de conscience, comment faire cohabiter des consciences différentes sans enfreindre les droits absolus de leur conscience ?

Poursuivons le questionnement : si la réalité politique montre qu'elle est fondamentalement inégalitaire, hiérarchique, puisqu'il faut bien décider pour

---

[1] À ceci près que le libertarisme admet une redistribution lorsqu'un individu arrive dans un monde entièrement occupé…

[2] La liberté est la qualité de ceux qui n'ont rien. Aristote l'avait déjà observé : « Là où la multitude des pauvres l'emporte (…) là aussi il y a tout naturellement démocratie », *La politique,* IV, 1296 b25.

[3] C'est la distinction entre « l'éthique de la responsabilité [verantwortungsethisch] » et « l'éthique de la conviction [gesinnungsethisch] » introduite par Max Weber dans *Le savant et le politique.*

[4] Ainsi la position de Locke : la force de travail est une propriété de soi et ne peut être traitée comme une marchandise. *Traité du gouvernement civil,* chap. V, § 27.

tous et que cette décision ne reste pas un vœu pieux, alors comment concilier *le* politique[1] avec l'égalité des individus ?

Un individu déterminé qui se détermine

Quelles que soient les qualités individuelles, les individus demeurent égaux. Chacun peut développer ses talents pour peu qu'on lui en donne les possibilités : telle est bien l'ouverture offerte par l'égalité des chances. Elle implique que la société ne mette pas d'obstacle à l'épanouissement des talents, bien plus, il ne faut pas qu'elle les contrarie, car il n'est pas de son intérêt de gaspiller les meilleures ressources humaines dont elle a besoin et dont tous profitent. À ce titre, la démocratie est utile.

La force de l'individu réside dans sa capacité à *se mobiliser*, c'est-à-dire non seulement à mettre en actes toutes ses possibilités tant intellectuelles qu'affectives, mais à les rendre disponibles et constantes face à la réalité changeante. Il revient à l'individu de trouver en lui ses propres forces, de savoir les utiliser à plein régime et à bon escient : se motiver, tel est le slogan libéral. Nul besoin de recourir à la fatalité de la classe sociale, de déterminants sociologiques, pour dissimuler l'amertume de ne devoir ses échecs qu'à soi[2].

Mais la mobilisation ne serait rien sans s'accomplir dans le passage à l'acte, l'actualisation des motifs. La décision porte la signature de l'individu, le moment ultime avant le geste. Si la décision comporte des raisons, elle n'emporte pas que des raisons. Et c'est tout le sens de la mobilisation : il faut encore que le sujet adhère à ses motifs, qu'il les fasse siens, qu'il y croie. La croyance mesure la force d'adhésion du sujet à ses motifs qui, en définitive, le mobilisent, le mettent en mouvement et le font effectivement passer à l'acte. La croyance est ainsi la condition suffisante de la décision.

Que l'idéologie constitue la source rationnelle et suggestive de la croyance individuelle ou soit le produit relativement formalisé de la croyance individuelle, peu importe pour le moment. En tant que croyance, l'idéologie détermine les choix particuliers et engage un passage à l'acte.

Puisqu'aucun individu n'est en droit d'imposer à autrui sa volonté particulière à moins que ces deux volontés se rejoignent dans un vouloir commun, la diversité des intérêts de chacun justifie la libre entreprise et chacun ne doit compter d'abord que sur lui-même pour assurer la satisfaction de ses intérêts. C'est pourquoi, si chacun est conduit à pratiquer l'échange, le

---

[1] Nous désignerons de cette manière l'activité politique considérée comme essentielle à l'homme au même titre que l'art, la religion, la science et la distinguerons de sa mise en œuvre ou de son exercice que nous appellerons « la » politique.

[2] Les handicaps naturels, les différences génétiques ou physiologiques, font partie des lois de la nature. C'est un peu simple, mais le libéralisme ne se préoccupe pas des cas à la marge d'autant que le progrès des sciences et techniques parvient progressivement à les réduire.

désavantage qu'il pourrait y trouver ne peut être imputable qu'à lui-même. C'est aussi supposer que, par nature, chacun doit être soi-même et le rester.

L'individu propriétaire

La Terre, notre planète, est le premier bien auquel l'homme a affaire — en y assurant ses deux pieds — et le bien premier, pour la raison évidente qu'elle nourrit son homme. Mais elle ne suffit pas à elle seule à combler les besoins humains. Il faut la travailler afin que les fruits de ce travail garantissent l'avenir et en échanger les produits de sorte qu'ils couvrent l'indispensable au bien-vivre. Tout ceci est banal, mais il permet de comprendre en quoi et pourquoi la propriété du terrain et du bâti est un droit inaliénable de l'individu.

L'individu souverain est, par définition, propriétaire. L'expression est tautologique. Puisque l'individu est souverain, tout ce qui relève de son action lui est « propre », lui appartient et ne relève que de lui seul. La première propriété est la propriété de soi et personne, individu ou institution, ne peut s'arroger les propriétés d'un individu. Les biens acquis par le travail ou par les circonstances — pour ne pas dire par « fortune » — font partie de la sphère privée. Dès lors, le propriétaire désigne aussi bien le « rentier » inactif que l'entrepreneur plongé dans l'action. Et, là encore, aucune intervention extérieure ne peut s'emparer des biens privés.

Le libéralisme attache la propriété à la famille et lui confère ainsi un aspect naturel : la première propriété, celle du sol, permet de fonder et de nourrir une famille, de pourvoir au lendemain et de vivre avec d'autres familles. L'individu solitaire et errant n'entre pas dans le champ du libéralisme. La propriété collective ne signifie rien d'autre qu'un regroupement, une association de propriétés privées.

À cet égard, le patrimoine est une extension de la propriété au sens premier : il garantit la pérennité des biens, mais aussi des droits hérités du père. Non seulement le patrimoine contient en lui-même une valeur symbolique très forte, celle de la continuité de l'origine, de la fondation de la famille, mais encore le patrimoine dématérialise les biens en y intégrant les titres, les habitudes ou coutumes, toutes choses qui transmettent la marque familiale originale et originelle du *paterfamilias*, le premier propriétaire et père fondateur. Il emporte avec lui une sorte de « traçabilité », l'historique d'une transmission.

La propriété privée constitue la principale caractéristique des sociétés libérales contemporaines. Elle est inscrite dans la Déclaration universelle des droits de l'homme[1] et considérée comme « un droit inviolable et sacré » dans

[1] Art. 17 : « 1) Toute personne, aussi bien seule qu'en collectivité, a droit à la propriété. 2. Nul ne peut être arbitrairement privé de sa propriété. »

la déclaration de 1789[1]. La propriété est le premier maillon de la chaîne économique à laquelle s'articulent les produits du travail, la monnaie, l'échange, le capital, tous les éléments fondamentaux de l'économie. Plus précisément, sans droit de propriété il n'est pas d'économie de marché. Dès lors, en attachant à l'individu souverain le droit de propriété, le libéralisme économique est une partie indissociable et intégrante du libéralisme au point que parler de libéralisme ou de libéralisme économique revient bien souvent à parler de la même chose. La gémellité des expressions fait en sorte que l'une dépend de l'autre et se présente comme une déclinaison de la première. Un simple énoncé n'est pas une preuve. La démonstration reste à faire.

L'argent monnaie fait partie de ces biens ni naturels, ni nécessaires (pour reprendre la classification épicurienne[2]), conventionnels donc, qui n'ont ni valeur de condition de subsistance vitale, ni celle du patrimoine ainsi définie. Comme tout objet mobilier, « possession vaut titre »[3] et conventionnel, il n'a pas ce caractère inviolable et sacré de la propriété[4]. Initialement, l'argent, monnaie d'échange, n'a pas la valeur attachée à celle de la propriété ou du patrimoine dont on a l'usage. En réalité, nous ne connaissons le prix des choses que lorsqu'elles sont échangées. Leur valeur réelle supposée, dite « fondamentale », correspond à une valeur intrinsèque d'un bien que personne ne peut définir objectivement autrement que par une estimation « juste » — justifiée par le marché — de sa valeur à un instant donné.

Comment la monnaie, cet objet d'échange conventionnel et superflu, a-t-elle pu devenir absolument nécessaire au point de s'emparer des valeurs attachées à la propriété et au patrimoine ? Comment un moyen de paiement essentiellement social (la monnaie) a-t-il pu devenir un objet convoité (l'argent) par les individus [5]? Comment cet objet artificiel et social a-t-il pu être sacralisé dans la pensée libérale contemporaine alors qu'il ne constitue pas un pilier du libéralisme ni ne possède initialement les caractères sacrés et inviolables attachés à l'individu ?

L'individu hédoniste

Celui qui veut parvenir à la vérité tout entière ne doit pas s'occuper du bien et du mal. Le conflit du bien et du mal est la maladie de l'esprit.[6]

---

[1] « La propriété étant un droit inviolable et sacré, nul ne peut en être privé, si ce n'est lorsque la nécessité publique, légalement constatée, l'exige évidemment, et sous la condition d'une juste et préalable indemnité », art. 17.

[2] La richesse n'est ainsi ni naturelle ni nécessaire. Épicure, *maxime XXIX* ou *lettre à Ménécée*, *Doctrines et maximes*, Hermann, 1965, p. 100.

[3] « En matière de meubles, possession vaut titre », art. 2276 du Code Civil.

[4] Ceci sera complété plus loin, les « marchés » et les observations de Locke.

[5] Question posée et traitée par F. Lordon, *Capitalisme, désir et servitude*, La Fabrique, 2010.

[6] Lao-Tseu.

Que l'homme soit un loup pour l'homme dans l'état de nature ou indifférent dans sa solitude ne change rien. Pour l'esprit libéral, le premier désir est celui de la conservation de soi-même définie tout autant par la satisfaction de ses besoins élémentaires que par la protection de sa propriété[1]. Nul n'est méchant volontairement. L'individu est fondamentalement neutre et amoral. Le besoin est défini par la nécessité de subsistance et est restreint à l'acquisition de biens élémentaires. La passion n'apparaît que dans les relations avec autrui. En termes épicuriens, les besoins recouvrent les choses naturelles et nécessaires et les désirs celles qui sont naturelles, mais non nécessaires ou celles qui ne sont ni naturelles ni nécessaires[2]. Néanmoins, dans nos sociétés, il est difficile de distinguer entre ces choses tant les pressions sociales et marketing sont fortes et tant le critère plaisir ressenti l'emporte sur les autres : tout l'art marketing consiste à donner du plaisir au consommateur en lui fabriquant un besoin.

Le besoin, à la différence du désir, comprend des limites. Prenons l'exemple de l'homme assoiffé : lorsqu'il boit de l'eau, il éprouve du plaisir et sa douleur diminue jusqu'à « plus soif ». La douleur que représente la soif s'étanche au fur et à mesure qu'il boit au point de disparaître lorsqu'il est rassasié et satisfait. S'il boit au-delà du nécessaire, il en éprouvera à nouveau une douleur. En ce sens, les besoins sont limités et peuvent être satisfaits. Le désir, en tant que « tendance spontanée et consciente vers une fin connue ou imaginée »[3] est illimité dans la mesure où la satisfaction d'un désir par un objet bien identifié n'épuise pas le désir et où l'objet du désir est indéfini. Ainsi, le désir d'acquérir tel modèle de voiture n'épuise pas tous les désirs comme celui de posséder d'autres voitures, et le désir d'argent par exemple est inépuisable.

Si l'on considère que l'homme n'est pas qu'un animal, être de besoins, mais aussi un être animé de passions, d'affectivité et de raison, ses désirs font partie de son essence même en tant que ses désirs représentent la vie même de l'homme et qu'il désire bien d'autres choses que ce dont il a strictement besoin au sens où nous l'avons défini. Dans cette mesure, les désirs sont *indéfinis,* bien que réels, vécus et sentis par l'individu. Produits de l'imagination, ils s'attachent à des représentations qui fondent le désir de vivre. En nous aidant de la pensée spinoziste, nous dirons que les désirs sont constitutifs de la force d'exister de l'homme autant qu'il en dispose[4]. La seule limite est celle de sa puissance d'exister ou d'agir face à la résistance

---

[1] Et le plaisir et la douleur forment en quelque sorte les indicateurs propres à nous renseigner sur ce qui convient ou pas à « la conservation de notre être ». J. Locke, *Essai philosophique concernant l'entendement humain*, L. II, chap.VII, § 4.

[2] Épicure, *Lettre à Ménécée,* op.cit.

[3] Lalande, Vocabulaire technique et critique de la philosophie.

[4] Spinoza, Ethique, III, prop. VI : « Chaque chose, autant qu'il est en elle, s'efforce de persévérer dans son être ».

d'autrui ou des choses. De ce point de vue, non seulement l'appétit (autant besoin que désir) est « l'essence même de l'homme »[1], mais encore les hommes ne peuvent échapper au couple amour-haine, joie-tristesse qui mesurent, dans la coexistence, leur puissance d'agir. La résultante de ces forces en intensité et direction forme en quelque sorte l'instantané, la photographie du produit de ces rapports de forces[2]. Mais cette pensée spinoziste est totalement étrangère à la position libérale dès le premier principe : la substance cause de soi ou Dieu pour le premier, l'individu souverain pour la seconde. Il en découle que les désirs sont indéfinis pour les modes finis que sont les individus dans la pensée spinoziste alors qu'ils sont infinis pour les individus indéfinis dans la pensée libérale.

L'individu anonyme, sans passé ni futur

Seul n'existe que le sujet ici, présent, concret. Le point de vue empirique rejoint le principe. Le sujet ne peut subir aucune contrainte autre que celles qu'il se donne. Il n'est donc pas de droit ou de valeurs intangibles. Les valeurs et le droit ne sont que des expressions des relations entre les individus impliqués concrètement dans un monde donné. Valeurs et droits évoluent à moins de faire subir des contraintes arbitraires, surannées, incompatibles avec la créativité et la liberté attachées à l'activité humaine. Au fond, les règles doivent être constamment revues pour mieux répondre à l'évolution des conditions de vie, à la diversité des initiatives. La pluralité est source d'évolution des êtres et est incompatible avec le despotisme d'un carcan institutionnel unique, uniforme et irrévocable. Ce que l'homme a fait, il peut le défaire.

La critique libérale sur les institutions politiques se poursuit dans la vie sociale. L'ordre social établi ne doit pas interdire la créativité et la performance des individus. Dans une société libérale on pourrait dire que l'évolution est permanente : les statuts sociaux ne sont pas figés, les individus entrent et sortent des configurations sociales, un mouvement incessant évite la fixation des classes sociales. La pensée libérale a peu d'affinités avec la sociologie pour la raison que la vie sociale n'a pas d'existence propre ni de structures spécifiques. Ce sont les individus qui déterminent la vie sociale et, par conséquent, la psychologie est la science la mieux placée pour expliquer les phénomènes sociaux. Que des groupes aient pour projet de vivre autrement, cela se conçoit comme leur intérêt, mais qu'ils veuillent l'imposer à la collectivité dans son ensemble, c'est un excès de pouvoir qu'ils s'accordent, mais que les autres ne sont pas tenus d'accepter. À cela, il faut ajouter qu'en montrant la série des déterminations

[1] Ibid., III, scolie prop. IX.
[2] On lira avec grand intérêt les développements sur cette question par F. Lordon, op. cit.

qui conditionnent l'individu à agir, la sociologie détruit le principe de l'individu souverain placé au fondement de la pensée libérale.

Les sociétés modernes, impliquées dans le progrès, sont celles qui ont réussi à, sinon faire table rase (chose impossible), du moins à réduire le poids des traditions de manière à libérer les innovations. Sociologiquement, cela se traduit par la mobilité géographique et sociale (le *self-made-man*), et psychologiquement par une grande disponibilité intellectuelle et morale. À la différence près que le patrimoine appartient en propre à l'individu et ne relève pas d'une convention sociale. À ce titre, le patrimoine transmis par hérédité et acquis par naissance échappe à toute réforme.

Lever l'anonymat d'un individu revient à en faire une personne désignée et déterminée par son nom. Radicalement, le concept d'individu est anonyme. Nous l'avons dit, l'individu souverain n'est déterminé que par lui-même. Le libéralisme est profondément attaché à la protection de la vie privée et à l'anonymat[1]. Personne n'a à connaître les biens et revenus d'un autre sans que celui-ci l'y autorise. La propriété ne concerne que le propriétaire. Certes, les législations nationales autorisent des dérogations au principe, mais celles-ci doivent être dûment motivées. Il en va de même à l'égard de toute détention arbitraire sans jugement (*Habeas corpus*)[2].

---

[1] « Nul ne sera l'objet d'immixtions arbitraires dans sa vie privée », Déclaration universelle des droits de l'homme, 1948, art. 12.

[2] Nul ne peut être emprisonné sans raison et sans comparution rapide devant un juge. *Habeas corpus ad subjiciendum* — qui signifie littéralement : « que tu aies le corps pour le soumettre au jugement » — s'adresse au geôlier afin qu'il apporte le prisonnier devant la Cour.

Chapitre 2
L'autorégulation des rapports interindividuels

Mécaniquement, les intérêts individuels, pour être satisfaits, nécessitent le recours au service d'autres individus. La société s'organise spontanément pour satisfaire les besoins individuels. Les relations sociales s'établissent et fluctuent ainsi en fonction des intérêts des uns et des autres. Le corps social se conçoit comme la résultante des intérêts individuels mieux négociables que l'étanchéité des égoïsmes. Rien n'est plus étranger à la pensée libérale que le contrat ou le pacte social par lequel les individus abandonnent leur souveraineté ou leur force au Souverain, car le pouvoir central, État ou monarque, disposerait ainsi d'un pouvoir illimité qui ôterait toute indépendance à l'existence individuelle. Il ne peut y avoir d'autre principe de domination de l'individu que lui-même.

Coopération et collaboration

Tout naturellement, l'individu maximise ses gains sans risquer d'augmenter ses pertes au point de compromettre son existence personnelle — « l'avantage » en termes libéraux, cette différence bénéfique pour l'individu. L'association avec d'autres s'impose rationnellement au-delà des fluctuations subjectives[1] et limite tout aussi naturellement la recherche indéfinie du gain. De manière paradoxale, l'intérêt individuel consiste à savoir opportunément réduire ou différer la satisfaction de son besoin immédiat. Les relations sociales de l'homme libéral sont rationnelles, calculées, pesées selon la méthode de Pareto[2], de manière à obtenir le meilleur rapport qualité/prix par un savant dosage de lutte et de collaboration. Cette dernière n'est pas imposée par une autorité extérieure quelconque (religieuse ou politique), ni même par une nécessité interne au sujet (une sorte de besoin social). La collaboration a pour rôle d'économiser les forces des individus qui seraient impliquées dans des luttes et une insécurité permanente engendrées par la guerre civile. Il n'en demeure pas moins que l'association n'élude pas les rapports de lutte entre les individus, voire à l'intérieur d'eux, tant les intérêts des individus sont divers et changeants : au fond, la lutte c'est la vie, la vie des hommes et la vie que mène chacun contre lui-même. L'association est une forme partielle et provisoire de coopération et la brigue un impératif catégorique du libéralisme : rechercher et utiliser les personnes susceptibles de satisfaire ses intérêts.

---

[1] D. Hume, Traité de la nature humaine, L.III.

[2] Au sens où le choix est le meilleur possible, le gain est optimisé et l'individu satisfait.

Par contre, la coopération est nécessairement comprise dans la vie de l'individu s'il est défini comme être social, c'est-à-dire un être qui n'est pas qu'individu indifférencié, mais un être singulier[1] et qui ne peut trouver sa pleine expression que par l'exercice de son être social ; l'association est alors une conséquence logique de cet être, car les différences individuelles doivent s'articuler avec l'essence sociale inhérente à tout homme. Plus encore, la coopération est, pour son être social, un désir inné. À l'inverse, la coopération ne se dégage pas analytiquement et essentiellement de l'individu souverain : on l'a dit, le concept d'individu ne comprend pas en lui-même de différence. Dès lors, l'individu souverain peut choisir entre la lutte, l'indifférence ou la coopération. L'être social ne le peut pas, il doit *nécessairement* coopérer. Pour le dire autrement, si l'individu libéral doit s'associer avec d'autres pour se conserver sans nécessairement coopérer, l'être social doit coopérer parce qu'il est ainsi dans sa nature sans toujours s'associer pour se conserver. « Le sujet libéral est donc un individu qui se civilise en apprenant à poursuivre son intérêt »[2], alors que l'être social se civilise en cultivant sa sociabilité naturelle.

La différence est ici essentielle : pour l'un, l'intérêt collectif est le résultat de pertes et profits, une sorte de solde d'intérêts individuels forcément divergents. Pour l'autre, il érige en principe le besoin social et l'intérêt collectif ne peut être que l'expression d'un désir humain.

La concurrence, si vantée dans les discours libéraux modernes, ne trouve sa place qu'en référence au contexte économique — c'est apparemment évident — et ne représente qu'une possibilité offerte à l'individu souverain même si elle apparaît — en seconde lecture — la plus naturelle, car des individus souverains n'entendent pas que l'un mette la main sur l'autre. Le terme de concurrence a pour corollaire « la conquête des marchés », la captation de biens. Par ailleurs, la prégnance de la société économique dans l'idéologie libérale, l'idée que l'initiative est créatrice, que le progrès n'est obtenu qu'à ce prix, concourent à valoriser la concurrence focalisée sur le résultat, quitte à l'assimiler à la rivalité fondée sur les capacités et les qualités intrinsèques des sujets. Grâce à celle-là, et de ce point de vue, naissent les meilleures solutions et les meilleures pratiques. Toutefois, le processus de la concurrence aboutit à la sélection du plus fort tout en se réclamant de la diversité nécessaire pour éviter le monopole qui, par définition, supprime toute concurrence.

---

[1] L'être singulier n'est pas un être seul, isolé. L'être singulier, l'individu, implique des êtres autres que lui.

[2] M. Feher, entretien, Crédit, estime de soi, partage : « s'approprier les concepts du néolibéralisme », Mediapart, 28.08.2012.

La solidarité

Si tous les hommes ne peuvent parvenir à la jouissance consécutive à la satisfaction de leurs désirs, alors certains y parviennent et constituent l'oligarchie, les autres non. C'est ainsi. Cette lapalissade met simplement en évidence qu'il n'y a aucune nécessité naturelle à subvenir aux besoins des autres. Il n'est pas question ici de solidarité, ce lien consistant et insécable (*solidus*) entre les hommes que rien ne peut entamer. Il n'est pas plus question de responsabilité collective qui se substituerait à la responsabilité individuelle et entamerait cette liberté. La prise en compte du besoin de l'autre, des autres, est l'effet d'une libéralité, d'une disposition personnelle et spontanée, d'une affection que l'individu témoigne à l'autre par la bienfaisance et l'acte charitable sans exclure une philanthropie rentable[1].

Toutes les formes de sécurité et d'assurances sociales prises en charge par l'État-providence dispensent l'individu de sa responsabilité, de son autonomie, entament sa liberté, le privent de toute initiative et le rendent inactif. Parmi les arguments, celui de privation de la responsabilité individuelle transférée à la collectivité est le plus déterminant : l'individu souverain est toujours seul responsable de lui-même et de ce qui lui arrive.

Dès lors, l'État-providence, outre son aspect collectiviste, anesthésie l'action des individus et les prépare « sournoisement » au régime totalitaire[2].

Quelles que soient les raisons pour lesquelles les pauvres ne parviennent pas à surmonter leur misère (soit parce que la satisfaction des nantis ne peut être obtenue qu'au détriment de la satisfaction des autres, soit parce que ces autres ne savent pas négocier leur intérêt ou s'associer pour le défendre), le principe de la satisfaction des besoins individuels n'est pas remis en cause ; il est bien au contraire justifié : tous les hommes recherchent la satisfaction de leurs besoins et réclament la jouissance. Il est bien universel. La présence des pauvres montre simplement que la nature est ainsi distribuée entre deux extrêmes qui justifient la moyenne. Occasionnellement, au-delà d'un certain seuil, elle indique que la machine économique est mal réglée, qu'elle n'est pas *juste* au sens où nous l'avons défini : c'est affaire d'intelligence, de progrès des sciences et des techniques, d'ajustement des dispositifs mis en place, de rééquilibrage entre l'égalité et la liberté de chacun. Non seulement

---

[1] « Comme pour mes fonds de placement, j'attends de mes investissements dans la charité un maximum d'impact », Thomas Hunter, homme d'affaires et philanthrope. Cité par J. Brygo, *Vivre riche dans une ville de pauvre*, Le Monde diplomatique, août 2010.

[2] « Les États totalitaires détruisent la liberté individuelle en la supprimant purement et simplement, l'État se proposant d'administrer toute l'économie du pays. Les États-providence agissent plus sournoisement, offrant au peuple une "sécurité sociale" en échange de sa liberté, substituant la responsabilité collective à la responsabilité individuelle. Dans le premier cas, les individus ne peuvent plus agir ; dans le second cas, les individus ne savent plus agir. », J-L. Caccomo, *La Troisième Voie*, Les Presses littéraires, Paris, 2007.

ces dysfonctionnements montrent empiriquement la place éminente de l'économie dans la vie des hommes, mais ils signifient que la revendication des malheureux est légitime et s'inscrit dans le corpus libéral qui prétend assurer la satisfaction objective et subjective de tous. En un mot, les pauvres n'ont pas de chance — encore qu'il s'agisse d'un alibi. Leurs revendications sont légitimes, certes. Dans certains cas, ils sont les ratés du système sans que celui-ci soit remis en cause[1]. Pour la plupart, la richesse est acquise par celui qui la mérite, l'argent s'acquiert par le travail. La pauvreté et les inégalités ne sont pas mauvaises en elles-mêmes et la redistribution n'est pas éthiquement bonne, elle serait même contre nature. Les classes populaires en situation de naufrage économique subissent en partie, mais en partie seulement, les conséquences d'une société qui a perdu ses valeurs : travail, famille, communauté et Dieu. Essentiellement, un matelas incompressible de pauvreté est naturel.

Mais que dire des antagonismes et des rivalités qui ne peuvent que surgir dans un monde de libre-échange fondé sur l'égoïsme, du chacun pour soi ? Sans doute, la rareté des objets, la rareté des ressources pour satisfaire les demandes, risquent de produire des luttes pour les obtenir. Sans doute aussi, le système concurrentiel ne peut conduire qu'à des croisements et des chocs d'ambitions. Sur le premier point, la rareté des ressources, le libéralisme accorde une confiance sans limites à la créativité des individus et, si pénurie de ressources il y a, il suffit soit de développer les moyens de production, soit de mettre en place des moyens de substitution. Quand au second, les rivalités, il est accidentel et limité dans la mesure où l'intérêt bien compris ne peut déboucher sur une lutte à mort des antagonistes, ce qui ruinerait leur bénéfice mutuel[2]. Au fond, il est de l'intérêt de tous d'éviter les disputes permanentes qui détournent les acteurs de l'entreprise, du travail, du commerce, de toutes ces activités qui assurent le bien vivre de chacun. C'est pourquoi il faut respecter les lois, mais aussi savoir négocier et cultiver l'art du compromis.

---

[1] « C'est une loi constante que la richesse de l'ensemble de la communauté réside entre les mains du petit nombre. (...) La grande majorité *des* hommes sont incapables de supporter ce sacrifice permanent qui seul permet d'accumuler les richesses. (...) Ainsi, demain comme hier — à moins que la nature humaine ne soit profondément remodelée —, la richesse de la nation demeurera entre les mains de quelques élus tandis que la masse *des* autres subviendra à ses besoins par son labeur quotidien. » David J. Brewer, juge à la Cour suprême, déclaration à l'Association du barreau de l'État de New York (1893), cité dans Le Monde diplomatique, septembre 2002.

[2] L'ennemi est un concept éminemment politique. Dans un cadre concurrentiel, il ne peut y avoir que des adversaires, des compétiteurs, chacun cherchant à acquérir un bien sans qu'il soit nécessaire d'attenter à la vie d'autrui. Benjamin Constant avait déjà montré en quoi la guerre « est antérieure au commerce » et « il doit venir une époque où le commerce remplace la guerre ». *De la liberté des anciens comparée à celle des Modernes*. In Collection complète, Vol. IV, partie 7, p.246.

L'intérêt se distingue des appétits en ce que ceux-ci sont immédiats, spontanés, non calculés. L'intérêt est médiatisé par l'intelligence, une mise à distance (*inter-esse*[1]) des besoins-désirs pour parvenir, grâce à la *ratio* (raison calculatrice), à les satisfaire. Dès lors, l'homme est capable d'utiliser n'importe quel moyen pour parvenir à ses fins à condition que le prix des moyens n'excède pas le bénéfice recherché. L'intérêt est aussi ce qui *est entre* les hommes, ce qui les relie et les constitue en groupe au-delà de l'empathie immédiate.

L'association et la société civile

L'association, on l'a dit, est une forme de coopération partielle et provisoire par adjonction d'intérêts individuels multiples et changeants. L'intérêt est en quelque sorte l'expression des appétits différents selon les individus et changeants selon les conditions de vie de chacun. Toutefois, en tant qu'il est conscient et « travaillé » par l'intelligence, il conserve une certaine permanence et trouve une certaine ressemblance et concordance avec l'intérêt éprouvé par d'autres, formulé par et dans un langage commun. Sur ce point, nous nous inspirons de Hegel[2].

Il est une autre conception de la coopération entre individus souverains basée sur les « sentiments moraux »[3] dont chacun dispose naturellement. Dès lors, l'association — les associations, devrait-on plutôt dire — est le résultat d'une rencontre heureuse de sentiments conjoints. Nous ne sommes pas, ici, dans la configuration de volontés qui organisent leur coopération sous des règles communes acquises par tradition ou construites par réflexions dialoguées.

Il est une troisième qui, partant d'une lecture plus juridique que morale des relations sociales, reprend la souveraineté de l'individu en lui accordant une égale dignité, une égalité de droit, qui implique une réciprocité : personne ne peut imposer à une autre également souveraine, ses propres vues, ambitions, intérêts. Par conséquent, la coopération implique l'association de volontés libres qui ont décidé de collaborer afin de satisfaire leur intérêt particulier en trouvant un point commun[4].

---

[1] « Être entre », un entre-deux, intermédiaire, ce qui diffère. Mais aussi être distant dans le temps, comme le prêt et son remboursement.

[2] « Ce but égoïste, ainsi conditionné dans sa réalisation par l'universalité, fonde un système de dépendance réciproque tel que la subsistance, le bien-être de l'individu et son existence juridique sont si étroitement liés à la subsistance, au bien-être et au droit de tous, que les premiers se fondent sur les seconds, qu'ils ne deviennent effectifs et assurés que dans cette liaison. On peut tout d'abord considérer ce système comme l'État extérieur — comme l'État du besoin et de l'entendement », *Principes de la philosophie du droit,* §183.

[3] Adam Smith.

[4] C'est l'*Affectio societatis*, notion juridique désignant la volonté de personnes physiques ou morales de s'associer, condition nécessaire de tout contrat ou association.

La « société civile » se définit alors comme un groupe lié par un ou des intérêts communs à plusieurs individus, que ces intérêts soient d'ordre religieux, économique, récréatif, professionnel ou politique[1]. Elle est cette zone située à l'intersection de l'espace individu-privé et collectif-public. C'est le sens même de la *community* anglo-saxonne fondée sur des rapports locaux, de voisinage. Pour l'esprit libéral, la société civile trouve ses racines dans les intérêts personnels et, à ce titre, est essentiellement privée — comme toute association. La société est donc, fondamentalement, établie sur des bases sinon bonnes, du moins saines[2]. Elle s'oppose au collectif public entendu comme adhésion à des valeurs, projets, normes et autres constructions mentales universelles reçues de l'extérieur ou acquises par la tradition et applicables à tous[3]. Le collectif public se distingue également par le fait qu'« on n'est pas libre d'y entrer ou d'en sortir à son gré, et les tentatives d'évasion sont sérieusement punies ou subordonnées à certaines conditions rigoureusement déterminées »[4].

Les intérêts d'une association ou de la société civile lui appartiennent en propre : les individus qui la composent en sont propriétaires et défendent leur avantage mutuel. En réalité, donc, « la société civile » est plurielle. Elle s'oppose à l'État lorsqu'elle prend conscience d'elle-même, de sa force, de son autonomie et revendique son droit à constituer l'essence de la société tout entière. Il en va ainsi de l'activité économique — la société économique — lorsque celle-ci fait sentir et peser son hégémonie sur l'État au point de le rendre plus parasitaire qu'utile face aux désordres économiques que celui-ci est incapable de régler. Ce procédé s'apparente à la mystification ordinaire qui consiste à transférer à l'État, au pouvoir politique, la responsabilité de problèmes dont il n'est pas directement la cause. Contrairement au communiste, l'homme libéral ne cherche pas à prendre le pouvoir politique, mais à l'influencer. Non seulement il serait antinomique pour lui d'apporter sa contribution à une institution dont il dénonce l'existence même, mais en plus, du point de vue stratégique, il ne pourrait plus attaquer les décideurs et devrait donc endosser la responsabilité de mauvaises affaires. Mieux vaut rester derrière les lignes, sans s'exposer et se montrer habile à la manœuvre.

On ne peut pas non plus échapper aux interrogations classiques portant sur les relations entre la société civile et l'État : celui-ci doit-il être une émanation de celle-là ou celui-ci doit-il corriger les excès de celle-là ? L'organisation et les structures politiques doivent-elles ordonner l'existant

---

[1] Ce que Hegel range dans la catégorie de la « moralité objective », *Principes de la philosophie du droit,* deuxième section.

[2] V. Giscard d'Estaing, ex-président de la République : « Notre société, est fondée sur l'épanouissement individuel », *Démocratie française*, Livre de poche, Paris, 1976, p. 3.

[3] Telles que les communautés historiques (tribus, groupes ethniques) ou religieuses.

[4] S. Freud, *Essais de psychanalyse*, Payot, Paris, 1972, p. 113. Ainsi la famille, l'Église et l'armée avec ses sanctions respectives, le déshéritage, l'apostasie, la désertion.

(les mœurs, les aspirations, les relations…) établi dans la communauté ou s'appuyer sur le possible pour tenter d'obtenir un mieux vivre en commun ? Peut-on également penser que les structures, lois et décisions politiques, sont capables de modifier les comportements ?

L'harmonie préétablie

Le principe leibnizien d'une correspondance — à la fois en termes de relations et de nature commune — entre des substances distinctes et indépendantes, se retrouve dans la pensée libérale. Il justifie le rapport de consciences capables de se comprendre et de s'entendre et, plus largement, la conviction d'un monde dynamique, mais équilibré. Du point de vue du libéralisme, le plaisir que nous éprouvons à faire le bien selon la loi morale s'inscrit dans la loi divine, commune à tous. Autrement dit, coopérer permet de trouver le même intérêt et sa satisfaction. Plus encore, la pluralité des points de vue me permet de trouver le sens commun. Encore faut-il que, pour le trouver, je réfléchisse par moi-même et, *in fine*, je le choisisse, également par moi-même[1]. Cette pluralité est également source d'enrichissement personnel en ce que la diversité des apports individuels et le respect de ceux-ci — puisqu'ils sont utiles à chacun — conduisent au progrès de l'ensemble. De surcroît, la dynamique compétitive aboutit à des performances bien meilleures que celles qui auraient pu être obtenues par la seule application de compétences individuelles isolées. Enfin, les tensions qui naissent des différences et des performances individuelles engendrent la dynamique du progrès et, tout en même temps, du fait de la pluralité de forces antagonistes, maintiennent l'ensemble en équilibre. Bref, la pluralité permet une meilleure satisfaction des appétits de chacun sans que la puissance des appétits d'un seul soit suffisante pour envahir l'ensemble.

Comme le modèle galiléen, les lois rationnelles de la nature sont éternelles et immuables. Constitutives du monde, elles ne dépendent évidemment pas de l'esprit qui les découvre, mais il revient à celui-ci d'être suffisamment libre, indépendant des contraintes arbitraires, pour les découvrir. Le hasard n'est qu'une idée, il n'est pas dans l'ordre des choses et il manifeste seulement notre ignorance[2].

Combinant les lois réelles immuables et la dynamique de la réalité, qui oscillent d'un extrême à l'autre sans dépasser un seuil qui annihilerait tout

---

[1] C'est la position de Stuart Mill.

[2] Notre ignorance de deux séries causales indépendantes, A.A. Cournot, *Exposition de la théorie des chances et des probabilités*, chap. IV, Hachette, 1843, p.82. Spinoza ne disait pas autre chose : le hasard se résume à des « causes qui, bien qu'elles agissent aussi suivant des lois fermes et invariables, nous sont inconnues et sont étrangères à notre nature et à notre puissance. » Lettre XXXVII à M. Jean Bouwmeester.

mouvement, tout changement[1], voire toute réalité, le monde apparaît ainsi équilibré au-delà des perturbations qu'il connaît. Ces perturbations, au bout du compte, se dissipent ou engendrent un monde meilleur : c'est le sens du progrès et c'est le sens donné par Leibniz à l'harmonie pour qui l'équilibre de ce monde-ci est aussi le meilleur parmi tous les mondes possibles. Bien évidemment, le meilleur présuppose un choix, celui pris par le Grand Horloger créateur de l'Univers que nous connaissons.

Les relations humaines sont conçues selon le même schéma : actions et réactions se compensent en référence au modèle newtonien de l'action réciproque[2].

Le monde libéral est un monde lisse. Quand bien même le système connaîtrait des crises, elles sont salutaires et nécessaires pour que l'évolution s'accomplisse : les systèmes anciens doivent être purgés pour laisser place à de nouvelles organisations[3]. Comme au bowling, une fois la boule lancée en force et en direction, peu de choses sont susceptibles de changer son parcours. Cette allégorie du tout est transposable aux parties : l'excellence de départ ne peut pas changer le point d'arrivée et ceux qui ont reçu la meilleure formation originaire ont la garantie de réussir leur vie, sauf accident.

Le monde naturel est, tout compte fait, parfaitement structuré. Et s'il connaît des aléas, des accidents, c'est à la fois l'effet de notre connaissance insuffisante qui attribue aux phénomènes la réalité intrinsèque des choses, à la fois celui de la pesanteur inhérente aux choses matérielles. La conception aristotélicienne est, ici, éclairante. L'intelligence humaine n'invente rien qui ne soit déjà présent à moins de fabriquer des chimères. La nature agit nécessairement et, pour cette raison, elle n'a pas besoin de débats pour agir ni pour orienter son action. La nature est acte spontané et ses principes s'actualisent nécessairement, par une nécessité téléologique. Pour agir, il faut une force et une direction. La matière n'a ni force ni direction, elle est inerte. Dès lors, l'art parfait, en tant qu'action, est celui qui s'actualise sans délibération, comme la nature[4]. C'est dire, en termes modernes, que science et technique imitent le modèle naturel. Elles rejoignent la perfection lorsqu'elles ne délibèrent plus, lorsqu'elles sont automatiques[5], lorsqu'elles

---

[1] Toute « tendance » ou « force » physique dirait Leibniz : entre la puissance et l'acte, elle concilie des mouvements distincts et la coexistence de ces mouvements en une dynamique limitée par la résultante des forces contraires.

[2] La troisième loi de Newton selon laquelle tout corps A exerçant une force sur un corps B subit une force d'intensité égale, de même direction, mais de sens opposé, exercée par le corps B.

[3] La « destruction créatrice » de Schumpeter, *Capitalisme, socialisme et démocratie*.

[4] Id., 199 b26.

[5] Non pas au sens de *« automaton »*, hasard, mais de choses qui, « mues d'une façon continue par un principe intérieur, parviennent à une fin » (id., 199 b14).

développent des formes par un mouvement continu, sans ratés, sans hésitation, sans réflexion, sans retour puisqu'elles sont déterminées vers leur but, leur achèvement.

Le balancier libéral

Nous sommes individuellement capables du meilleur comme du pire et, globalement, le monde oscille entre des extrêmes présupposés indépassables. Derrière tout libéral, il y a un tout petit Bon Dieu, le Grand Horloger, qui justifie que sa création ne peut conduire au chaos[1] et que l'on trouve un ordre spontané dans la nature : « Les vices privés font le bien public »[2] et les rapports contraires des intérêts égoïstes mènent au bien commun. La « main invisible » d'Adam Smith régule à sa manière les intérêts particuliers et maintient les affaires du monde dans une *bonne* moyenne. Elle suppose deux principes : que les individus poursuivent leur propre intérêt et qu'ils entrent en concurrence. Concrètement, au quotidien, le monde se montre instable, mais, toujours globalement, il affiche toujours un équilibre. Les prix du marché équilibrent ainsi l'offre et la demande dans une économie concurrentielle. Ils s'imposent indépendamment des agents économiques[3]. À la ruse de la raison hégélienne, répond la conviction libérale sur l'infaillibilité des lois naturelles qui concourent à l'harmonie de l'Univers.

Toute intervention d'un tiers dans la résolution des conflits fausserait l'accord des parties en ce que l'intérêt de chacun ne serait pas bien compris et, à ce titre, n'apporterait qu'une solution provisoire. Il est plus intéressant pour chacun d'abandonner son égoïsme et de s'abstenir de nuire à l'autre. Voilà l'intérêt bien compris.

Comme le pendule, les forces opposées ne sont elles-mêmes contrariées que par la force naturelle de la gravitation qui assure l'équilibre. Celui-ci n'est donc pas un idéal à atteindre, mais une loi naturelle qui s'impose à tous, quoi que l'on fasse. La *ratio*, qui pèse le pour et le contre, est bien la traduction de la gravitation universelle dans le jugement humain et c'est aussi elle qui nous ramène, comme on dit, « à la raison ».

---

[1] L'ordre naît de la compensation entre attractions et répulsions selon le modèle newtonien. On connaît les similitudes entre Leibniz et Newton ne serait-ce qu'au travers de leurs disputes sur la paternité du calcul différentiel.

[2] « Le vice est aussi nécessaire dans un État florissant que la faim est nécessaire pour nous obliger à manger. Il est impossible que la vertu seule rende une Nation célèbre et glorieuse ». B. Mandeville, *La fable des abeilles*, 1714. C'est parce que chaque abeille poursuit son intérêt personnel que la ruche prospère.

[3] Ce qui n'est pas le cas dans une situation de monopole qui perturbe la « liberté » des prix. La théorie de l'équilibre général d'Arrow et Debreu a marqué les années 1950.

La répartition des pouvoirs à l'intérieur de l'État — et non la division du pouvoir[1] — correspond également à cette nécessité. Elle semble l'axiome le mieux à même de répondre à ce souci d'équilibre en ce qu'il met en jeu des forces opposées. Cette séparation n'a d'autre but que de contenir le pouvoir ou, comme le dit Montesquieu, d'arrêter le pouvoir par le pouvoir. Plus avant, il faut comprendre que la répartition du pouvoir à l'intérieur de la société correspond aux associations de la société civile[2]. Dès lors, le pouvoir politique, comme on l'a dit, représente la résultante des forces collectives — « sociétales » dirait-on de nos jours — à l'œuvre dans la société. Le pouvoir politique n'est donc pas une essence en soi, il n'a pas une nature propre et première, il n'est pas essentiel en ce sens. L'État, par conséquent, figure ce point d'équilibre et n'est composé que de membres de la société civile chargés de l'assurer. La démocratie représentative (les élus) donne la direction, le gouvernement prend en compte les rapports de forces[3] et l'administration gère l'exécution (la gouvernance[4]). L'État n'a, tout compte fait, rien à « initier » : en droit, il n'a pas la souveraineté et en fait, il est la résultante de groupes de pression. Le mieux qu'il puisse faire est d'éviter que les conflits d'intérêts des groupes sociaux ne dégénèrent en guerre civile[5].

---

[1] La répartition des pouvoirs implique des pouvoirs séparés, certes, mais tous représentatifs du public, de l'État. Montesquieu veut ainsi pondérer le pouvoir et non pas le décliner comme dans le cas suivant. La division du pouvoir implique une organisation technocratique du pouvoir central dans un but d'efficacité et qui est susceptible, par conséquent, d'être modifiée. Un exemple : le régime militaire qui sévit depuis de nombreuses années en Birmanie dans lequel le pouvoir est réparti entre les forces armées et varie selon les aléas du régime. Diviser pour régner ; la pratique despotique est précisément la crainte de Montesquieu.

[2] Les trois pouvoirs définis par Montesquieu se rapportent aux trois classes sociales de l'époque : roi, nobles et notables, peuple. « Tout serait perdu si le même homme ou le même corps des principaux ou de nobles ou du peuple exerçait ces trois pouvoirs », *L'Esprit des Lois*, XII, 6.

[3] Évidemment, la discussion s'impose sur ce point. Notons simplement le compromis trouvé dans la plupart des démocraties : une chambre élue au suffrage direct des individus-citoyens, une autre élue à partir de groupes constitués. Un Président élu soit par suffrage universel — pondéré dans la mesure où il est issu de « primaires » organisés par les groupes politiques —, soit par les chambres législatives.

[4] C'est volontairement que nous reprenons cette expression galvaudée de nos jours pour mettre en évidence que la gouvernance ne décide rien. L'usage actuel du terme s'est développé dans les années 1990 lorsqu'il s'est agi de confondre le volet politique et le volet économique imposé par la nécessité de réguler l'économie internationale. Autre chose est de décider du cap, autre chose est de piloter le navire.

[5] En référence à Benjamin Constant, « l'intérêt public n'est que les intérêts individuels, mis réciproquement hors d'état de se nuire », *Principes*, V.

Une morale et un droit calculés

Le libéralisme se fie aux aptitudes rationnelles[1] des hommes. Cela a été dit précédemment. L'intérêt bien compris consiste à satisfaire ses appétits sans nuire à autrui, du moins, au point de prendre le risque de ne pas parvenir à ses fins. Comme le diraient nos économistes, l'individu calcule — plus ou moins habilement, certes — le bénéfice/risque de son action. La loi, comme la morale, s'inscrit dans cette perspective : le sujet obéit à la loi ou règle morale s'il en tire un gain ou si, en y contrevenant, il en obtient une peine supérieure au profit qu'il escompte obtenir en s'y soumettant. On reconnaît là le principe d'utilité, présenté sous le concept d'avantage, objet de discussions complexes dans l'histoire de la pensée libérale.

L'intérêt est formellement commun à chaque individu et donc à tous. Plus exactement, c'est parce que chacun est rationnel, dispose de raison (*ratio*) qu'il est à même de traduire ses appétits particuliers en intérêts accessibles à tous et négociables avec tous. L'intérêt commun, dans ces conditions, est sinon assimilé, du moins compris comme son intérêt personnel. Ainsi, la morale de la société économique s'établit autour de l'intérêt du groupe, de l'entreprise ou du produit et il convient alors de susciter des comportements individuels propres à développer une meilleure performance de chacun et, par là, de répondre à l'intérêt de l'entreprise c'est-à-dire la productivité et la performance financière. Il ne s'agit pas de cultiver les capacités humaines pour et avec les autres en vue d'atteindre un meilleur vivre ensemble, mais d'utiliser ces capacités dans le but de développer l'entreprise. C'est en définitive le produit, l'objet, qui introduit, organise et focalise les contacts humains[2]. Bien différente est la solidarité qu'implique un échange entre les personnes et une force collective ; la bienveillance mutuelle pacifie les rapports interindividuels, évite les conflits, et libère la mise en œuvre des compétences professionnelles.

La morale et la liberté que nous connaissons sont donc le résultat d'une sélection sociale naturelle, théâtre de rapports de forces (*struggle for life*[3]) à l'issue desquels les intérêts gagnants, les plus forts, l'ont emporté. La démocratie, la vie économique et politique sont inscrites dans l'histoire des choses à laquelle les principes moraux sont étrangers. Dès lors, les tentatives de contrarier le libre développement des choses feront long feu : la situation

---

[1] Nous distinguons, suivant en cela la critique kantienne, le rationnel de l'entendement, attaché à la pensée spéculative et le raisonnable de la pensée réfléchissante, celle qui produit des idées (morales, esthétiques, finalités).

[2] « La bienveillance au travail est le levier de la performance pour que les gens donnent le meilleur d'eux-mêmes, le meilleur équilibre entre leur vie professionnelle et leur vie privée et sont, du coup, plus performants dans l'entreprise ». Les équipes sont « organisées autour du produit pour réintroduire le contact humain ». Une directrice des ressources humaines de la société Pepsi Co, France 2, journal de 20 h, 12.11.2011.

[3] La lutte pour la vie, extrait du sous-titre *De l'origine des espèces* de Darwin.

du chômeur, par les inconvénients qu'elle présente, incite l'individu sans emploi à trouver, par son effort personnel, un emploi rémunérateur. Au fond, les prix et salaires ont une vertu pédagogique[1].

La « valeur » comme le « bien » n'ont plus un sens transcendant, mais évoquent immédiatement une grandeur monétaire pour l'un, un objet, un produit matériel à posséder ou déjà possédé pour l'autre. Qu'il s'agisse d'indice monétaire ou de biens matériels, tous deux sont intégrés au progrès sans lequel la croissance indispensable à l'augmentation de l'un ou de l'autre est impossible. À l'inverse, la récession présente une contre-valeur.

Qu'il y ait une sorte d'évolution darwinienne des individus en fonction de leurs capacités d'adaptation à l'environnement et que les plus forts (sous ce point de vue) résistent le mieux, cela peut être admis dans la conception libérale étant donné que, une fois de plus, nous avons affaire à une loi de la nature. Mais que la réussite des uns entraîne le malheur des autres, alors ce phénomène accompagné de la volonté de nuire à autrui, échappe à l'ordonnancement du monde. Qu'il y ait « des fois » où accidentellement, sans le vouloir, « sans le faire exprès » comme disent les enfants, l'un puisse nuire à l'autre, on peut l'admettre et croire l'un innocent : « nul n'est méchant volontairement » comme il a été déjà dit. En gros, cet accident ne porte pas préjudice à l'essentiel et lui conserve sa consistance. Par contre lorsque le profit est non seulement généralisé, mais en plus revendiqué, alors il est légitime de mettre en doute le mythe de l'innocence des uns et des autres et de considérer les affaires autrement. Dans ces conditions, l'altruisme n'est qu'une manière avenante et policée de déguiser son intérêt. Et la charité, l'une des déclinaisons de l'altruisme, est un acte volontaire, un don qui profite à son auteur, parce que « je le vaux bien ». Mieux vaut faire des dons quand il semble bon à chacun de le faire et rester libre de toute contrainte fiscale et sociale.

---

[1] « La fonction des prix et des salaires est moins de rétribuer les individus pour ce qu'ils ont fait, que de leur dire ce qu'ils devraient faire (règles de conduite) dans leur propre intérêt comme dans l'intérêt général » F. V. Hayek : *Droit, législation et liberté*.

Chapitre 3
La société, une réalité seconde

Le principe d'airain individuel du libéralisme exclut la nature sociale de l'homme. Si l'idéologie libérale ne la nie pas, elle n'est pas essentielle à ses yeux. La réalité sociale n'est que le résultat des interactions individuelles et, à ce titre, elle est une superstructure, une fabrication humaine, un bricolage, un compromis, pour ménager le besoin et le désir de vivre de chacun élaborés en intérêts. La cohésion sociale n'est pas un but en soi : elle est une conséquence de la pluralité des intérêts négociés, une réalité seconde, naturellement nécessaire. La concurrence, l'adversité, la lutte des uns contre les autres forment une réalité première, bien plus naturelle, plus ancrée aux fondements de la nature que la fraternité ou la collaboration.

Toutes les théories du contrat[1] qui tentent de justifier la place de l'État dans la vie collective et le pouvoir qui lui est accordé montrent qu'il faut recourir à l'artifice du « contrat » pour rendre compte de cette entité politique qui ne s'impose pas d'elle-même.

Par contre, les relations économiques, imposées par la nécessité élémentaire de satisfaire les appétits individuels, sont fondées sur des lois naturelles et en dépendent très étroitement. L'activité économique est première au double sens d'originelle et de supériorité au regard des autres domaines d'action de l'homme.

Une économie d'échange et de marché suppose que personne ne peut rien faire tout seul. Le riche n'est riche que parce qu'il a besoin d'autres que lui pour l'être et parce qu'il y a des pauvres. Quant au pauvre — l'argument est un peu court — non seulement il a besoin des riches pour survivre (par la charité), mais il peut espérer devenir riche dans une société libre, changeante, en mouvement et essentiellement ouverte. Autrement dit, les classes sociales figent une réalité mouvante. Les réalités sont individuelles et les groupes se font et se défont suivant la convergence ou la divergence des intérêts des individus qui les composent. Les classes sociales sont des épiphénomènes passagers.

Il en découle que les groupes, communautés, nations, ethnies, cultures, États, etc. ne sont que des constructions humaines artificielles et ambivalentes. Ils constituent des obstacles au progrès dès lors qu'ils brident les passions et intérêts, véritables moteurs de l'activité humaine. D'un autre côté, ils évitent conflits et guerres qui surgissent dans les rapports humains[2]. Les faits sociaux, les constructions sociales n'obtiendront qu'un rôle contributif dans la constitution du sujet sans se substituer au sujet lui-même

---

[1] Hobbes, Locke et Rousseau.

[2] Ainsi Locke attribue essentiellement au gouvernement (et non l'État) le rôle pacificateur des relations humaines.

qui demeure la condition suffisante. Jamais les conditions sociales ne pourront — ne devront — entamer la souveraineté de l'individu. Les réalités sociales[1] ne disposent pas d'une autonomie suffisante au point de modifier la nature humaine. Plus généralement, il n'y a pas — il ne peut y avoir de ce point de vue — d'effet retour des activités humaines susceptibles de modifier la nature de l'individu.

Les rapports entre associations et groupes sont avant tout conçus, du point de vue libéral, à partir de l'individu. Il faut sans cesse le rappeler : la formation de groupes n'est pas donnée naturellement ; les groupes sont construits par des individus qui ont dû cohabiter pour vivre et survivre. Dès lors, les groupes, fondés sur l'intérêt, sont susceptibles de s'opposer entre eux, de coopérer ou d'établir des alliances. Mais l'équilibre naturel a pour effet qu'aucun groupe n'est capable de s'imposer définitivement à d'autres. En cela, l'histoire donne raison au libéralisme : la domination a toujours été provisoire puisque nous sommes encore là pour en parler[2]. Les rapports de domination ne viennent pas en première ligne dans la pensée libérale pour deux raisons : la première est que l'attachement, l'attribution axiomatique de la souveraineté à l'individu n'engage pas sur cette voie étant donné qu'aucun individu ne peut perdre sa souveraineté au profit de qui que ce soit : même la mort ne change rien, le meurtre ne donne pas plus de pouvoir au meurtrier. La seconde relève des motifs de constitution des associations : le désir d'association est positif au sens où il s'exprime par un intérêt commun, partagé avec d'autres. On se réunit pour et non pas contre en première évidence. Le libéral est profondément optimiste. Un marxiste y verrait l'effet d'une vision intellectuelle bourgeoise, à l'abri du besoin.

La coopération s'établit à partir d'intérêts subjectifs rencontrés et non de valeurs partagées. On se dévoile pour susciter de l'intérêt en écho à celui que l'on expose[3]. L'égoïsme n'est autre qu'une vision radicale, abstraite, de l'intérêt individuel. Il se comprend sous la pulsion immédiate des besoins animaux, vitaux. Mais ces besoins, médiatisés par l'intelligence rationnelle, ne trouvent leur satisfaction que par le calcul au fondement de toutes les relations humaines.

Enfin, les associations se distinguent les unes des autres par l'intérêt qui les fonde. Chacune est en droit de dicter des règles qui témoignent de l'intérêt commun originel, mais également de critères qui définissent son accès. Ce point est capital : contrairement à la sphère publique qui admet, par définition, le plus grand nombre sans distinction et inscrit nécessairement l'individu en son sein, la sphère privée l'inscrit librement si, toutefois, l'individu correspond aux critères d'accueil et, bien sûr, s'il le veut.

---

[1] Au même titre que d'autres activités humaines, tels la science, la religion, l'art, le politique.

[2] Mais à quel prix ?

[3] Comme le font les réseaux sociaux sur la toile informatique.

La religion

Il est ici question des religions constituées, églises et sectes, et non du besoin spirituel, de la quête de sens, d'un sens dont chaque être humain est dépositaire et qu'il cultive plus ou moins selon sa complexion, environnement culturel compris.

La religion n'échappe pas aux règles générales qui président à l'organisation des associations. Fondamentalement, la foi établit un contact direct entre Dieu et l'homme et ne regarde que lui. La religion, en tant que doctrine et groupe constitué de croyants, n'a pour rôle que de soutenir le croyant dans son accès à Dieu. Dès lors la religion se diversifie en églises afin de répondre adéquatement à l'intérêt religieux de chacun. Elle est adaptable à toutes les personnalités, toutes les cultures, tous les pays et, par là même, les églises sont soumises aux changements que ce soit la migration des individus d'une église à l'autre, que ce soit la diversification des églises partant d'un tronc commun de croyances, que ce soit même par l'évolution de rites ou d'expressions de la foi. Le prosélytisme, dans cette perspective, n'a pas pour but de convaincre l'individu, mais d'apporter un mode d'accompagnement de sa foi adapté à sa personnalité.

Autre chose est la religion qui se prétend être le tout de la société, son but ultime, dont l'accès est confié à des guides suprêmes éclairés, seuls capables de dicter les lois qui y conduisent. Autre chose est encore la religion révélée à un certain nombre d'élus dont la mission est de faire connaître Dieu Créateur au reste du monde en laissant aux créatures le choix de leur destin.

Par là même, la religion ne se distingue pas formellement des autres associations : elle relie[1] l'individu à Dieu comme l'individu est attaché à ses appétits individuels dans le besoin et le désir de Dieu. Elle relie également les croyants entre eux dans une même appartenance communautaire. La foi est le seul critère d'une religion indépendamment de la tradition susceptible de détourner l'aspiration religieuse au profit de pratiques archaïques, d'autorités cléricales qui brouillent la relation directe du croyant à Dieu. La vérité et les comportements ne peuvent être dictés au sujet souverain par une Église.

À ce titre, la religion relève d'une option personnelle[2] et non plus d'une définition extérieure et institutionnelle. Il s'ensuit deux tendances corrélatives : le subjectivisme selon lequel personne d'autre que le sujet n'apprécie la valeur d'une chose (le bon, le vrai, le juste), le relativisme pour qui toute vérité ou valeur dépendent du jugement du sujet. Par conséquent, chacun choisit sa religion sur le marché des religions disponibles selon l'utilité qu'elle lui apporte.

Sur le plan théorique, la religion, en tant que doctrine, offre le chaînon manquant entre la connaissance, l'idée, et le jugement, le critère de vérité.

---

[1] *Religare,* relier, à l'origine de « religion ».
[2] Le libertarien soutient la liberté des mœurs et des opinions dont fait partie la religion.

Une idée n'est jamais complète en elle-même (elle ne désigne pas toutes les réalités). Il faut la définir à l'aide d'autres idées (ou réalités) et ainsi de suite. Une idée n'est pas non plus adéquate, dans la mesure où elle ne recouvre jamais une réalité singulière. Une idée n'est jamais suffisante, elle n'est qu'une idée, une parmi d'autres. La conviction confère la complétude, l'adéquation et la position de principe, c'est-à-dire d'idée première et éminente à partir de laquelle toutes les autres se déclinent. La conviction est apodictique, par principe. À un degré moindre, la croyance confère une force suffisante à une connaissance partielle et justifie mon jugement selon lequel cette connaissance est vraie. La croyance est d'autant plus forte que l'écart entre notre savoir et les faits irréfutables est grand. Inversement, plus nous savons, moins nous croyons ce que nous savons. Si je ne peux démontrer que la vie, l'espèce humaine en particulier, est issue nécessairement de la matière, je place la création qui établit le lien entre l'inanimé et l'animé. L'homme peut difficilement se passer de certitudes qui lui donnent ses raisons de vivre. Et ainsi je peux juger que la vie est supérieure à la matière et que, au sein de celle-là, l'homme se distingue supérieurement des autres formes de vie. En l'absence de cette clé, je suis placé dans l'impossibilité d'émettre un jugement clair.

Quant au phénomène religieux, il garantit « la sauvegarde des mœurs » et le respect des lois. Tocqueville a ainsi judicieusement distingué le religieux du politique et voit en l'un et en l'autre un rôle complémentaire ; la religion accompagne et cautionne la liberté et l'égalité, elle en est même la source, à l'origine de la croyance qui ne peut être qu'individuelle en l'espèce. Elle ne les légitime pas pour autant et ne détient pas le pouvoir de les imposer à l'État. Ce sont les citoyens qui contribuent à établir les lois. Elle garantit et contribue à la stabilité de l'État et à la sûreté des particuliers[1]. À ce titre, la séparation de l'Église et de l'État favorise une vie paisible[2]. La religion n'est pas de l'ordre du pouvoir temporel. *A contrario*, l'Islam « est la religion qui a le plus complètement confondu et entremêlé les deux puissances »[3] temporelles et spirituelles.

Dans cette perspective, la religion s'inscrit dans l'état social comme un de ses constituants. Elle n'est pas fondatrice de l'État, du politique, mais elle participe, comme la société civile, à la combinaison entre état social et mode de gouvernement dont dépend le régime politique, *la* politique.

---

[1] Tocqueville, L'ancien régime et la révolution, chap. II.
[2] Tocqueville, *De la démocratie en Amérique*, LI, chap. IX.
[3] « Mahomet a fait descendre du ciel, et a placé dans le Coran, non seulement des doctrines religieuses, mais des maximes politiques, des lois civiles et criminelles (...) », *De la démocratie en Amérique*, L. II, chap. V.

L'économie

Nous avons déjà souligné la place éminente de l'économie parmi les activités humaines. Tous les arguments avancés reposent sur la croyance que l'économie est le domaine d'activité propre à assurer concrètement le principe même du libéralisme, la souveraineté de l'individu. L'économie assure la conservation du sujet. Elle comprend en elle les moyens de préserver sa souveraineté en le libérant des besoins et contraintes vitales. C'est une autre manière de dire que l'économie favorise la liberté. Toute l'attention se porte alors sur les moyens — outils et méthodes — capables de faire croître les biens et services afin d'assurer le bien-vivre et de garantir la souveraineté de l'individu.

De ce point de vue, la seule question à se poser est de savoir comment satisfaire les besoins sinon de tous, du moins du plus grand nombre étant entendu que l'économie s'intéresse aux échanges de biens et de services profitables à tous et sans lesquels l'individu isolé n'a aucune chance de vivre. Encore faut-il que la nature, source de notre puissance d'exister et des choses dont nous profitons, soit infinie[1] pour assurer la pérennité de l'espèce.

La manière et la méthode pour assurer la satisfaction des appétits individuels

La pensée libérale est évidemment prolixe sur le sujet non seulement parce qu'il touche à son principe, mais encore en ce qu'il l'implique dans la réalité. La littérature libérale, sa culture même, s'articule autour d'élaborations de techniques économiques centrées sur les biens matériels et les moyens (l'argent) pour les acquérir, les produire et les entretenir. Cette culture soucieuse de s'ancrer dans le réel s'intéresse tout autant aux comportements des sujets engagés dans le processus des échanges. L'« efficacité rationnelle »[2] est le maître mot des théories économiques.

Remarquons au passage que, de ce point de vue, le libéralisme ne se distingue guère du matérialisme. La connotation marxiste du matérialisme insupporte le libéral, sans doute, mais sans elle, il est parfaitement admissible. Parlant de la révolution industrielle, Karl Polanyi note que « le nouveau credo était entièrement matérialiste et impliquait que, moyennant une quantité illimitée de biens matériels, tous les problèmes humains pouvaient être résolus »[1]. Non seulement la révolution industrielle ne fait

---

[1] Comme la « nature naturante » de Spinoza (Court Traité, I, Chap. VIII et IX) qui repose sur l'idée de la substance cause de soi. Si nous considérons qu'il n'existe qu'une « nature naturée » où tous, choses ou êtres, sont à la fois cause et effet, alors l'économie n'est plus synonyme de richesses et de profits tirés d'une nature inépuisable, mais de gestion ménagée d'une nature finie

[2] « Le maximum d'efficacité rationnelle », principe de la société moderne. E. Weil, *Philosophie politique*, Vrin, 1971, p. 82.

[1] *La Grande Transformation*, Gallimard, 2008, p.68.

qu'accroître les moyens capables de satisfaire les besoins des individus, mais elle confirme qu'il n'est nullement nécessaire de faire appel aux idées, aux valeurs et autres spéculations de l'esprit, pour réaliser le bonheur de l'homme. Le progrès matériel en est la condition nécessaire et suffisante.

On définira le « marché » comme une association économique d'échange de biens et de services. Il n'est pas besoin de règle *a priori* pour le faire fonctionner puisque, mécaniquement, la valeur des échanges est relative à l'offre et à la demande et que cette valeur s'établit naturellement[1]. On retrouve ici transposé dans l'activité économique ce que nous avons décrit plus haut[2] au point que le libéralisme moderne place la gestion de la société en tant qu'auxiliaire du marché[3]. L'argent, monnaie d'échange, a d'abord permis à son acquéreur de sortir du troc (un bien vaut un autre déterminé) pour accéder à la pluralité des biens : un sou représente l'acquisition d'une pluralité d'objets disponibles. Qui plus est, l'argent est devenu lui-même objet d'échange au travers de la dette et permet au créancier d'augmenter son produit financier, de produire de l'argent si, bien sûr, le débiteur remplit ses obligations au terme de son contrat. Le marché financier s'articule entre la demande (emprunteur) et l'offre (prêteur) à la différence près que le moyen d'échange utilisé dans le marché économique est devenu une fin en soi. La valeur d'échange représente ce qu'une chose ou un être valent pour les autres et ne rejoint pas nécessairement la valeur d'usage, la satisfaction que cette chose ou cet être apporte en réponse au besoin.

Locke avait déjà souligné la corruption des biens d'échange — des prunes qui pourrissent plus vite que des noix — et la valeur présumée incorruptible de la monnaie : « Or, nous voilà parvenus à l'usage de l'argent monnayé, c'est-à-dire, à une chose durable, que l'on peut garder longtemps, sans craindre qu'elle se gâte et se pourrisse ; qui a été établie par le consentement mutuel des hommes ; et que l'on peut échanger pour d'autres choses nécessaires et utiles à la vie, mais qui se corrompent en peu de temps. »[4] Par ailleurs, l'argent, comme toute chose tirée hors de la nature par la force du travail de l'homme, devient son bien propre[5]. Si donc les produits de la nature, corruptibles, répondent strictement aux besoins de la famille, « l'argent monnayé » permet à l'homme « d'étendre sa possession au-delà

---

[1] Si l'information est bien distribuée entre tous, offre et demande s'ajustent spontanément (Hayek).

[2] Chapitre 2, L'autorégulation des rapports individuels.

[3] « ... la maîtrise du système économique par le marché a des effets irrésistibles sur l'organisation tout entière de la société : elle signifie tout bonnement que la société est gérée en tant qu'auxiliaire du marché », K. Polanyi, *La grande transformation*, Gallimard, 1983, p.88.

[4] Traité du gouvernement, chap. V, § 47.

[5] « Tout ce à quoi il applique ses soins et son industrie, pour le tirer hors de l'état où la nature l'a mis, devient, sans difficulté, son bien propre », Id., § 46.

des besoins de sa famille »[1] et c'est cet argent « durable », superflu au regard de la nature, mais qui a reçu « un certain prix et une certaine valeur, du consentement des hommes »[2] qui devient l'objet de leur activité. En conclusion : « le consentement mutuel et unanime rend justes les démarches d'une personne qui, avec des espèces d'argent, agrandit, étend, augmente ses possessions, autant qu'il lui plaît. »[3] En accumulant de l'argent, on accumule une richesse purement virtuelle dont la valeur dépend entièrement de la convention qui la rend échangeable. Dans un premier temps, cette accumulation ne nuit nullement à autrui puisqu'elle ne prive personne des biens réels qu'il voudrait se procurer ; dans un second, la généralisation de la monnaie comme seul mode de paiement porte préjudice à ceux qui n'en disposent pas ; dans un troisième, le maillage des relations économiques et l'accélération des échanges électroniques ont inauguré le concept de liquidité comme paradigme de l'argent disponible soulignant par là sa fluidité, son insaisissabilité, son anonymat. Contrairement à l'immobilisation du capital, les liquidités montrent qu'à tout moment les placements peuvent changer d'attribution : l'argent est essentiellement mobile, tant par sa destination que par sa propriété.

Les prix sont des indicateurs tant sur l'offre que sur la demande, en nature et en quantité. Partant de là, les prix ne sont pas des outils ou des leviers qui peuvent infléchir durablement les marchés, de même que le changement de thermomètre, sa destruction ou sa modification ne changera pas la fièvre. Par ailleurs, compte tenu de la diversité et de la mobilité des offres et des demandes, il est très difficile d'en tirer une théorie ou un modèle : le prix révèle tout autant la valeur subjective qu'attribue l'acheteur à un bien que sa valeur collective, il concentre en lui les coûts de production ou d'acheminement, les prix attribués aux monnaies, etc. Il faut donc, pour saisir — plutôt que comprendre — les marchés, une connaissance pratique qui laisse une large part à la subjectivité et à l'intuition. Les algorithmes financiers présentent l'avantage de combiner des flux financiers instantanément par application d'un modèle inspiré des pratiques antérieures : d'un certain point de vue, cet avantage technique ne change pas la nature des choses. Par conséquent, il est inutile et dangereux d'intervenir de manière extérieure sur les marchés par le dirigisme d'État, l'économie planifiée, les mesures interventionnistes au nom de la justice sociale par exemple[4]. Le marché, dans l'esprit libéral, est une réalité en soi qui a ses propres règles.

Par ailleurs, le marché est idéalement égalitaire dans la mesure où il assure l'échange entre l'offre et la demande : l'individu-acheteur est égal à

---

[1] Id., § 48
[2] Id., § 50.
[3] Ibid.
[4] C'est la position de Hayek.

l'individu-vendeur. Ils ne diffèrent que par la force de leur appétit. L'équilibre est rétabli par le prix. Et c'est en mettant les biens et services en concurrence qu'ils vont s'échanger à leur juste prix[1].

L'activité économique confirme les fondements de l'idéologie libérale en tant que celle-là suppose comme condition d'exercice l'égalité. Le commerce ne peut s'établir qu'entre gens égaux puisqu'ils échangent au lieu de s'affronter par la violence[2]. La richesse assure une certaine harmonie entre les appétits des hommes en ce qu'elle manifeste qu'elle a réussi à satisfaire les appétits les plus nombreux. La pauvreté, cette fois-ci, n'est plus seulement l'affaire d'une mauvaise pioche, mais d'une mauvaise affaire[3].

Libéralisme et capitalisme

Peut-on les distinguer ? Oui, si l'on admet que le capitalisme est essentiellement une notion économique qui différencie le capital du travail ; non si, comme on l'a vu, le libéralisme considère que capital et travail sont des déclinaisons du concept de propriété consubstantiellement attaché à celui d'individu.

Le travail en commun, condition du progrès, s'accompagne de la division du travail. Du point de vue libéral, cette division n'est rien d'autre qu'un échange de services et suit la régulation du marché : les compétences les plus demandées étant les plus chères. Ici encore l'intérêt individuel retrouve son compte : la variété et la complémentarité des aptitudes apportent une contribution plus efficace à la réalisation des biens et des services. Chacun y trouve son compte[4]. D'un autre point de vue, la division du travail pose le problème entre l'intérêt de l'individu et l'intérêt collectif : un faux problème aux yeux libéraux, car l'intérêt collectif ne se décrète pas *a priori*, il émerge des différents intérêts individuels et représente un équilibre à un moment donné du développement économique. C'est sans doute négliger, sous un autre regard, le fait que si l'individu ne travaille plus pour lui-même, il travaille pour d'autres : cette relation sociale doit être expliquée et comprise.

---

[1] Au prix attendu par l'un et par l'autre. En faisant de même avec les hommes, chacun s'insérera à sa juste place sous la main invisible du marché. L'égalité est donc ainsi respectée. L'activité économique détache les hommes les uns des autres alors que le politique cherche à les rassembler. D. Girardot, *La Société du mérite. Idéologie méritocratique et violence néolibérale*, Le Bord de l'eau, Lormont, 2011.

[2] Ce qui n'exclut pas des rapports de forces. Si l'on considère que la violence (naturelle) est hors du discours, sans limite, indéterminée et que la force est violence mise en forme, formulée, déterminée et, en ce sens, calculée.

[3] Au-delà du jeu de mots, la pauvreté montre, dans ce contexte, que les pauvres individuellement d'abord et collectivement en association ensuite, n'ont pas réussi à montrer la force de leurs appétits.

[4] « Tout en ne cherchant que son intérêt personnel, il travaille souvent d'une manière bien plus efficace pour l'intérêt de la société, que s'il avait réellement pour but d'y travailler », A. Smith, *Recherche sur la nature et les causes de la richesse des nations*, L. IV, chap.2.

Il y a là le présupposé d'une sociabilité de l'homme — non pas une virtualité pure, mais une capacité présente et active[1] qui nécessairement s'appliquera en acte dans un sens ou dans un autre — qui s'actualise autour de la coopération et de l'adversité[2].

Par ailleurs, on a vu que le libéralisme inscrit la propriété qu'elle soit immobilière ou mobilière parmi les droits sacrés des individus et que l'argent est une extension de la possession. Par conséquent, le capital, qu'il soit immobilier ou financier est inaliénable. Même si la propriété de biens évolue en parts financières, en investissements fluctuants, en détention de capitaux, cela ne change rien au droit fondamental. Même si, encore, le bien en lui-même n'est pas intéressant et qu'il ne l'est que par les profits qu'il permet d'obtenir. Même si, enfin, la propriété nominative disparaît derrière une société anonyme afin de distraire les gains financiers des contrôles fiscaux ou judiciaires des États, le droit de propriété reste sinon inattaquable du moins plus résistant que les autres droits, y compris ceux détenus par les pouvoirs politiques.

L'économie : une activité de référence

La conviction qu'il existe une structure de l'Univers articulée en lois que l'homme décrypte pour peu qu'il dispose d'une intelligence « pure », débarrassée de préjugés, capable de les traduire en lois naturelles dans un discours scientifique, n'est pas l'apanage du libéralisme. Platon avait la même exigence. Mais s'y ajoute une exigence pratique : il revient à l'homme de savoir lire le livre ouvert de la nature parce que cette lecture conditionne sa *praxis*, son savoir-faire, en adaptant son action au mouvement et à l'organisation du monde[3] ou même en s'en inspirant[4]. On retrouve l'intérêt d'une théorie finalisée par une pratique et la justification du laissez-faire.

Parmi toutes les conséquences liées à ces principes de connaissance et d'action, le libéralisme rattache à sa conviction première celle de l'harmonie préétablie ainsi que celle de la primauté des lois économiques qui assurent l'existence même des individus. Nous appartenons à un Ordre naturel en ce sens que les sociétés humaines sont gouvernées par des lois fondamentales que nous ne pourrions point changer quand même nous le voudrions, parce que ce n'est pas nous qui les avons faites. De plus, nous n'avons aucun

[1] Au sens de la puissance aristotélicienne.

[2] Définir l'homme comme être sociable revient à associer le couple coopération et adversité au sein du sujet qui ne peut se dispenser de vivre avec les autres.

[3] Comme l'a exprimé Bacon : « La science et la puissance humaine se correspondent dans tous les points et vont au même but ; c'est l'ignorance où nous sommes de la cause qui nous prive de l'effet ; car on ne peut vaincre la nature qu'en lui obéissant ; et ce qui était principe, effet ou cause dans la théorie, devient règle, but ou moyen dans la pratique », *Novum Organum*, L. I, III

[4] Comme le « biomimétisme » qui reproduit artificiellement les propriétés d'animaux ou de systèmes biologiques.

intérêt à les modifier quand même nous le pourrions, parce qu'elles sont les meilleures possible[1].

Dès lors, non seulement les lois de l'économie sont aussi réelles que les lois de la nature, mais encore on ne peut les enfreindre à moins de dérégler *momentanément* le système en attendant que celui-ci retrouve son équilibre d'ensemble et cela immanquablement. Une traduction d'une préoccupation contemporaine serait que, quand bien même l'activité humaine perturberait ces mêmes lois de la nature (pollution, dérèglements climatiques), celles-ci reprendront tout aussi naturellement leur place.

L'économie représente une science achevée, tant parce que ses savoirs et savoir-faire sont indissolublement liés que par son utilité et son implication au bien-être de l'homme[2]. Cela se mesure par ses résultats. Son exigence de résultats concrets explique sa place éminente — et non de modèle — parmi les autres sciences et techniques. Ce n'est pas un modèle théorique comme les mathématiques le sont par rapport à la physique ; ce n'est pas davantage un modèle d'application et de validation comme la technologie peut l'être par rapport à la physique[3]. Comparativement aux autres sciences ou techniques, l'économie doit montrer son efficacité dans l'existence même des hommes, dans l'amélioration de leurs conditions de vie. L'économie prouve son utilité dans tous les domaines théoriques et pratiques de l'homme. Sans elle, ces théories et pratiques tournent court. Pour preuve, les progrès scientifiques sont liés aux moyens alloués aux chercheurs et à la recherche[4].

En retour, l'économie tire bénéfice des découvertes et innovations des sciences et techniques qui montrent, par cet emprunt, leur utilité. Il n'est pas utile de préciser ici que les innovations ont toujours quelque chose de révolutionnaire au sens où elles impliquent la révision des modèles admis jusqu'alors[5]. L'innovation introduit une incertitude, mais, comme l'avenir, elle est probabilisable : il suffit de détenir toute l'information disponible sur l'état du système à l'instant t pour en prévoir son devenir (t+1). Théoriquement, le futur est rationalisable.

Par contre, que l'innovation ne porte pas en elle-même une valeur fondamentale ne paraît pas évident au regard libéral, car il lui faut admettre

[1] C'est la position des physiocrates inaugurée par Dupont de Nemours, reprise et complétée par Adam Smith, Maltus, Ricardo, J.B. Say, Stuart Mill. Voir sur ce point Charles Gide, *Principes d'économie politique*, Chap. I, III et chap. II, II, § 1.

[2] Ainsi, le libéralisme italien des années 1920 confère au libéralisme économique la valeur de règle ou de loi suprême à la vie sociale. C. Audard, op. cit., p.284.

[3] En tant que dispositif expérimental.

[4] Formation, recrutement, salaires attractifs, investissements en locaux et matériels, budgets de fonctionnement…

[5] Le changement de paradigme, voir Kuhn. Le savoir constitué n'admet pas facilement les innovations.

un double consensus : celui des pairs ou experts[1], mais aussi celui de la démocratie qui l'intégrera ou non dans sa culture.

Dans l'idéologie libérale, l'économie exerce donc un pouvoir attracteur à l'égard de toutes les activités humaines théoriques et pratiques. Il n'en est aucune qui puisse se dispenser, à un moment ou à un autre, de chiffrer ses résultats, de donner les implications financières (coûts ou bénéfices estimés), de présenter des indicateurs de performance voire de numériser les individus[2]. Le concept même de valeur perd son sens d'excellence rapporté à une norme définie *a priori* pour prendre celui de valeur d'échange ou de valeur marchande rapportée *a posteriori* par l'intérêt que les hommes lui accordent et qu'ils estiment concrètement sous forme de valeur monétaire. À tel point que, pour reprendre une remarque de Spinoza, « on ne peut guère en effet imaginer aucune sorte de Joie, sinon avec l'accompagnement comme cause l'idée de la monnaie »[3]. La valeur économique, norme de référence de l'idéologie libérale, permet de tout ramener sous le concept de richesse et d'évaluer l'humain, le social et la nature selon une procédure de calcul dont le résultat s'exprime en termes financiers insérés dans le capital humain, le capital social[4], le capital naturel.

---

[1] Toujours au sens de Kuhn, car les « experts » mandarins n'acceptent pas les théories qui les remettent en cause.

[2] Outre les passeports « numériques », tous les systèmes de contrôle de l'identité de l'individu à l'aide de codes chiffrés (carte bancaire, sécurité sociale, assurance…), les traces individuelles sur le Net qui alimentent les *Big Data*.

[3] Il observe également que « L'argent est devenu l'instrument par lequel on se procure vraiment toutes choses (…), si bien que son image occupe d'ordinaire plus qu'aucune chose l'Âme du vulgaire », *Ethique*, IV, Appendice, chap. XXVIII.

[4] Il comprend les actionnaires et associés des entreprises, mais aussi les réseaux sociaux susceptibles d'interagir positivement ou négativement avec elles.

Chapitre 4
La politique

L'État régulateur et protecteur

L'association est la seule réalité engendrée par les rapports naturels authentiques entre les individus. Toutes les autres formes de groupements qui ne sont pas le fruit d'un acte individuel volontaire représentent des superstructures de domination qui attentent à la souveraineté individuelle et briment les initiatives particulières. C'est pourquoi il faut être prudent et vigilant lorsqu'on confie pouvoir et autorité au Prince ou au législateur[1]. L'État, représentant de la volonté générale ou détenteur de la violence abandonnée par chacun à son profit, est le plus souvent ignoré dans la pensée libérale sauf à titre polémique[2]. Il va de soi, pour elle, que les conflits interindividuels ne peuvent être réglés véritablement que par les individus eux-mêmes, comme nous l'avons rapporté plus haut[3]. La volonté générale est un artefact qui ne résout pas les rapports entre les hommes. À tout le moins, l'État apparaît comme une survivance de la féodalité, relevant d'une tradition dépassée[4]. Au mieux, l'intérêt bien compris à tous niveaux, de l'individu aux associations, implique des compromis dont l'État est l'une des résultantes.

Le raisonnement se poursuit en ce qui concerne le droit, plus exactement, les fondements juridiques du droit positif. Qu'il s'agisse de principes formulés par les déclarations universelles, les préambules des constitutions, les valeurs auxquelles se réfèrent les législateurs, seuls comptent les lois effectivement appliquées et les droits que celles-ci autorisent. Le positivisme juridique est ainsi une prise en compte du réel, des relations sociales elles-mêmes issues d'une négociation entre avantages et inconvénients, bénéfices et pertes des parties ou associations en jeu.

Conséquences de ce qui précède : les rapports entre les associations ne peuvent être réglés que par une association d'un deuxième genre dont le seul but est d'organiser les relations entre celles du premier genre dont fait partie l'économie. L'État se présente donc comme un outil nécessaire, producteur de règles de droit capables d'organiser les relations entre associations. À ce

---

[1] Le peuple leur confie un mandat (*Trust*), marque d'un engagement de la part du politique à respecter la confiance donnée par le peuple, J. Locke, *Traité du gouvernement civil*, § 240.

[2] L'État exerce le monopole de la violence, il est l'unique détenteur de la violence légitime (Max Weber). D'où les critiques contre la coercition administrative de l'État, les atteintes contre la liberté individuelle, le droit légitime accordé à chacun de se défendre, etc.

[3] Chap. 2, Le balancier libéral.

[4] Pour les théoriciens du Moyen-Âge, l'humanité a une âme (l'Église) et un corps (l'État).

titre, l'« État » ne mérite pas la souveraineté que symbolise sa majuscule ; sous la plume libérale, il s'écrit l'« état », comme tout organisme de gestion, mais ici avec une extension plus large. On notera que cette conception de l'état — une sorte de « manager » — met davantage l'accent sur l'exercice du pouvoir que sur la nature du pouvoir politique : l'état, le pouvoir politique, n'est pas donné au sens où il ne relève pas des réalités premières, il découle du fonctionnement associatif. L'État serait, tout compte fait, un mal nécessaire pour garantir une société équilibrée, une société juste au sens d'ajustée à l'intérêt de chacun[1]. Les changements incessants du monde économique contrarient la stabilité sociale et le rôle de l'état consiste à assurer une certaine stabilité aux associations de la société civile.

Il reste une fragilité dans la construction étatique établie par la pensée libérale : non seulement les individus ne sont plus directement impliqués dans l'action de l'État, mais en outre les produits de l'action de l'état gestionnaire se résument à des formulaires formels qui comportent le risque que ces règles de droit, accompagnées de forces d'application supérieures (l'armée, la police) à celles des sociétés civiles, interdisent toute liberté et créativité des associations. La société civile peut ainsi se retrouver asservie sous les normes étatiques et perdre son rôle moteur de la société : le problème du monopole de la violence est à nouveau posé. À l'inverse, en conférant une autonomie à la société civile et une indépendance à l'égard de l'État, les rapports entre les associations ne sont plus réglés et régulés : l'association la plus forte — le « marché », par exemple — s'impose aux autres et asservit à son tour la société. Reste à admettre que l'État, comme toute association, est le fruit d'un consensus entre les hommes citoyens[2], sans que ce consensus soit édicté par ou issu d'un contrat. Cette association particulière se différencie des autres par son but, à savoir faire le droit. C'est pourquoi l'État de droit — non seulement celui qui est légitime aux yeux des citoyens, mais aussi légitimé par le processus de choix de ses gouvernants — est un État juste et qui dit le droit. La liberté des associations entendue comme liberté de s'associer entre individus et, pour les associations, de cohabiter sans hégémonie, nécessite la présence d'un État de droit, gardien et arbitre des règles du jeu. Plus précisément encore, la liberté économique d'entreprendre a besoin d'un État de droit même si la société civile critique d'un côté les contraintes étatiques et tente de les contourner, tout en réclamant de l'autre son intervention et son pouvoir de coercition pour réduire les injustices qu'elle a elle-même générées. Les revendications de la société civile, expressions des intérêts des associations, doivent être

[1] Sans que cet intérêt l'emporte sur celui des autres. La justice garantit ainsi l'égalité de traitement des intérêts de chacun. C'est le point de vue de J. Rawls.

[2] La citoyenneté a alors le sens de médiation entre la sphère des intérêts privés et celle des associations ou intérêts collectifs.

publiquement justifiées et l'État n'a pas à se prononcer sur leur validité : l'État est gardien des procédures et non détenteur des « Tables de la loi ».

On retrouve dans « l'État de droit » la conception positiviste de l'État imaginée par Saint-Simon. Dans cette société, l'État n'exerce plus qu'une simple fonction de protection des affaires économiques en garantissant la paix nécessaire pour assurer la sécurité industrielle et la liberté des échanges commerciaux.

L'homme politique libéral ne doit pas faire preuve de volonté sinon celle de ne pas bouleverser le cours des choses avec le risque d'ajouter des problèmes voulus aux problèmes réels. La démarche « pragmatique », soucieuse d'apporter une réponse calculée aux événements, se traduit inéluctablement par une action qui peut paraître incohérente, brouillonne, passant du même à son contraire. Le responsable politique doit essentiellement manifester la capacité de trouver des solutions aux problèmes qui se présentent pour que les choses reprennent leur cours si bien fait, du moins, bien sûr, pour ceux qui en sont les principaux bénéficiaires et qui n'ont pas lieu, au bout du compte, de se plaindre. En bref, savoir traduire les inconvénients en avantage : telle est la force d'intelligence du libéralisme.

En dehors des libertariens[1], aucun libéral ne réclame la disparition de l'État qui, comme toute association, représente certains intérêts. Mais il reste que l'État, le pouvoir social, n'a pas de réalité en lui-même : il n'est pas rattaché à la nature même de l'homme. L'homme libéral n'est pas « par nature un animal politique »[2].

Il en irait autrement au regard d'une conception qui placerait *le* politique comme fait humain au même titre que les relations sociales, l'activité scientifique, la religion ou l'art. Si *le* politique entretient des rapports intrinsèques avec la société, cela ne signifie pas qu'il y ait lien de subordination entre l'un et l'autre. De plus, le fait politique est alors aussi naturel et nécessaire à l'homme que la vie sociale et, s'il n'est pas un artefact, il ne peut disparaître dans une société libre et juste (qui ne serait peut-être plus humaine, mais divine). Pour le dire en peu de mots, *le* politique qui prend la forme de l'État dans notre propos a pour principe de conférer une certaine unité à la communauté humaine — savoir vivre ensemble — au même titre que la société a pour fondement l'échange entre les hommes. Dernier mot enfin, ce n'est pas parce que *le* politique est universel, attaché à la nature des hommes, de tous les hommes, tant qu'il y aura des hommes, que *le* politique a pour ambition d'englober les autres

---

[1] Pour qui l'État forme une structure « contre nature », contraignante et coercitive.

[2] Aristote, *La politique*, I, chap. 2, 1253a et III, 6, 1278 b19.

domaines d'activité de l'homme. En ce sens, il n'y a pas primauté du politique.

Si l'État ne peut intervenir dans les affaires de la communauté sans attenter à la souveraineté de chaque citoyen et sans se substituer aux associations privées, le seul rôle que l'on puisse lui assigner est de garantir les libertés individuelles[1] et de faciliter le fonctionnement de la société civile. La conception libérale de l'État apparaît donc « négative »[2]. En tant que garant des libertés fondamentales, le pouvoir politique a pour tâche d'éviter toute forme de despotisme, toute prise de pouvoir par un individu ou un groupe au détriment des autres. Les lois édictées par l'État ne doivent pas dire ce qu'il faut faire, mais interdire les comportements susceptibles de limiter ou de déterminer la vie privée, ceux qui introduisent de l'injustice dans la société. Ainsi la liberté consiste à agir au mieux de ses intérêts sans en être empêché par quiconque ou quoi que ce soit. Ce qui implique, selon le principe d'égalité, que cette liberté s'arrête où commence celle d'autrui et s'arrête par conséquent si l'on nuit à autrui[3]. On le voit par ce qui précède, le concept de liberté individuelle évolue dans le temps : originellement défensif, contre tout despotisme du pouvoir politique, il devient neutre par la garantie que l'État assure de la préserver et positif en reconnaissant l'autonomie de l'action individuelle. En résumé, « Les individus *ressentent* l'État comme une puissance qui leur est étrangère. (….) Le *libéralisme* érige cette impression en principe. L'État ne doit intervenir que le moins possible dans la vie privée des individus. La *liberté* de ceux-ci est *antinomique* de l'action de l'*État*. Et comme l'économie (la Société Civile) est le lieu privilégié de l'épanouissement individuel, il faut limiter autant que possible l'intervention de l'État dans l'économie. »[4]

La souveraineté ne se partage pas : la décision est toujours prise par un seul. Le principe doctrinal libéral interdit toute souveraineté intrinsèquement attachée à un autre que l'individu, en particulier la souveraineté populaire. La souveraineté attribuée arbitrairement à l'État doit donc être disqualifiée et, pratiquement, elle ne peut l'être qu'à partir des prérogatives qui lui sont dévolues : dire le droit et lever l'impôt[5]. L'idéologie libérale n'aura donc de cesse de critiquer le pouvoir régalien de l'État : les réglementations abusives

[1] L'Habeas Corpus Act (1679) protège la personne de toute détention arbitraire.

[2] Bien que Keynes introduise l'État et abandonne le laissez-faire, le rôle de l'État est conjoncturel, il intervient selon les circonstances afin de favoriser le bon fonctionnement économique. Au bout du compte, il lui revient surtout d'éviter les dysfonctionnements de la société économique.

[3] « La liberté de l'individu doit être contenue dans cette limite : il ne doit pas nuire à autrui », Stuart Mill, *De la liberté*.

[4] H. Simon, *Marx, l'État et la liberté*, Revue Esprit, novembre 1977, p.10.

[5] Dans une démocratie s'ajoute le principe « pas de taxation sans représentation ».

et les charges fiscales. Les premières doivent être le fruit d'une négociation entre les parties intéressées, les secondes doivent être intégrées en tant que coût des services attendus par l'individu et payés par lui. Dans une société libérale avancée, le service public apparaît non seulement inefficace, coûteux, mais aussi injuste par la contribution qu'il impose à tous et non à chacun selon ses besoins[1]. L'aide aux plus démunis ne peut être qu'un effet de la compassion charitable individuelle, un don, une libéralité. L'impôt ne peut être une contribution forcée.

Le rôle de l'État, par conséquent, sera d'être le garant des pactes et conventions juridiques passés entre les associations. La fonction judiciaire reste une fonction régalienne d'arbitre qui ne peut être juge et partie d'une association.

Le droit de lever l'impôt n'a d'utilité que comme mesure de sauvegarde en cas de crise économique : là encore, les institutions nationales ou internationales financières ont un rôle régulateur. Le prélèvement fiscal sur les sociétés économiques n'a d'autre but. La fiscalité sur les revenus, notamment ceux du capital, ne peut être que consentie : il s'agirait presque d'une libéralité qu'accorderait le citoyen[2].

La démocratie

Compte tenu de ce qui précède, la souveraineté populaire ne peut se substituer à la souveraineté individuelle : répétons-le, la souveraineté ne se partage pas. La démocratie n'a pas été facilement acceptée par la pensée libérale, non pas tant pour des raisons de légitimité, mais pour les conséquences qu'elle entraîne par son exercice. L'idée de démocratie a donné lieu à de nombreuses critiques ou restrictions même s'il a fallu l'accepter comme évolution inéluctable des mœurs politiques[3]. La plupart des discussions cherchent à résoudre la compatibilité entre l'égalité et la liberté. L'égalité — l'un vaut l'autre — autorise donc n'importe quel individu à participer à l'exercice du pouvoir. De plus, la représentation populaire et le pouvoir de décision qu'elle implique réduisent la liberté du

---

[1] « Ils [les socialistes] avaient dit : un seul sauveur, l'État ; le service public est un principe absolu, grâce à lui, tout ira mieux. On découvre maintenant que cet État boursouflé étouffe et pressure la société civile. Le service public indispose de plus en plus le public. » Laurent Joffrin, *La Gauche en voie de disparition*, Seuil, Paris, 1984.

[2] « Les gens qui ont beaucoup d'argent n'aiment pas du tout qu'on leur dise ce qu'ils doivent en faire. Les taxer davantage serait une erreur. Je pense que les entrepreneurs, les gens qui ont du succès et qui ont beaucoup d'argent, comme moi, doivent être convaincus. Oui, on doit les convaincre de donner davantage à la charité, aux bonnes œuvres. », W. Haughey, multimillionnaire écossais, cité par J. Brygo, *Vivre riche dans une ville de pauvre*, Le Monde diplomatique, août 2010.

[3] Ainsi Tocqueville voit dans la démocratie « une foule innombrable d'hommes semblables et égaux », centrés sur eux-mêmes, détachés des concitoyens, *De la démocratie en Amérique*, L. II, partie IV, chap. 6.

citoyen (on décide pour lui), au point qu'ils conduisent celui-ci à se désintéresser de la politique tout simplement parce qu'il prend l'habitude de laisser faire celui qui le représente et que la chose publique lui échappe. Enfin, la pluralité des intérêts ne peut justement être représentée par un choix du sort.

Le pragmatisme qui imprègne le libéralisme s'attache davantage aux modalités d'exercice des choses (ici, du pouvoir) que de parvenir à leur définition exacte. Dans cette perspective, la démocratie relève bien plus d'une valeur, d'une manière de désigner le fonctionnement d'une communauté que d'un genre de régime politique. Par exemple, sera démocratique une société qui permet au plus grand nombre l'accès à la prospérité économique étant entendu que la gestion des affaires est laissée aux mains des plus compétents et des plus intègres, les gouvernants, pour garantir précisément cette prospérité à laquelle chacun aspire.

Est-il seulement possible d'agréger des choix individuels en choix collectif ? Non, répondra le théorème d'Arrow[1] si l'on respecte bien l'agrégation et les principes logiques… qui sont la plupart du temps violés dans la pratique empirique. Par exemple, le principe d'indépendance des participants vis-à-vis de situations non pertinentes pour eux ne permet pas d'imposer aux participants, même au nom d'une majorité, un choix qui ne serait pas le leur. Or, comme la préférence des participants n'est pas toujours bien claire et définie, les discussions préalables à la décision les modifient bien souvent au point que le résultat final peut être étranger à leur préférence initiale. Est-ce à dire que la démocratie est impossible ? Oui, si on ramène la démocratie aux procédures et à tous les biais qu'elle comporte. Oui également si l'on pose comme norme que le choix unanime doit agréger le choix de chacun. Non si l'on considère que la majorité est la condition du meilleur choix possible et que la démocratie c'est aussi savoir admettre la décision collective obtenue à l'issue d'un processus de délibération et d'élaboration de la décision[2].

Le « libéralisme démocratique »

Inauguré par John Rawls, le libéralisme démocratique tente de concilier la liberté individuelle, les inégalités injustes et l'efficacité économique indépendamment d'un projet collectif. Il n'est pas défini comme un ensemble de contenus, de convictions, de buts à atteindre, de société qu'il resterait à construire, mais comme une idée régulatrice kantienne, à savoir une idée qui permet de donner un sens à la participation individuelle dans la

---

[1] Voir http://www.quebecoislibre.org/030510-4.htm.

[2] Pour J. Rawls, par exemple, la décision collective ne signifie pas un alignement sur une volonté générale prédéterminée. La discussion ou le dialogisme (inspiré d'Habermas) rend légitime la décision dans un contexte de délibération publique et de justification rationnelle.

collectivité. L'idée de libéralisme démocratique ne remet pas en cause le principe du libéralisme à savoir la souveraineté de l'individu. Le libéralisme politique au sens de Rawls ne se prononce pas sur les valeurs. Il demande d'accepter ses principes de justice sur la base d'un raisonnement, pas de croyances : il est donc bien question, dans son application, de *ratio*, de calcul, de raisonnement.

Le libéralisme ne remet pas en question la procédure électorale à commencer par le suffrage universel. Il ne met pas non plus en doute la notion d'État. Il se préoccupe davantage de la manière dont est organisée la puissance publique et s'attache à analyser les processus de décision. Ainsi, selon les auteurs, les étapes (information, délibération, décision) ou les organes impliqués dans la décision (associations, rôle de l'administration et des élus) sont valorisés ou limités. L'administration, en particulier, est soit perçue comme un facteur rationnel d'expertise, soit comme une bureaucratie dangereuse pour les libertés.

Si la démocratie représentative et le système des partis ne sont pas mis en question, le risque d'une mainmise de la majorité sur la conduite des affaires publiques doit être conjuré et ne peut l'être que par la permanence du débat public[1]. A cet égard, la liberté d'association et la liberté de la presse sont les garants du débat public lui-même expression de la démocratie[2].

L'État constitutionnel limite le pouvoir politique et, par conséquent, ménage la liberté individuelle. Il est plus satisfaisant que le pouvoir détenu par un seul, sans encadrement, dans la mesure où la tyrannie entraîne la violence et la lutte des uns contre les autres. La constitution est donc un contrat qui préserve les intérêts individuels, certes, mais qui historiquement a été obtenu à la suite de combats de groupes ou associations rivales : elle représente donc un compromis obtenu à la majorité.

L'intérêt public — au sens politique d'intérêt dégagé de toute préoccupation personnelle — n'a pas beaucoup de sens pour un esprit libéral : il faudrait, pour qu'il en soit ainsi, que l'homme fût social par nature et que les semences sociales se développassent dans un milieu favorable. Or, nous l'avons dit, l'intérêt social ne peut être qu'une construction dont les intérêts individuels constituent les briques élémentaires. C'est d'ailleurs une construction évolutive, changeante, mouvante, tant les intérêts personnels évoluent. Par conséquent, les fonctionnaires ne peuvent ni représenter ni se représenter l'intérêt collectif sinon au travers de leur intérêt individuel. Cette

---

[1] Par exemple, Tocqueville ne reconnaît pas à la majorité « le droit de commander », car elle mène à la tyrannie du nombre. Évidemment, les lois — décidées par la majorité et changeantes — ne peuvent la limiter. Il reste donc le recours à la morale et à la religion, « à l'humanité, à la justice et à la raison, et même à Dieu », pour éviter le danger d'un peuple « maître de lui-même ». *De la Démocratie en Amérique*, L. I, partie II, chap.7.

[2] « Chez les peuples, il ne faut pas considérer l'indépendance de la presse comme l'une des garanties, mais comme la seule garantie qui reste de la liberté et de la sécurité des citoyens », ibid., chap. 3.

remarque est fondamentale en ce qu'elle change la nature de la conduite des affaires publiques et privées en les assimilant les unes aux autres. Mais, selon le point de vue libéral et en empruntant son vocabulaire, le management privé est identique au management public.

Au fond — Tocqueville l'avait discerné —, « la liberté est particulièrement utile à la production de richesses »[1] et c'est la raison pour laquelle le pouvoir politique doit être contenu pour permettre aux individus d'être ardents, entreprenants, aventureux et surtout, novateurs[2]. En conservant l'initiative individuelle nécessaire aux affaires et au progrès économiques, on assure, du même coup, la participation des individus aux affaires communes dans lesquelles chacun trouve le sens de ses intérêts personnels, la préservation de ses initiatives, la stimulation des audaces novatrices et la liberté des échanges.

---

[1] Ibid., chap. 14.
[2] Ibid., chap. 10.

Titre 2
Du dogmatisme au totalitarisme libéral

« Le libéralisme ne peut par définition être une doctrine dogmatique. Ce serait une contradiction dans les termes », comme le rappelle C. Audard en conclusion de son ouvrage[1]. Certes, on l'a vu dans les lignes qui précèdent, l'individu ne peut pas disparaître — et avec lui sa souveraineté et sa liberté — au nom d'on ne sait quelle théorie transcendante qui s'imposerait à lui. Nous avons aussi souligné qu'il n'existe pas de philosophie libérale au sens de système constitué impliquant une conception du monde et des hommes et ne peut, dans ces conditions, constituer une doctrine[2]. C'est sans doute pourquoi les concepts adjacents ou périphériques se sont développés au cours et avec le temps entraînant des contradictions dans les théories, mais aussi des options, des opinions attachées à la conduite des affaires humaines et à l'évolution des sociétés historiques. C'est enfin pourquoi le libéralisme, marqué par son suffixe en « isme », l'identifie comme croyance, comme idéologie et ne se prête à aucune autre désignation. Il n'empêche que son noyau dur, intangible, la souveraineté de l'individu est bien, à nos yeux, son principe dogmatique.

[1] Op. cit., p. 734.

[2] Comme le système platonicien, cartésien, spinoziste, kantien, hégélien, nietzschéen… alors qu'on ne parle pas de système « libéralien » ou « libéraliste ».

Chapitre 1
De l'idéologie en général

On l'a dit en introduction, étymologiquement, l'idéologie développe une idée première sans construire un système théorique, une philosophie, pour autant. Entendons par là qu'elle relie des notions usuelles sans les avoir toutes définies et sans toujours avoir montré leur lien logique avec l'idée initiale. Toutefois, la force d'une idéologie réside dans sa manière de dire, de présenter un discours crédible, capable d'engendrer une croyance auprès de ceux à qui elle s'adresse. Autrement dit, la polysémie des notions permet à chacun d'y trouver un sens, *son* sens et de combler les zones d'incertitude du discours par la passion, la force de ses sentiments, sa croyance. Par là même, le sens qu'il donne avec passion pour combler les pointillés du discours idéologique l'implique dans ce discours qui devient le sien.

Ceci ne veut pas dire que l'idéologie soit une pensée confuse ou inconsistante. Elle articule et décline son principe en notions hiérarchisées et, en cela, l'idéologie forme une pensée « en kit », qui n'incite pas à chercher la vérité par un questionnement ou une méthode critique, un cheminement questionnant. L'idéologie tente d'apporter une réponse à deux questions fondamentales formulées par Kant et que chacun se pose : « Que dois-je faire ? », « Que m'est-il permis d'espérer ? »[1]. Elle incite tout autre à partager sa croyance en prenant appui sur la consistance de son articulation et son pouvoir de susciter l'imagination, de stimuler la sensibilité disponible en assentiment guidé, d'organiser l'implication de tous pour compléter à sa manière les trous du discours idéologique.

À ce titre, l'idéologie rejoint la pensée commune, une pensée partagée par tous — le plus grand nombre —, l'opinion, bref, une croyance dont le rôle, comme les coutumes, traditions, langues, préjugés est de fédérer le corps social. Détruire l'idéologie prendrait le risque de désagréger ce corps en guerre civile et l'idéologie unique conduit au totalitarisme à savoir la conformité de tous.

À sa force de contamination, l'idéologie ajoute une force « absorbante » par laquelle les notions relativement indéterminées digèrent le contenu d'autres idéologies. Comme les deux récits (« Sacerdotal » et « yahviste ») de la création de la Genèse, dont le premier, rédigé pendant l'exil du peuple juif à Babylone, montre une adaptation (absorption) de la tradition babylonienne à la culture hébraïque, notamment, son monothéisme. Cette force tient à la structure des idéologies qui se dispose en champs conceptuels du centre à la périphérie : des principes essentiels et intangibles aux concepts

[1] *Critique de la raison pure*, II, chap. 2, 2e section. La troisième question, « Que puis-je savoir ? » n'intéresse pas l'idéologie, mais l'épistémologie et, aussi, la philosophie.

explicatifs ou aux notions empruntées et adaptées à d'autres idéologies ou théories nouvelles. Nous l'avons signalé tout au début de notre livre, le discours idéologique se distribue en *concepts-clés* constitutifs de leur identité, auxquels s'ajoutent des *concepts adjacents*, issus de rapprochements logiques ou de réponses aux circonstances historiques. Enfin, des *concepts périphériques*, souvent empruntés aux autres idéologies, contribuent à rendre les frontières floues[1].

La passion, la force des sentiments qui dynamise et alimente l'idéologie, conduit nécessairement à l'amour ou à la haine, à l'association ou l'exclusion. Que ce soit par l'intégration ou l'affrontement, l'idéologie, en ce qu'elle veut triompher des autres causes ou idéologies est polémique, conflictuelle[2]. On peut alors comprendre qu'une idéologie dominante devienne une méta-idéologie, une opinion régnante, « quelque chose sur lequel il y a un consensus tacite, supposant l'acceptation d'un ensemble de valeurs »[3], comme l'idée de la souveraineté de l'individu, celle des droits de l'homme ou encore de l'*Habeas Corpus*, qui sont toutes des valeurs fortes du libéralisme partagées dans le monde occidental.

Un discours flexible

Sans entrer dans le détail, nous avons relevé la « plasticité » des concepts utilisés par la pensée libérale, à commencer par le premier d'entre eux : l'individu, assimilé à une monade, glissera progressivement vers l'individualité, la personne, un être à la fois social et en construction, avec une personnalité propre[4]. Toutefois, il convient d'être prudent sur les éléments de langage — surtout dans une traduction — lorsqu'un même mot recouvre des réalités différentes (polysémie) ou, à l'inverse, lorsque des mots différents désignent une même réalité (synonymie). C'est pourquoi il convient, à la manière de Nietzsche[5], de décrypter les mots pour en faire sortir les concepts, seuls points de référence. Ceci pour justifier notre réserve en ce qui concerne la « personnalité » qui admet certes, des variations singulières, mais qui, sur le plan du principe, ne change rien à la souveraineté individuelle.

---

[1] Suivant en cela les travaux de M. Freeden auxquels se réfère C. Audard.

[2] J. Freund, *L'essence du politique*, Sirey, 1965, p. 426. Voir aussi, pour compléter notre court propos sur l'idéologie et ses caractéristiques, la deuxième partie de l'ouvrage, chapitre VI en particulier les § 94 à 98.

[3] C. Audard, entretien avec Naël Desaldeleer (2010), sur http://raison-publique.fr ou www.dike-philopol.com/.

[4] *L'individualité* de Stuart Mill.

[5] Philologue et philosophe du langage qui frappe les concepts pour voir quels sons ils rendent.

D'un côté, le libéralisme refuse tout dogmatisme par son souci affiché de préserver la liberté, son ouverture. De l'autre, il recherche à faire cohabiter le pluralisme des valeurs, la diversité des comportements, l'évolution des choses. La pensée libérale — comme bien d'autres depuis Platon — se heurte à la compréhension de l'un (idée) et du multiple (réel). La diversité des sciences nouvelles, les progrès technologiques, la prise de conscience des variétés culturelles, l'évolution des mœurs conduisent à la remise en cause des conceptions acquises et à l'adoption de théories nouvelles. Le pragmatisme, le souci de coller au réel, aux choses, à l'évolution du monde doublé d'un appareil intellectuel suffisamment souple, ont favorisé la fécondité des théories libérales et évité la sclérose des concepts. Du point de vue moral, le pluralisme et la précarité des valeurs comportent le risque de mener au relativisme moral.

Par ailleurs, le souci de rationaliser la réalité à chacune des étapes de son développement joint à celui, pratique, d'en tirer des notions opérationnelles, efficaces, conduisent logiquement le libéralisme à multiplier les moyens (biens, services, outils technologiques) mis à disposition des hommes, d'autant que la créativité humaine est stimulée dans un monde libre.

Or, les moyens eux-mêmes sont ambivalents : ils peuvent être bénéfiques ou nuisibles selon l'usage que l'on en fait. La discussion sur l'intentionnalité de l'action des hommes est, comme on dit de nos jours, incontournable (pourquoi le fait-il ?) au même titre que celle sur l'usage des moyens (que va-t-il en faire ?)[1]. Il n'est pas facile de mettre au jour l'intentionnalité qui vise un objectif pas toujours explicite, ni clair dans les esprits et qui, parfois, fait illusion. Le bien pour tous peut surtout faire l'affaire de quelques-uns. Il est contradictoire de prôner la liberté d'initiative et de les contraindre par des règles *a priori* au prétexte de risques encourus par les possibles découvertes ou nouveautés technologiques[2]. Faut-il attendre d'être mis devant des faits dangereux ou nuisibles pour les interdire ou les réglementer ? Ne sera-t-il pas trop tard ?

Il est une autre conséquence de la flexibilité de la pensée libérale à laquelle il faut s'attendre. Les lois et règles qu'elle est amenée à établir ne peuvent avoir un caractère universel (valable pour tous) et permanent. L'arsenal juridique est fondamentalement provisoire en s'adaptant aux rapports de forces en présence, dérogatoire pour ménager les cas particuliers, discutable quant au recouvrement du droit à la réalité et rectifiable pour la même raison.

---

[1] L'exemple de l'enrichissement de l'uranium ou de l'utilisation du plutonium de certains pays. Pour construire des centrales nucléaires ou pour fabriquer des bombes ?

[2] L'utilisation des Organismes génétiquement modifiés (OGM), la recherche sur les cellules embryonnaires (cellules souches) interdite en France depuis la loi de bioéthique de 1994 admet des dérogations depuis 2004.

L'ambivalence des notions

L'existence même au sein du libéralisme de courants d'idées extrêmement variés et même incompatibles entre eux, souligne assez la flexibilité des concepts jusqu'à l'opposition de sens d'un même concept. C'est effectivement montrer par là même que le libéralisme développe une doctrine de la liberté. Mais nous avons aussi montré que les principes ne sont jamais remis en cause et jouent le rôle de centre de gravité des concepts périphériques.

Ainsi, le concept d'individu que l'on sait emblématique du libéralisme admet des déclinaisons selon les préoccupations des penseurs rapportées à leur époque. J. Rawls, par exemple, s'emparant du concept de société et de sa prégnance dans la pensée libérale au point de réduire la souveraineté de l'individu eu égard aux influences sociales qui pèsent sur lui, la transférera à l'État dont le citoyen en détiendra une partie. Mais l'important n'est pas la souveraineté ; à ses yeux, le lien social, la construction d'un monde humain fondé sur l'exercice de libertés individuelles et l'échange, avec, au fond l'idée d'un monde non déterminé, mais à déterminer, est bien plus fondamental. Ses critiques à l'égard de l'utilitarisme aussi bien qu'à l'encontre du libéralisme classique ou du « nouveau libéralisme » (*Walfarisme*) ne sont alors pas étonnantes et le placent dans une position à la marge du libéralisme. Cette critique interne au libéralisme est, sans doute, la plus radicale[1].

La clarté des concepts n'est pas le but recherché des idéologies politiques : il faut qu'ils soient mobilisateurs en vue de l'action c'est-à-dire qu'ils conditionnent les acteurs les plus déterminants au regard des décisions à prendre et qu'ils entraînent le plus grand nombre. Ceci veut donc dire que l'idéologie — en tant que message — doit être en mesure de pénétrer la conscience humaine afin de générer ses motifs d'action et, d'une certaine manière, correspondre à ses attentes. Dans sa forme de présentation donc, l'idéologie cherche à s'adapter à la plus grande diversité. Il n'est nullement dans son dessein d'apurer la cohérence de son contenu et de veiller à la clarté de ses concepts et de ses principes. La force du libéralisme est d'avoir su s'adapter aux conjonctures, aux contingences, et de savoir interpréter les événements à son profit.

---

[1] On en trouvera une analyse minutieuse conduite par C. Audard, au chapitre VI, *Le libéralisme démocratique de John Rawls*, de son ouvrage *Qu'est-ce que le libéralisme ?*, déjà cité.

Le libéralisme comme méta-idéologie

« Le libéralisme contemporain semble être à la fois omniprésent et introuvable »[1]. Il est partout et nulle part, « comme le sucre dans le lait chaud »[2]. Le néolibéralisme, ce libéralisme omniprésent et introuvable, s'est imposé comme « la force idéologique dominante dans le monde à partir des années 80 »[3].

Tout ce que nous avons dit jusqu'à présent le laissait présager. Le constat de « force dominante » tient à la fois de conditions nécessaires — une idéologie construite et adaptable sans renier ses concepts élémentaires — et de conditions suffisantes telles que la vigueur des croyances qui lui confère une force de persuasion et les circonstances sociohistoriques qui facilitent sa pénétration dans la société. Nous nous attacherons désormais à ces conditions suffisantes.

Nous avions déjà observé[4] que le libéralisme, comme toute idéologie, apporte des outils de déchiffrage du monde environnant et compose un guide d'action. Sa popularité — mieux vaudrait dire, sa pénétration dans les esprits — n'est pas l'effet, semble-t-il, d'une domination révolutionnaire « d'un groupe de dirigeants politiques voulant imposer un changement de paradigme »[5].

C'est précisément ce point qui nous apparaît crucial dans l'émergence d'une méta-idéologie préparatoire au totalitarisme : l'outil de déchiffrage s'installe et contamine les esprits. De plus, il construit un canevas d'action, en définissant les motifs et les objectifs des personnes. Le « groupe des dirigeants politiques » n'a pas pour but effectivement d'imposer un paradigme, mais de s'emparer des leviers étatiques, politiques et de communication pour assurer la mise en œuvre d'une idéologie qu'ils partagent et à laquelle aspire un certain nombre pour qu'il devienne le plus grand nombre. Les dirigeants, dans ce contexte, utilisent la caution formelle de l'idéologie — le libéralisme sans l'avoir défini — pour parvenir au pouvoir en toute légitimité, quitte à bouleverser la légalité au nom des « principes légitimes » apportés par l'idéologie qu'ils défendent[6].

Méta-idéologie signifie également une idéologie qui dépasse et englobe le sujet au point qu'il n'ait plus besoin de penser. L'équivalent d'une religion profane. Pourquoi le ferait-il puisque l'idéologie lui offre, comme nous

---

[1] C. Audard, op. cit., p. 18.
[2] Formule humoristique, mais moins philosophique, inaugurée par Coluche au sujet de l'existence de Dieu.
[3] C. Audard, ibid., p. 402.
[4] Au tout début de notre introduction.
[5] En référence à M. Freeden, entretien de C. Audard avec Naël Desaldeleer, déjà cité.
[6] Comme ce fut le cas après qu'Hitler fut nommé chancelier, d'abord par la dissolution du Reichstag, puis par l'élimination de ses adversaires (meurtres et emprisonnements) et enfin par l'incendie du bâtiment pour parvenir à imposer son parti minoritaire et inaugurer spectaculairement la renaissance du Reich.

l'avons dit, une pensée en kit, prête à l'emploi, une vision globale du monde, un corpus qui ne fait pas penser, mais qui donne des motifs d'agir ? L'idéologie offre un savoir utile, une sorte de savoir situé entre la connaissance et le savoir-faire, un savoir défini comme : « comment s'y prendre dans la vie ». Au bout du compte, personne n'est détenteur de ce savoir partagé : « on » pense. Comme le résume Wladimir Weidlé, l'idéologie est « un système d'idées qui ne sont plus pensées par personne et qui empêchent tout le monde de penser »[1].

Le libéralisme actuel, en tant qu'idéologie dominante, a bien sûr bénéficié de l'effondrement du communisme[2] contre lequel il a lutté dès l'apparition du socialisme au milieu du XIXe siècle et partisan, lui, de la propriété collective à l'opposé de la propriété individuelle.

Le libéralisme a su intelligemment marcher sur les plates-bandes du socialisme et engager une politique libérale de gauche. Ce fut une forme de néolibéralisme français[3]. Ces orientations sociales du libéralisme ont tout en même temps répondu aux mouvements populaires qui espéraient tirer les bénéfices d'une société en croissance, mais aussi offert une alternative et une réponse aux revendications socialo-communistes dans le cadre d'une lutte contre le communisme.

Si le libéralisme actuel tire sa force de sa résistance victorieuse aux autres idéologies[4], il la tire également de conditions sociohistoriques que nous décrirons ultérieurement : la valorisation de l'économie et de la finance dans le monde moderne, le consumérisme dans des sociétés pacifiées, le raccourcissement de l'échelle du temps (passé et futur) à l'instant, la réduction de la raison à l'entendement[5], une sémantique partagée, un réseau de communication mondialisé... Œuvre de pensée, l'idéologie présente l'avantage d'être une pensée utile, qui donne à voir et à comprendre ponctuellement les faits, sans donner le sens général que lui inspirerait une réflexion.

On observera la force de diffusion feutrée de l'idéologie libérale, pudiquement présentée sous forme de « pollinisation » médiatique essentiellement, une sorte de contamination rampante sans que des systèmes de défense collectifs aient le temps de se mettre ne place. On l'a dit, les réactions institutionnelles mettent beaucoup de temps à s'organiser.

---

[1] Revue Res Publica, 1960, n° 3, Les idéologies et leurs applications au XXe siècle, p.189.

[2] Effondrement dont l'exposé des causes nous éloignerait de notre sujet.

[3] Avec Raymond Aron et Jacques Rueff par exemple.

[4] Disparition des régimes totalitaires, chute du communisme et du nazisme, marginalisation du marxisme comme dépassé, vieillot, suranné.

[5] La technique prime sur la théorie, le calcul sur la réflexion, une pensée opérationnelle opposée à la pensée spéculative.

Sa force de pénétration des esprits est telle que les jugements libéraux semblent « aller de soi ». Par ailleurs, l'organisation progressive des sociétés, voire du monde, en sociétés libérales, dominées par l'association économique et l'idée que ce monde est naturel, conduisent à croire que les situations vécues sont nécessaires et, à ce titre, doivent être acceptées (*amor fati*[1]). Lorsque l'on peut identifier une institution, une construction formelle humaine, un parti par exemple[2], on est alors en mesure d'éprouver un sentiment d'amour ou de haine à leur égard. Lorsque la cause n'est pas bien identifiée ou qu'elle est présentée comme universelle — « les marchés », par exemple —, alors les sujets n'éprouvent pas les mêmes sentiments déterminés, mais plutôt ceux, confus, tels que l'abattement ou l'euphorie. En termes spinozistes, ces deux genres de sentiments recouvrent les passions de joie et de tristesse qui affectent notre âme[3].

Le libéralisme, en tant que « méta-idéologie » dominante, serait donc parvenu à construire l'intériorité du sujet contrairement à son premier principe à savoir l'absolue souveraineté de l'individu.

Le bonheur

« Le bonheur de chaque homme (...) est la seule fin réelle »[4]. S'il en est ainsi chacun s'emploiera à le réaliser et à le bricoler au quotidien en s'appuyant sur les mêmes aspirations de tous en espérant que, comme un jeu, personne ne sera assez suicidaire pour ne pas désolidariser le couple perte-profit en agissant en pure perte.

En tant que fin, il n'est pas encore. Il représente un rêve ou une espérance dont il ne faut pas sous-estimer la force psychologique.

C'est dire que le bonheur est essentiellement subjectif, relatif à chaque individu[5]. Le libéralisme est incapable d'offrir ce qu'il ambitionne puisque l'individu n'est pas définissable sinon par lui-même. Par contre, le bonheur n'est pas une représentation transcendante, mais immanente et empirique : il exprime donc le bien-être matériel, la satisfaction des besoins et des désirs, satisfaction qui ne peut être garantie que dans un univers d'échanges de biens et services équilibrés, suffisants pour tous. Le bonheur résulte d'une activité économique *satisfaisante*, égale et juste. Il constitue la finalité de

---

[1] Aimer le destin, ce qui nous arrive.

[2] Ou un parlement, un gouvernement, un plan, un organisme, une loi...

[3] *Ethique*, III, prop. XI, scolie.

[4] J. Bentham, *Manuscrits*, Londres, University College, 1958, p.61.

[5] « ... le concept du bonheur est un concept si indéterminé que (...) personne ne peut jamais dire en termes précis et cohérents ce que véritablement il désire et il veut », Kant, *Fondements de la métaphysique des mœurs*, 2e section, Delagrave, 1965, p.131. « La conscience qu'a un être raisonnable de l'agrément de la vie accompagnant sans interruption toute son existence est le *bonheur* et le principe de prendre le bonheur pour principe suprême de détermination du libre choix, est le principe de l'amour de soi », Kant, *Critique de la raison pratique*, 1re partie, Théorème II, PUF, 1971, pp. 20-21.

l'économie. Et si l'on conçoit que les appétits des individus sont indéfinis (mal définis et illimités), alors le rôle de l'économie est de garantir la prospérité qui ne peut être obtenue que par une croissance elle aussi indéterminée et infinie, postulant par là même que les ressources terrestres sont elles aussi indéterminées et infinies.

L'objet du désir est à conquérir par l'action individuelle. Il n'est pas un objectif à partager et commun qui confèrerait une valeur humaine, commune au genre humain, à réaliser avec nos « frères ». Autrement dit, l'homme libéral est prêt à tout pour maintenir son intérêt — du compromis jusqu'à la compromission quoi qu'il en coûte pour les autres. Pour lui, l'être humain n'est pas *intéressant* au point de sacrifier son intérêt.

Le bonheur des uns doit faire le bonheur des autres. Postulat : la richesse des plus cossus doit bénéficier à tous puisqu'elle finit par se disperser auprès des plus pauvres, à la différence près que les plus riches ne dépensent pas leurs économies placées en capitaux financiers.

En définitive, le bonheur imaginé se présente comme un état, une situation de fait stable qui comble adéquatement les besoins au point d'atteindre l'absence de troubles, l'ataraxie[1]. Il n'y a plus matière à désirer et donc ni souffrance ni plaisir. En outre, cette satisfaction n'engendre plus aucun rapport aux autres ni en termes de demande ni en termes d'offre. Le bonheur est donc la situation idéale, autarcique, qui ne nécessite plus de rapports aux autres et qui n'entretient plus de rapports de domination.

Le risque totalitaire

Paradoxalement, le risque totalitaire ne vient pas de ceux qui pensent que l'État, le pouvoir politique, est un mal nécessaire pour corriger la « mauvaiseté » des hommes et leur égoïsme naturel. Il émane plutôt de ceux qui pensent que le pouvoir politique est une violence exercée sur les individus, sur un type d'individus[2], soit parce qu'il est confisqué par une classe sociale, soit parce qu'il est une construction artificielle, non naturelle, destinée sinon à asservir du moins à contenir la liberté humaine. Le risque totalitaire se forme à partir d'un paradoxe théorique : la « violence » de l'État ne peut être supprimée que par la « violence » par l'État. Autrement dit, le totalitarisme dans l'histoire récente, qu'il soit d'origine communiste ou nazie, considère l'État comme un instrument de pouvoir nécessaire pour faire émerger un homme nouveau, non pas seulement pour libérer des virtualités, mais pour construire un ordre inédit. Le pouvoir politique ne peut être que transitoire et oppressif face à l'individu considéré comme seule

[1] « Le plaisir que nous avons en vue est caractérisé par l'absence de souffrances corporelles et de troubles de l'âme », Épicure, *Lettre à Ménécée*, Doctrines et maximes, Hermann, 1965, p. 103.
[2] Une race, une classe sociale.

valeur. L'État, moyen d'oppression, doit être retourné contre lui-même et stérilisé pour laisser libre cours à la nature humaine définie individuellement. Pour le dire autrement, dans la perspective des idéologies qui considèrent l'État, le pouvoir politique, comme moyen transitoire et oppressif, il ne peut être question de comprendre l'État comme essentiel à la vie humaine, ce sans quoi l'homme ne serait plus ce qu'il est, c'est-à-dire un homme. *Le* politique n'est pas, dans cette perspective un objet de réflexion, mais se réduit en moyens d'action : *la* politique.

Nous devrions être attentifs aux phénomènes historiques — comme l'était Marx — qui nous livrent des signes sur les fonctionnements collectifs, signes livrés à nos interprétations. Il apparaît remarquable que, pour Marx, le communisme était assimilé à une démocratie achevée, se passant des institutions politiques parce que les dépassant dans une vie sociale et économique équilibrée. Un passage du *Manifeste* est particulièrement éclairant sur ce point[1].

Il montre explicitement que le marxisme visait, *in fine*, la suppression de l'État, la restauration de la libre association et, par le fait, la liberté de chacun. Étant entendu que « le pouvoir politique (...) est l'oppression d'une classe par une autre »[2], en supprimant les conditions économiques propres au capitalisme, la classe bourgeoise dominante et dominant l'État cèdera son pouvoir. En attendant cette *émancipation*[3], le prolétariat doit profiter du progrès de l'industrie, du développement conséquent de sa force productive et des échanges mondiaux pour abolir la différence capital-travail et instaurer une société sans classes. Il n'y a pas, chez Marx, l'idée d'un coup de force de la part du prolétariat, mais l'accomplissement d'un « mouvement réel »[4] qui conduit le prolétariat à occuper les anciennes structures bourgeoise, dont l'État. C'est pourquoi, selon nous[5], la « dictature du prolétariat » n'est que le moment ultime où celui-ci, dominant dans le rapport de forces économiques, occupera et infléchira à son tour le pouvoir politique.

Cette observation a pour objectif de montrer trois choses :

1) Le communisme — l'application politique du marxisme — a retenu que la prise du pouvoir de l'État par le parti des prolétaires allait accélérer leur émancipation, mais n'a retenu que ce moment.

---

[1] Marx et Engels, *Manifeste du Parti Communiste*, fin du chap. II auquel nous renvoyons le lecteur.

[2] Ibid.

[3] Et non « révolution », terme réservé à la révolution bourgeoise de 1789.

[4] « ... qui abolit l'état actuel », F. Engels et K. Marx, *L'Idéologie allemande*, Ed. Sociales, 1966, p.54.

[5] Considérant la cohérence théorique et la faible fréquence de l'expression « dictature du prolétariat » dans l'œuvre de Marx.

2) Le but ultime est bien la réconciliation de l'individu avec son état social naturel.

3) L'émancipation de la société passe par la suppression de l'État au profit de la libre association.

Il est étonnant que le projet de Marx ait visé l'établissement de la libre association et, par là, le rétablissement de la liberté de l'individu. La procédure révolutionnaire envisagée par Marx correspond à l'ambition libérale : supprimer la force contraignante de l'État pour libérer la société civile et, en particulier, restaurer la liberté économique[1] avec, en ligne de mire, la réalisation de la personnalité de chaque homme[2]. Les différences avec le libéralisme, en nous limitant à l'objet de notre propos, sont évidemment substantielles, ne serait-ce que sur la nature même de l'économie (la force productive des travailleurs) ou l'état social de l'individu[3].

Le rapprochement avec le libéralisme s'impose : la visée est semblable. La suppression de l'État permettrait de libérer les forces sociales et économiques. On a déjà observé les résultats de cette intention dans l'histoire : le communisme au pouvoir a figé le marxisme dans le communisme totalitaire. On a tout lieu d'être vigilant à l'égard de ceux qui pensent que l'État est essentiellement coercitif : ils appliquent leur crainte sans ménagement, réalisant ainsi l'effet Pygmalion[4]. L'idée que le libéralisme peut mener à un totalitarisme n'est donc pas exclue.

Si le totalitarisme consiste à vouloir réduire la diversité humaine à l'idée que l'on se fait de l'homme, alors, oui, réduire l'homme à un individu souverain est totalitaire, pour la raison fort simple qu'il ne doit rester qu'un homme qui ne dépende que de lui-même à l'exclusion des autres.

Il n'y a pas de totalitarisme exemplaire dans l'histoire — un totalitarisme achevé, modèle, en quelque sorte, qui serait tel qu'il n'y ait plus d'histoire ni personne pour en parler —, même si le communisme stalinien et le nazisme hitlérien furent de douloureux exemples. Nous ne disposons pas d'un modèle étalon auquel pourrait se rapporter la réalité et à partir duquel pourrait être jugée sa conformité. Il ne peut être seulement question de montrer que la

---

[1] Asservie, selon Marx, par les détenteurs des capitaux qui se sont approprié les outils de production et les leviers de l'État.

[2] « Il leur faut renverser cet État pour réaliser leur personnalité », dernière phrase de *L'idéologie allemande.*

[3] « La nature humaine étant la vraie communauté des hommes [...], l'être social [...] n'est pas une puissance générale, abstraite en face de l'individu isolé, mais l'être de l'individu, sa propre activité, sa propre vie, sa propre jouissance », Marx, *Notes de lecture*, *Œuvres*, Paris, Bibliothèque de la Pléiade, 1968, t. II, p. 23.

[4] Ce sculpteur chypriote tombe amoureux de la statue qu'il a réalisée et demande aux dieux de lui donner vie. Aphrodite exauce son vœu. Ovide, *Les métamorphoses.* Les économistes parlent maintenant de « prédictions autoréalisatrices ».

bête n'est pas morte et que le monde contemporain recèle des puissances totalitaires prêtes à se constituer pour peu que les conditions sociohistoriques s'y prêtent. La seule présence d'une idéologie dominante devrait déjà nous alerter ; la détection d'une société pénétrée d'économie et de ses attributs devrait, cette fois, nous inquiéter[1].

La dévotion au système économique comme seule matrice[2] de la vie moderne entraîne l'angoisse d'en être exclu. L'individu doit se conformer aux exigences du système en tant qu'employé et en tant que consommateur sous peine d'être déclassé, placé hors de ce monde qui avancera sans lui. Il est membre d'une société tant qu'il contribue à la faire vivre, mais il ne peut plus compter sur une communauté fondée sur des valeurs humaines partagées, apprises et comprises qui, elles, ne sont pas subordonnées aux circonstances.

D'un autre côté, l'*homo œconomicus*[3], l'homme dévolu au système, mais aussi l'homme méthodique, l'homme rationnel de l'entendement, a tout intérêt à promouvoir le système qui lui donne une existence, une assurance et une reconnaissance. Il n'a pour seul but que d'assurer la production de richesses et la consommation qui s'entretiennent mutuellement. Il est dévolu au « circuit fermé »[4] économique, ce système circulaire où entrée-production et sortie-consommation se rejoignent et forment la condition même de son bon fonctionnement au point que l'une et l'autre deviennent indissociables[5] à moins de rupture en cas de crise. Sa compétence, comme être technicien, sera évaluée par l'ajustement entre les deux points de jonction du dispositif, adéquation qui mesure la performance de l'entreprise. Autrement dit, il faut savoir produire, mais aussi vendre et faire consommer. Et pour ce faire, il faut toujours innover des techniques — des savoirs destinés au savoir-faire — afin d'améliorer la productivité, la force de vente et le désir de consommer profitable à l'entreprise. Pour alimenter le circuit, il faut une autre espèce d'*homo œconomicus*, celle qui régule le circuit en liquidités, en ajoutant ou retirant de l'argent, celle qui veille à la compression du système[6]. Le financier et le banquier sont ici à la manœuvre.

Cette représentation technique met en évidence la conception rationnelle de la société à l'œuvre dans la sphère économique. Par ailleurs, elle souligne l'enfermement de ce monde par son organisation en système où tous les

---

[1] « Le totalitarisme trouve naissance en milieu économique », Cl. Polin, *L'esprit totalitaire*, Sirey, 1977, p. 101.

[2] Production, génération de cette vie, fécondité et richesse.

[3] « conçu simultanément comme être de besoin et comme être technicien, comme désir et comme travail », Cl. Polin, id., p. 100.

[4] Comparaison n'est pas raison, mais l'image du circuit de chauffage nous paraît la mieux adaptée. Les liquidités circulent dans la tuyauterie au calibre modulable selon la croissance. Le vase d'expansion contient les liquidités (valeurs et monnaies) de densité variable.

[5] Est-ce la consommation qui entraîne la production ou l'inverse, à l'image de la poule et l'œuf ?

[6] Ou à la densité des fluides par les valeurs en jeu et les parités monétaires.

éléments sont interdépendants et asservis entre eux dans le seul but de le faire fonctionner. Enfin, le fait même que le système économique puisse être modélisé par une représentation imagée et opérationnelle montre combien il peut facilement imprégner les esprits et captiver ces mêmes esprits à la recherche de réponses pratiques[1].

Certes, certains ne manqueront pas de relever les insuffisances de l'image — pour affirmer leur propre suffisance —, de montrer la complexité du système — sans réfuter le système —, de discréditer la caricature d'un dispositif qui ne peut être compris que par des spécialistes qui se disputent encore pour savoir comment le faire fonctionner sans crises.

L'idéologie a toujours raison étant donné que son discours développé est continûment rationnel. C'est une logique des prémisses (qui ne sont pas toujours dites, conscientes, comprises et affichées) et si l'homme est ainsi que le prétend l'idéologie depuis l'origine, il doit donc le rester. Loin d'être une utopie, une hypothèse à réaliser, l'idéologie considère qu'il y a lieu de restituer la pureté des prémisses. L'utopiste dit : « On pourrait faire mieux, mettons en œuvre notre volonté ». L'homme de l'idéologie dit : « Laissez faire les choses, la nature, notre nature, débarrassons-nous de l'artificiel et nous retrouverons l'essentiel » ; la volonté a perverti la logique naturelle, il faut retrouver celle de l'entendement qui admet et explique le libre développement des choses. En un mot, l'utopie vise les fins, l'idéologie s'attache aux principes. L'idéologie ne se présente comme utopie que lorsqu'elle devient objet de propagande[2].

Si l'utopie vise les fins, c'est à coup sûr parce que la réalité ne correspond pas à nos attentes et qu'il revient aux hommes d'inscrire cette utopie dans leur vie, plus généralement dans la vie, quitte à transformer la nature, le cours des choses. À cet égard, l'utopie privilégie l'espérance, la volonté et, dans la mesure où elle est partagée, elle réclame l'action collective, l'effort de tous. Elle se distingue de l'idéologie libérale en ce qu'elle conserve à l'État, au politique, le rôle éminent de fédérer les volontés. À l'opposé du libéralisme, l'utopiste conçoit que les idées politiques ne peuvent à elles seules changer le monde ; il faut encore qu'elles soient portées par des forces sociales. Au rebours, les révoltes sociales ne peuvent constituer une force (intensité et direction) que par l'adhésion à des idées politiques qui les vectorisent.

---

[1] « L'homme totalitaire, c'est l'homme intégralement économique », Cl. Polin, op. cit., p. 101.

[2] Nous aurons l'occasion de développer et d'étayer cette affirmation. L'utopie dira « tout est possible », l'idéologie annoncera que « tout est accessible à chacun » pour peu qu'il le vaille et le veuille, mais que tout n'est pas possible eu égard aux lois naturelles.

Chapitre 2
Nature du totalitarisme

Aucune idéologie n'est plus totalitaire que les autres, chacune prétend donner une idée du monde afin que chacun en fasse son idée. Pratiquement, aucune idéologie ne conduit inéluctablement au totalitarisme, c'est-à-dire à une seule manière de penser et d'agir pour tous, ne serait-ce que par la pluralité des idéologies. Il n'en reste pas moins, comme le souligne Hannah Arendt, que « toutes les idéologies contiennent des éléments totalitaires, qui ne sont pleinement développés que par les mouvements totalitaires »[1]. La théorie est loin d'être suffisante, il lui faut, pour s'implanter dans le réel collectif, des conditions latentes (concours de circonstances, situations de fait), mais aussi des conditions voulues et préparées par les hommes. Nous nous attaquons maintenant à ces conditions et nous tenterons de montrer comment, sous quelles conditions, le libéralisme peut devenir un mouvement totalitaire.

Le terme même le suggère, le totalitarisme est aspiration à la totalité. Il veut tout et supprime toutes les limites, toutes les contradictions. Si l'histoire a heureusement épargné aux hommes la mise en place réussie de l'archétype, elle a laissé des traces de sa politique et de son programme qui prouvent suffisamment, par l'élimination systématique d'hommes, l'affranchissement de toute limite.

La souveraineté ne se partage pas : elle est individuelle ou collective ou transcendante. Et ce n'est pas parce que la l'expérience ne manifeste pas de cas pur de la souveraineté que celle-ci ne guide — voire commande — les esprits au point de les opposer dans des conflits meurtriers inconciliables. Le totalitarisme, à cet égard, prétend, par définition du tout-en-un, englober les trois : cette violence théorique augure une violence absolue.

Qu'est donc un « mouvement totalitaire » ? Il suppose que la constitution des individus en une masse compacte ne va pas de soi. Tout se passe comme si la société évoluait entre des forces attractives et répulsives et que les individus eux-mêmes recherchaient autant la solitude que la compagnie. Le mouvement totalitaire aurait donc pour but d'agréger les individus en masse homogène, de construire une sorte de « Léviathan », ce Grand Homme qui capitalise toutes les forces individuelles, l'archétype de l'individu souverain.

Que les individus s'associent par intérêt, on le comprend aisément, notamment sous le point de vue libéral comme on l'a rapporté quelques lignes plus haut. Mais que les individus adoptent un comportement étrange dans une foule ou s'agglutinent en masse, on le constate sans bien saisir de quoi il s'agit. Il serait intéressant de reprendre les analyses de Gustave Le

---

[1] Les origines du totalitarisme. Idéologie et terreur, Seuil, Coll. Points, 1972, pp. 218-219.

Bon sur la psychologie des foules et celles de Gabriel Tarde sur la constitution des masses, mais, pour le moment, ce n'est pas notre affaire sans nous dispenser toutefois de faire appel, ici ou là, à leurs observations. À commencer par celle-ci : la foule se distingue de la masse en ce que cette dernière n'a pas de lieu, elle est partout. La masse n'est pas nécessairement un agrégat d'individus dans un même espace comme la foule soumise au contact physique. Mais il n'en demeure pas moins que la masse partage nombre de points communs avec la foule. C'est pourquoi, cette précaution étant établie, il ne faudra pas s'étonner si, dans les lignes qui suivent, nous n'établissons pas un partage entre l'une et l'autre en nous attachant exclusivement à la masse. Par ailleurs, le totalitarisme, en tant que système permanent et universel, porte davantage sur la structure que sur des réalités conjoncturelles.

Le progrès, qui pousse vers le devant, ne peut se réaliser — du moins, comme on le pense — qu'au prix d'un « détramage » des attaches traditionnelles et un « détricotage » de la solidarité des groupes. « Que les temps sont changés ! »[1] La solidarité sur laquelle pouvait escompter l'individu s'est délitée. Les liens qu'il avait établis dans sa famille, dans son village avec ses pairs et compagnons de travail, se sont détricotés par l'émigration dans les villes, les divorces et les familles recomposées, l'indifférence ou la concurrence sur le lieu de travail. Les individus sont laissés à leur solitude, aux prises avec leurs besoins propres, avec des garanties et des protections qui s'effondrent. Ces grains de multitude s'assemblent en mélanges instables et violents.

L'atomisation de la société en individus mène au totalitarisme selon Hannah Arendt[2]. La masse se définit ainsi comme une collection d'individus isolés, que les individus soient des personnes, des êtres pensants ou rêvants. La masse est constituée d'individus numériquement égaux, l'un vaut exactement l'autre. Il n'est nul besoin de définir l'égalité qui permettrait de définir une équivalence entre sujets différents : il n'y a pas de différence donc tous sont égaux, cela va de soi. Et la masse ne présente pas de caractéristiques particulières : il n'y a pas « des » masses, mais « une » masse indifférenciée elle aussi.

Une société de masse

Nous n'avons donc pas la prétention d'étudier les masses en général, mais de les envisager sous l'angle du principe qui intéresse notre recherche : le dogme de l'individu souverain que nous attribuons au libéralisme. Il en

---

[1] J. Racine, *Athalie*, les premiers mots d'Abner au tout début de la pièce.

[2] « Les mouvements totalitaires sont des organisations massives d'individus atomisés et isolés », *Les Origines du totalitarisme : le système totalitaire*, Seuil, 1972, p.47.

serait autrement si nous considérions l'individu comme être social par nature, par définition, qui conduirait à une sociologie des masses et à une possible conscience collective.

Masse naturelle, masse artificielle

Pour Tocqueville, la masse est provoquée par l'état social qui porte les hommes à s'imiter et à se confondre[1]. Elle est source de l'opinion, elle-même masse d'idées et de croyances partagées, forgées par des égaux qui ne peuvent que penser la même chose. Dans les démocraties, « c'est ainsi dire ne pas vivre que d'être en désaccord avec la masse »[2]. La masse, aux yeux de Tocqueville, se caractérise par l'inertie et l'immobilité[3]. La masse est confuse parce que les individus sont confondus. Sur ce point, Tarde ne dira pas autre chose : les masses spontanées, naturelles, sont anonymes, amorphes, sans intelligence et sans raisonnement. Cet agrégat amorphe d'individus est sans doute hypothétique,[4] mais il n'en constitue pas moins une tendance et sert de matrice — une soupe primitive — à la formation d'une masse structurée, organisée, à partir de laquelle et sur laquelle s'élaborent les institutions sociales et politiques[5]. Ces masses secondes, artificielles, évoluent par un enchaînement d'imitations qui rendent les individus de plus en plus semblables entre eux et au modèle, source et but de leur organisation. La réalité est toujours « entre-deux ». Les sociétés historiques varient entre les deux pôles, masse primitive — masse structurée, entre un état de nature et un état politique. L'une et l'autre prennent donc appui sur le mimétisme qui n'a rien à voir avec la solidarité, laquelle implique un engagement individuel.

En réalité, les masses forment des états sociaux particuliers qui se définissent et se distinguent par des qualités psychologiques ; la masse représentant le plus bas niveau tant sur le plan affectif que cognitif. À ce titre, la masse, privée de la médiation de l'intelligence, n'a pas d'intérêt[6] et ne peut entrer dans la forme associative.

Toutefois, il reste à comprendre comment une masse initiale se mue en masse organisée. Plus largement, comment peut-elle changer d'état étant entendu que ces états sont susceptibles de changer de sens, de l'inorganisé vers l'organisé et inversement ? Quels sont les ingrédients et d'où viennent les structures susceptibles de conduire à ces évolutions ?

---

[1] Plus exactement, « Dans les démocraties, où les citoyens ne diffèrent jamais beaucoup les uns les autres, et se trouvent naturellement si proches qu'à chaque instant il peut leur arriver de se confondre tous dans une masse commune (…) », *De la Démocratie en Amérique,* Livre II, partie III, chap. 18.

[2] Id., chap. 21.

[3] Ibid.

[4] Au sens où on ne rencontre pas un tel état aussi pur dans la réalité.

[5] S. Moscovici, *L'âge des foules*, Les classiques des sciences sociales, 1985, p.212.

[6] Voir titre 1, chap. 2, *La solidarité*.

La psychologie des foules nous a appris à considérer ces états sociaux plutôt comme des états d'âme[1] — et donc fluctuants et dynamiques — que comme des choses qui se prêtent à une compréhension par concepts de manière logique et linéaire, de cause à conséquence. Autrement dit, foules et masses sont déterminées intrinsèquement par des caractéristiques spécifiques, instables et réversibles, essentiellement d'ordre affectif. Ces « caractéristiques spécifiques » n'apparaissent pas lorsque la masse se constitue, mais sont déjà présentes en chaque individu. La masse n'est que le résultat de connexions de tendances psychologiques individuelles. De ce point de vue, on comprend que la masse ne puisse échapper aux forces qui soutiennent le psychisme individuel, mais aussi que ces liaisons inaugurent d'autres forces propres aux masses. La masse s'inscrit ainsi dans l'étude psychologique, se prête à une psychologie fondée sur la personne et peut-être expliquée — pas seulement décrite, analysée, mais aussi comprise[2] — à partir d'une théorie sur la personnalité. Ce fut le projet de Freud.

Si Tocqueville dresse le portrait d'une masse sous l'angle de l'opinion, le monde contemporain complète sa description en considérant sa constitution sociologique. À cet égard, la masse moderne apparaît fractionnée en éléments anonymes formant un tout homogène. Issue de l'industrialisation et la naissance des villes modernes, elle se compose d'individus isolés, égaux et interchangeables[3]. Parallèlement, la mondialisation et la nature actionnariale des entreprises ont développé toute une série de groupes financiers distincts de la production essentiellement localisée et constituée de travailleurs attachés à la réalisation de biens et de services. Cette observation souligne en quoi la masse se distingue de l'élite : elle est géographiquement implantée alors que l'élite est mondialisée et vit dans un monde sans frontières.

Les classes sociales se sont fondues dans la masse. Les groupes d'intérêts ne recouvrent plus les groupes entretenus par l'histoire commune de leurs conditions. Les conflits eux aussi traditionnels qu'ils entretenaient au travers des luttes contre les patrons se sont localisés et fractionnés. Les patrons ne sont plus là : ils vont et viennent au gré des cessions d'entreprises ; anonymes, ils sont partout et nulle part dans le monde sous forme de fonds d'investissement. Les ouvriers-prolétaires se sont mués en salariés aux appellations diverses, confrontés à des postes de travail fragmentés, soumis au seul critère de la performance productive individuelle et à la concurrence entre eux. Le monde de la production a complètement changé : il n'est plus tant question de vendre des produits capables de satisfaire les besoins d'une

[1] « L'âme des foules », titre du livre 1 de G. Le Bon, la *Psychologie des foules*.

[2] « Expliquer » veut dire originellement « déplier », exposer à la vue ce qui était ramassé. La compréhension, comme nous l'avons déjà souligné, nécessite une saisie de ce qui est ramassé pour le faire sien.

[3] E. Weil, Masses et individus historiques, in Essais et conférences, T. II, chap.XII, Plon, 1971.

clientèle de masse comme au siècle dernier — on sait le faire — que d'accroître la productivité, c'est-à-dire la marge financière de l'entreprise ; il convient donc de réduire les coûts de production et de savoir faire vendre le produit, de conditionner cette fois la demande du consommateur. Le travailleur s'est métamorphosé en consommateur et son salaire en pouvoir d'achat. Le patron, détenteur du patrimoine et chef d'entreprise, a laissé place au directeur, chargé de faire fructifier des investissements dont il n'est pas propriétaire.

En résumé, « Les individus agissent de concert sans se concerter, comme des horloges qui ont été montées par le même horloger sonnent l'heure au même instant »[1], la masse moderne n'échappe pas à cette allégorie, d'autant qu'elle réserve une place éminente à l'horloger et au mouvement dont il sera question par la suite.

Des individus en contact : communication et information

Comment une idée originale, — une intuition devrait-on dire[2] — apparue dans ou produite par un individu peut-elle essaimer dans la collectivité au point de former une masse conduite sous le régime de cette idée ? L'idée même de Dieu n'a jamais conquis les masses pas plus que la relativité générale. Il faut encore que cette idée abstraite passe à l'acte, s'actualise, trouve une force hors d'elle-même[3] pour conquérir les esprits, ces esprits qui ne peuvent être, d'abord, qu'intéressés par la nouveauté, séduits ensuite et convaincus enfin. Toute idée ne s'impose pas d'elle-même : elle nécessite l'adhésion de ceux qui la cautionnent. L'évidence n'appartient qu'à ceux qui y croient autrement dit à ceux qui partagent et adoptent l'intuition première[4].

Quelle que soit la qualité de cette idée rationnelle, étant entendu que cette idée ne s'est pas imposée de manière transcendante — par l'Esprit —, mais transcendantale — par l'un de nos esprits, il reste à comprendre sa *diffusion* dans la collectivité, parmi les autres, au point de l'occuper tout entière. *Diffusion* au double sens de propagation, mais aussi de confusion. Chacun reprend l'énoncé de l'idée, mais y ajoute quelque chose de lui-même qui signifie son adhésion : nous retrouvons le processus d'assimilation-accommodation de la croyance. Lorsque le sujet engage la totalité de lui-même, il sera question de conviction. En y ajoutant quelque chose de lui-même, il introduit une confusion dans l'énoncé originaire.

---

[1] S. Moscovici, op. cit., p. 319.

[2] Au sens de « coup d'œil au fond des choses » et non de représentation acquise.

[3] À moins de soutenir que tous les êtres humains sont programmés par un Être souverain.

[4] Sans entrer dans le débat : l'évidence est-elle particulière (Renouvier) ou universelle (Descartes) ? Peu importe ici, le tout c'est qu'elle soit partagée.

Si la foule se forme par des contacts physiques en un lieu donné, la masse moderne se construit par identification progressive des mentalités[1] sans que celles-ci soient en contact physique direct les unes avec les autres. On l'a dit, la masse n'est nulle part parce qu'elle est partout. Les moyens de communication pénètrent chaque foyer, ils vont trouver chaque individu chez lui pour l'inclure comme membre d'une masse. Chacun chez soi, nous sommes tous ensemble reliés par les moyens audiovisuels ou connectés sur Internet. Bien que nous soyons disséminés, nous partageons les mêmes émotions, la même fascination sur des sujets ou des fictions sensibles, la même suggestion à distance introduite par les commentaires ou les images. Il est également une contagion intellectuelle ne serait-ce que par le choix des événements colportés par les médias et leur traitement[2]. La formation des sentiments est assurée, comme dans la foule, par la contagion sensorielle, mais celle-ci est à la fois réduite à deux sens (la vue et l'ouïe) et à la fois amplifiée par les techniques audiovisuelles. La performance technique recrée, à sa manière, l'ambiance de la foule[3], mais elle tend surtout à restituer une réalité plus vraie que nature. À ce titre, elle déclenche des sentiments et plaisirs bien plus forts que le principe de réalité[4].

On ne manquera pas d'objecter que les techniques de communication ne conduisent pas nécessairement à l'uniformité. Pour preuve, la diversité des moyens d'accès à l'information, grâce à la concurrence[5] ou mieux à l'ingéniosité, permet de satisfaire les besoins et le libre choix individuels. La question n'est pas tant celle de l'uniformité que celle de la conformité à une pensée unique, une idéologie, distillée et renforcée précisément par la diversité des moyens de communication. La répétition d'une même idée sous des présentations différentes renforce l'apprentissage. Plus encore, on le verra, la concentration des moyens de communication[6] entre quelques cartels déterminés par les plus-values financières n'apporte ni la garantie d'indépendance des médias, ni celle de la diversité des opinions, ni celle de la volonté d'éclairer le public. Évaluer la qualité d'un site ou d'une chaîne radiotélévisée par des enquêtes « d'écoute », desquelles on tire des mesures « d'audience » qui se terminent en « parts de marché » et justifier ainsi la

---

[1] Nous définissons la mentalité comme l'ensemble solidaire de l'intellect et de l'affectif, de la raison et de la passion, du cortical et du limbique.

[2] Les éditorialistes, les spécialistes accrédités, « notre spécialiste » auquel fait appel le présentateur à la télévision.

[3] D'où la présence d'un public — souvent muet, mais présent — dans les débats, les reportages *in situ,* comme si vous y étiez.... « Regardez juste derrière moi » ou « autour de moi »...

[4] « Comme dans le rêve et l'hypnose, l'épreuve par la réalité ne résiste pas, dans l'activité des foules, à la force des désirs surchargés d'affectivité », S. Freud, *Essais de psychanalyse*, op. cit., p. 96

[5] Encore que la concurrence en l'espèce conduise à une surenchère pour attirer et séduire « les gens » et conduise inéluctablement à une certaine conformité.

[6] Ce que l'on appelle « la concurrence organisée ».

performance des programmes et contenus est très hasardeux, car l'audience ne détermine pas la manière positive ou négative dont est reçu le message. Capter l'attention ne signifie pas emporter l'adhésion. On peut tout aussi bien mesurer, par ces enquêtes, le niveau de sensibilité et les préjugés du plus grand nombre et bâtir les programmes en conséquence, conduisant, par là même, au renforcement des mentalités stéréotypées[1].

En outre, la multiplicité des moyens de communication aboutit à une surinformation tant en terme de diversité que de renouvellement des messages, au point qu'il est très difficile pour le récepteur d'organiser l'avalanche des informations qu'il reçoit. Il lui reste un savoir morcelé, vite oublié[2], le tout enrobé dans une obésité mentale consécutive à la surcharge des ingrédients communicationnels et émotionnels.

Enfin, la communication de masse prédispose à la contamination par le contact qu'elle établit *avec* et *entre* les individus. La source émettrice étend ses ramifications *avec* les individus et les récepteurs interconnectés *entre* eux sont susceptibles de servir de relais. Le risque de contamination est élevé. Se dessine par là une double stratégie de pénétration, correspondant à deux modèles de contamination, l'un externe, l'autre interne, suggérés par la radioactivité[3] : le premier suppose une information détonante qui émerge du bruit de fond et se propage rapidement dans le réseau communicationnel en première ligne. Le second est établi à partir d'une information de plus faible intensité, mais tenace, réitérée, diffusée progressivement dans toutes les ramifications du réseau. Le premier dispositif bénéficie de l'effet de surprise, balaie toute résistance sur son passage et s'amenuise dans le temps et dans l'espace. Le second abolit progressivement les résistances, contamine les relais devenant eux-mêmes vecteurs de transmission ; l'information est en quelque sorte « ingérée » dans le réseau au point de devenir la norme standard, celle qui va de soi. On connaît l'image de la grenouille plongée progressivement dans une eau de plus en plus chaude jusqu'à ce qu'elle soit ébouillantée sans qu'elle s'en aperçoive.

Quoi qu'il en soit, nous observons que le progrès des moyens de communication produit deux effets inverses : d'un côté, la diminution des groupes ou personnes détenteurs de ces moyens et, de l'autre,

---

[1] Plus performant grâce au Web : collecter les données personnelles (Big Data) de façon à capter le consommateur par des messages ciblés susceptibles de modifier ses intentions ou ses appétits.

[2] « Savoir hiérarchiser l'information est primordial dans une société surinformée. Car ce qui est urgent n'est pas forcément important. Les informations que l'on reçoit quotidiennement du monde finissent par atomiser la compréhension que l'on en a ». J.C. Victor, IGN Magazine, n° 63, 2011.

[3] Une radioactivité forte et courte — celle produite par une explosion nucléaire — et une radioactivité de plus faible niveau, chronique, produite par les déchets radioactifs par exemple.

l'augmentation de personnes que ces moyens permettent d'influencer. Par ailleurs, ces groupes, détenteurs des moyens de communication, restent le plus souvent cachés, invisibles, ignorés du grand public et entièrement dissimulés dans la multitude elle aussi anonyme.

Il n'est pas question de développer ici un exposé sur les techniques de communication ou de marketing. Beaucoup le font fort bien et nombre d'étudiants connaissent maintenant à fond le lévitique de la communication. Il n'est pas interdit pour autant de penser que la communication entretient un rapport inverse à l'information : plus l'une augmente, d'autant l'autre diminue. Plus les éléments d'un système sont interconnectés, plus la communication est rapide entre eux, d'autant les événements nouveaux se dissipent et sont en quelque sorte banalisés par le réseau. Autrement dit, plus la communication croît, plus l'information décroît et se dissipe. Mais il est un second paradoxe actuel : plus la communication s'intensifie, plus les individus s'isolent, deviennent des unités comptables sans spécificité, et les différences s'abolissent. On assisterait ainsi simultanément à une massification de l'isolement des individus. On oublie souvent que la communication a pour origine un lieu fermé, une enceinte[1] et qu'elle est loin de laisser supposer l'ouverture à laquelle on prétend de nos jours. Enfin, ajoutons qu'en privilégiant la communication, toute l'attention se porte sur la capacité des mots, des images et du son à attirer l'attention, éveiller les sentiments (au mieux une émotion), à suggérer une idée vague et finalement à susciter un intérêt suffisant pour entraîner un comportement, une motivation, une action du récepteur. En résumé, on soigne la forme au détriment du contenu, de l'information. Au rebours, l'articulation d'une information, sa description, sa syntaxe, ne se prête pas au raccourci et sollicite bien plus l'intellect que les sentiments. L'amalgame colporté par l'appellation « média » ou « médiatique » n'arrange rien et confond allègrement presse d'information, presse d'opinion et publicité[2].

Les différences entre elles deux sont nombreuses. Nous n'en retiendrons maintenant que quelques-unes relativement à notre sujet. La première consiste à relever que la communication nécessite une plus grande attention aux mots, au lexique alors que l'information la réserve à la syntaxe, à l'articulation des notions entre elles, à la logique, au raisonnement. Relevons cet apparent paradoxe : le communicant doit plutôt savoir comment faire passer le message que d'en connaître le contenu ; du point de vue du récepteur, en termes cognitifs, la communication fait plutôt appel aux

[1] Étymologiquement, « cum-munio », dans la même fortification ou « cum-moenia » dans le même mur d'enceinte. Mais également « munus », la fonction, la tâche. La communication suppose un espace commun et tend à une action commune.

[2] A cet égard, nous positionnerons « média » du côté de la communication, réservant à la presse, au film documentaire le côté information. Un journaliste met en forme une information, mais ne la met pas en scène comme le fait un communicant.

connaissances déclaratives (savoir que) et l'information aux connaissances procédurales (savoir comment). La seconde met en évidence le degré d'investissement ou de sollicitation du sujet récepteur : l'information sollicite sa compréhension c'est-à-dire une certaine activité rationnelle de sa part afin de s'approprier le contenu et, par là, elle rend disponibles sa fonction critique et la discussion ; la communication, elle, met en jeu l'affection, la passion, la réaction plus que la réflexion. La communication *résonne* mieux dans la masse et montre son impuissance à *raisonner*. Autant dire que la masse s'édifie et s'entretient davantage avec la communication. Celle-ci est mieux adaptée à la nature de la masse.

La propagande, forme aiguë de la communication, s'inscrit dans le cadre d'une offensive psychologique communicationnelle. Le progrès des sciences — en particulier celui des neurosciences — affine les connaissances sur les ressorts humains individuels et collectifs ; celui des techniques perfectionne les outils de transmission. Les maîtres modernes de la propagande disposent d'une force de pénétration inégalable et indolore. Habilement utilisée, elle dispense de l'oppression visible et ouverte des siècles précédents.

Le processus de propagation suppose, en amont, la suppression d'obstacles relatifs à la communication : anesthésie des groupes fédérés autour d'idées, communication directe, permanente, simple, accessible dans le temps et dans l'espace, développement des outils de réception individuelle auprès du plus grand nombre. La mise en forme de l'information implique un traitement émotionnel du contenu propre à susciter des sentiments ambivalents de joie et de tristesse et le montage de messages capables de recouvrir la réalité par une fiction. L'ensemble ne peut être effectif que si les récepteurs sont constitués en masse, en individus agglomérés, sans liens entre eux qui seraient susceptibles d'interférer dans le message. Une seconde condition, liée à la première, est tout aussi nécessaire à savoir que la propagande s'accompagne d'un renouvellement permanent de l'information, une sorte de harcèlement, si bien que l'individu ne dispose d'aucun répit, d'aucune pause mentale, car tout décalage offre la possibilité de laisser émerger une question, une critique, une réflexion. La troisième condition relève du mythe résiduel inhérent à tous les messages de la propagande, celui d'un monde meilleur, d'un autre monde — aux contours mal définis —, mais qui n'est en tout cas pas ce monde-ci. En un mot, occuper l'esprit pour le dominer, telle est la tâche de la propagande.

À l'heure du Web, de la toile informatique mondiale, il devient inutile de parcourir le peuple et d'organiser des réseaux physiques d'influence. Ces réseaux « virtuels » s'organisent sous différentes formules[1]. La maîtrise de

[1] Courrier électronique, blogs, sites, réseaux sociaux, forums… l'ingéniosité technologique n'a pas de limites.

systèmes technologiques devient l'objet d'âpres luttes pour étendre son marché ou son audience. L'ambigüité (marché — audience) n'est pas innocente : le premier consiste à entraîner et fidéliser la consommation, la seconde à convaincre et organiser la population. Rappelons à cette occasion l'ambivalence des objets techniques : si le Web facilite la monopolisation de la communication et la communication verticale, il ouvre parallèlement l'accès aux voix dissidentes et aux échanges entre particuliers encore faut-il qu'ils trouvent un écho et que la discussion s'instaure.

Le vocabulaire d'aujourd'hui ne sera pas celui de demain. Les mots changent tous les jours sous l'impulsion de la nouveauté et de la nécessité de soigner son image, de se débarrasser des vieux concepts, des habitudes qui brident le progrès. Petit à petit, le langage devient signe de reconnaissance et de distinction entre les acteurs du monde économique et les consommateurs qui, *in fine*, alimentent les premiers. Le langage des meneurs-acteurs se veut ésotérique, celui d'initiés, qui saisissent, au-delà des apparences, les organes de la machine économique et revendiquent leur compétence sacerdotale pour en traduire les mystères. Leurs discours explicatifs destinés à la masse sont habilement jalonnés de termes inédits de manière à préserver leur statut tout en suggérant à la masse son ignorance sur le sujet.

Les meneurs

Reprenons notre question initiale : si la masse primitive est sans ressort, comment peut-elle faire émerger spontanément une organisation ?

La réponse à cette question dépasse largement notre sujet, il est vrai, mais ne peut être négligée pour autant. Succinctement, nous retiendrons que le désir de vivre[1], inhérent à chaque individu, en est la source, qu'on l'appelle libido, *conatus*, instinct de vie, vouloir vivre, bref, « la vie est l'ensemble des fonctions qui résistent à la mort »[2] et la masse naturelle représente, par son inertie, une figure proche de la mort. La vie ne peut donc que produire des espèces vivantes qui, de front, résistent à un environnement hostile et s'en nourrissent.

Compte tenu de ce qui précède, il apparaît maintenant nécessaire qu'un mouvement interne à la masse première s'en détache et vienne perturber cette inertie naturelle. La masse primitive n'exclut donc pas des groupes agissants d'individus associés et intéressés, même s'ils sont minoritaires et fondus en elle.

La masse ne désigne que le plus grand nombre, plus exactement elle se rattache à l'opinion commune, la plus largement répandue. D'un côté, l'opinion générale et confuse s'accorde fort bien avec le comportement social apathique et indifférent. De l'autre, les groupes agissants profitent de

---

[1] Voir ci-dessus L'individu hédoniste.

[2] X. Bichat, *Recherches physiologiques sur la Vie et la Mort*, première partie, article 1, § 1.

cette inertie pour envahir l'espace public atone et y diffuser et infuser leurs croyances qui ne rencontrent pas d'obstacles. La masse ne supprime pas les élites, bien au contraire : elle contribue à la vitalité de celles-ci qui s'en démarquent et valorisent par là même leur distinction.

En termes aristotéliciens, les groupes et associations animés par l'intérêt rationnel mettent en forme la matière sociale première. Mais comment font-ils ? Tout simplement, ils utilisent la croyance indéterminée et incertaine de la masse et la transforment en convictions soudées et orientées vers un but. Comment s'y prennent-ils ? En communiquant à la masse leur propre conviction, plus exactement en captant les aspirations dispersées de la masse, en les traduisant en quelques formules simples et en les fédérant sur leur personnage.

Partant des exemples historiques, de nombreuses études ont fouillé les personnalités des chefs de masse pour en tirer des traits communs,[1] mais le tableau psychologique ne suffit pas à rendre compte de l'emprise réelle et historique d'un meneur sur telle masse déterminée. La typologie du chef de masse correspond à celle des masses et l'alchimie de cette fusion montre à quel point cette rencontre est contingente et unique. Hitler n'aurait pu être le père du peuple russe, et les Italiens ne se seraient pas laissés envoûtés par Mao. Il faut donc discerner les attentes des masses[2] et les capacités des meneurs à se les approprier au point que les individus s'identifient aux meneurs et les reconnaissent comme leurs chefs légitimes. C'est le travail de l'historien.

La mondialisation économique et financière a déstabilisé l'emprise des tyrans sur les populations : le développement fulgurant des téléphones portables a déchaîné les foules[3]. Les chefs historiques charismatiques, indépendants et tout puissants, sont eux-mêmes tenus par la pression internationale à commencer par la nécessité de placer les moyens financiers dont ils disposent à l'étranger[4]. Par ailleurs, la personnalisation ou plutôt la familiarisation du chef qui expose sa vie privée, ses faits et gestes au regard public non seulement fascine la foule médiatique, mais encore réduit apparemment[5] la distance entre le meneur et la masse en banalisant par la même occasion ses fonctions. Parallèlement, le chef d'État n'est plus

[1] Et communs aux leaders en général.
[2] Comme l'esprit de revanche des Allemands après le Traité de Versailles par exemple exploité et stimulé par Hitler.
[3] Action libératrice, réactions violentes d'aspirations trop longtemps opprimées.
[4] Entendons par là les marchés financiers, les places financières. Seulement, la complexité des montages financiers, le recours à des sociétés-écrans et à des prête-noms, l'anonymat soigneusement entretenu par les sociétés financières dans les paradis fiscaux, la complicité internationale rendent vaine la mainmise sur les richesses accumulées par les tyrans, criminels, escrocs et fraudeurs.
[5] « Apparemment » par la médiation audiovisuelle prise pour la réalité.

seulement un chef de parti ou d'opinion, il est obligé de compter sur l'appui des forces économiques et financières pour accéder et se maintenir au pouvoir. Le chef d'État effectif[1] devient progressivement un gouverneur chargé de piloter l'État, une sorte d'interface informatique qui assure l'affichage d'informations et l'exécution du programme conçus ailleurs, par l'élite.

D'une certaine manière, il semble que le meneur historique, berger remarquable et prestigieux du troupeau soumis et admiratif, a changé de nature de nos jours sans renier les traits de personnalité propres au meneur. Il n'apparaît plus comme auteur des idées sur lesquelles les masses peuvent s'appuyer ni comme décideur, source des orientations en lesquelles les masses ont confiance parce qu'elles rassurent. Idées et décisions viennent d'ailleurs, un ailleurs anonyme, un clan nébuleux aux contours obscurs, mais substantiellement déterminé. D'une autre manière, le meneur moderne s'apparente à Moïse et rejoint, par là, la tradition : il a pour tâche de propager une doctrine et de conduire le peuple en fonction des principes et des buts assignés à cette doctrine. Le meneur moderne, tout comme Moïse, n'est que le dépositaire des Tables de la loi dont il n'est pas le père. Même s'il est élu par le peuple, il fait partie des candidats préalablement testés par les pratiques politiques des partis et sélectionnés avec l'amicale pression et contribution des forces économiques et financières. Au fond, le meneur moderne répond à l'appel de l'ailleurs anonyme, comme Moïse a répondu à celui de cet énigmatique Yahvé[2].

Le chef moderne s'apparente désormais au leader communicant, chargé de convaincre la masse et de la séduire à l'aide de messages élaborés par les meneurs implicites. On l'a dit, il n'est pas l'auteur du mouvement, mais l'acteur, son instrument efficient, usant de sa raison instrumentale. L'élite, comme toute association, trouve sa force de gravitation dans l'intérêt. On y adhère tant que l'on est intéressé et on est libre d'en sortir dans le cas contraire ; on est également recruté pour le satisfaire. Cette élite se transforme en parti de classe lorsqu'elle prend conscience d'elle-même et de sa vocation à diriger la masse. Dès lors, en tant que parti, elle entre dans le domaine politique et prend les allures d'un groupe institué, hautement organisé afin de se protéger contre toute possibilité de désagrégation.

La masse, composée d'individus isolés et désorientés, attend un chef, une tête qui lui donne des motifs d'espérer, qui lui fasse découvrir son intérêt et lui dise ce qu'elle doit faire. La masse attend le grand homme et le grand homme est le chef de la masse. Ce grand homme n'est grand que par son prestige attaché à sa position de chef, sinon il fait partie de la masse. Il lui faut rester comme nous tous et le revendiquer, car il doit être en même temps

---

[1] Pas seulement celui que la Constitution désigne comme tel.
[2] « Je suis celui qui suis », Il est.

celui en qui la masse se reconnaît et qui, par lui, prend conscience d'elle-même[1].

Si la masse constitue un état sociologique inorganisé, désemparé même, l'État politique, lui, est structuré. Le chef de la masse est bien celui qui a pénétré la structure, qui a cheminé dans les réseaux de l'administration de l'État sans pour autant chercher à donner l'image d'un homme nouveau, différent de la masse à laquelle il s'identifie comme le porte-parole du sens commun. Le chef de la masse ne se distingue pas par ses idées, mais par son succès personnel : homme issu de la masse — c'est du moins le message qu'il veut faire passer — il est parvenu aux commandes de l'État. La masse est simple et il faut savoir lui parler simplement. Il faut aussi adopter un discours et un comportement populaires, celui de tout le monde, des « gens ». Paradoxe apparent : les masses modernes ont donné lieu à la personnalisation de la politique (le chef montre sa famille, ce qu'il mange, comment il vit… comme les autres) et à une désacralisation de la fonction de chef. Elle y perd en prestige et en autorité.

Le chef de masse a tout intérêt à fonder son emprise sur la masse par la peur, la crainte, la menace supposée ou réelle de l'extérieur ou de l'intérieur de sorte qu'il apparaisse comme celui à qui l'on peut faire confiance, car il traduit en mots et identifie le sentiment confus de solitude et d'inquiétude que chacun ressent. Il faut éviter que la masse se différencie, s'organise, se solidarise et devienne — comme tout organisme — vivante. Il lui faut donc entretenir au sein de la masse un mouvement psychologique incessant dont le moteur principal est l'émotion, ce qui, à proprement parler, met en mouvement l'âme de la masse, trouble la pensée pour emporter l'adhésion. Le chef moderne sait pouvoir compter sur les effets du progrès.

Mouvement et fluidité

Le progrès des sciences, techniques et modes de vie dans le monde contemporain prend une allure exponentielle impliquant vitesse et changement. Une telle évolution présuppose, pour se poursuivre sans conflits violents, une grande mobilité sociale : changements d'emplois, de lieu de résidence, de statut, de conception même du salaire. Elle présuppose également un progrès continu qui justifie et entraîne l'acceptation des mutations des habitudes acquises par de nouveaux bénéfices pour chacun, de façon à minorer les inconvénients. En développant l'idée de l'avantage pour soi, cher au libéralisme, l'évolution projette l'image d'un monde meilleur dont chacun tirera profit. Elle présuppose enfin l'intégration et l'acceptation

[1] Le 6 janvier 2005, le leader Nelson Mandela annonce publiquement la mort de son fils atteint du sida. Le fait de dire : « J'ai un de mes fils qui a le sida » a brisé un tabou et la population a pris conscience de cette pandémie, refoulée jusqu'alors, libérant ainsi des mesures préventives et thérapeutiques.

mentales de l'existence sociale concaténée d'individus en tant que consommateurs.

Symétriquement, ces conditions de base ont pour corollaire, toujours dans l'idée d'assurer un progrès sans heurts, la mise en place d'un système facilitant le maintien de la croissance, avec l'assurance d'être toujours en mesure de développer les investissements qui lui sont indispensables. Et, pour ce faire, il convient de faciliter les emprunts de manière à rendre l'argent disponible et en quantité suffisante. Au bout du compte, le progrès — ramené à la croissance[1] — accorde la priorité à la production en supposant aligner la consommation sur celle-ci et, conjointement, à l'augmentation du capital financier.

S'il fallait définir en un mot une caractéristique du monde moderne, ce serait la *fluidité*, le mouvement sans à-coups. La masse moderne paraît agitée d'un mouvement brownien, un mouvement continu et ininterrompu d'individus affairés dans un univers où la préoccupation première est d'assurer une libre circulation de la foule, sans obstacle, sans arrêt et sans rencontres. Elle est encouragée en cela par des mesures de déstabilisation, des sollicitations constantes à la consommation, la valorisation du mouvement sous toutes ses formes (voyager, changer, bouger, emprunter…), la recherche éperdue de la nouveauté détachée du présent… La liste est longue, mais elle confirme et encourage l'instabilité essentielle de la masse liée à ses « états d'âme ».

Cette instabilité interne à la masse n'est pas incompatible avec un équilibre d'ensemble. On se souvient que la symétrie naturelle des rapports interindividuels était un des arcs-boutants de la construction libérale du XVIIIe siècle. La physique newtonienne offrant un fondement scientifique à l'égalité de l'action réciproque[2]. S'il fallait reprendre le modèle physique de notre époque, le comportement collectif et cohérent des individus atomisés n'est obtenu que dans des conditions proches du zéro absolu. Ce serait dire que la masse « bosonique » ne s'obtient que dans certaines conditions extrêmes, hors de celles habituelles sur notre planète[3].

Fluidité signifie également que l'individu « n'a plus de points de repère »[4] et que les liens traditionnels sont rompus ou perçus comme des attaches qui enfreignent leur liberté. « Tout passe, tout lasse »[5], seul l'avenir, le progrès, est susceptible d'apporter de la nouveauté. Les problèmes posés dans le présent ne peuvent être conjurés que par une marche en avant pour la raison apparemment évidente que l'on ne peut pas revenir sur les causes passées qui lui ont donné naissance. De ce point de vue, il n'existe que trois

---

[1] Comme si le progrès des élèves augmentait mécaniquement avec l'âge.
[2] La troisième loi de Newton déjà citée.
[3] Pour illustrer notre propos, voir par exemple le site www.supraconductivite.fr.
[4] Comme le « repèrent » justement les maîtres à penser comportementaux.
[5] E. Hemingway, Les Vertes Collines d'Afrique.

manières pour résoudre une crise : soit en rectifier ses causes soit en corriger ses effets néfastes, soit laisser faire le cours des choses. Même la dernière attitude qui apparaît ne pas relever de la décision est une décision : elle brise l'alternative entre laisser-faire et ce que l'on pourrait faire. C'est le sens même de la décision : savoir ce qu'il faut couper, *secare*. La première option implique une pause, un arrêt, un diagnostic sur les fondamentaux, une réflexion globale, synthétique, holistique, capable de comprendre et de reprendre les causes préjudiciables au mouvement engagé. La seconde conduit au bricolage technique, à la recherche de solutions innovantes, et requiert une forte mobilisation des capacités intellectuelles.

Les mouvements sociaux ne sont plus perçus comme sources de progrès, mais comme des freins au développement. Leur sens a changé : de coups d'arrêt, de révoltes en faveur du progrès social, ils désignent progressivement une société en mouvement, en changement permanent, signes d'une société en peine avec ses cocons sociaux dépassés. Les classes sociales, fondées sur les corporations, nécessitaient une continuité des conditions de vie et une proximité des individus que le monde moderne ne permet plus. Par là même, la concurrence entre eux est encouragée à seule fin d'améliorer les performances productives dans les tâches d'exécution, la créativité et l'ingéniosité dans celles de conception.

Les groupes d'intérêts, comme toute association, fluctuent en fonction de ceux qui y adhèrent relativement à l'intérêt qu'ils y trouvent. Seule demeure une distinction binaire : la masse et les autres, l'élite, les concepteurs-décideurs. D'une certaine manière, la masse convient bien au libéralisme dans la mesure où cette collection d'individus n'est pas soumise à l'emprise d'autres idéologies, de critiques susceptibles d'enrayer la fluidité que réclame l'économie. La masse représente un bon réservoir de consommateurs. Il revient aux élites de savoir « organiser une consommation de masse en flattant la distinction individuelle »[1].

Les valeurs traditionnelles, dans ce contexte, ne répondent plus à ce mouvement perpétuel et disparaissent derrière la seule valeur que représente le progrès. Se trouve ainsi mise en évidence une caractéristique essentielle de la masse : la mobilité, mobilité dans l'espace, mobilité des mœurs, mobilité morale, mobilité sociale. C'est dire que la masse moderne s'inscrit dans la continuité de la masse historique : son instabilité fait partie de sa nature. On comprend bien que la « crise » du progrès — sans trop savoir ce que désigne la « crise », un vocable abusivement utilisé — génère une crainte généralisée, le désespoir de ne pas bénéficier du progrès si prometteur. Ce n'est pas tant la « crise » que l'arrêt du mouvement qui

[1] J. Denis, *La Fnac ou les avatars du marketing culturel*, Le Monde diplomatique, décembre 2009.

angoisse les individus. Quoi qu'il en soit, le mot d'ordre ne peut être autre que « maintenons le progrès, la croissance, le mouvement ».

Enfin, il faut du mouvement pour que la mayonnaise prenne. La masse visqueuse et huileuse a besoin du fouet totalitaire pour devenir une masse compacte.

Le mouvement totalitaire

S'il y a plus pur que toi, tu meures.

Despotisme[1] et totalitarisme sont des variantes de la toute-puissance du politique, des modes d'expression et d'application de l'absolue souveraineté du politique dans l'histoire humaine. La différence du totalitarisme avec le despotisme tient à l'imposition d'une structure au-delà de l'oppression du despote. L'État intègre l'ensemble de la société civile pour en faire un système logiquement organisé, au service d'une seule idée, avec l'aide d'un seul parti. Dire cela sous-entend que le totalitarisme constitue le genre le plus achevé dont despotisme, tyrannie et dictature déclinent les espèces spécifiques. Concrètement et historiquement, la force oppressive faite aux sujets est un mode d'exercice du pouvoir ; le totalitarisme fait de la violence et du camp de concentration un usage systématique. Le totalitarisme reprend et dépasse les caractéristiques du despotisme par le recours aux moyens techniques modernes[2] et l'ambition de convertir ou, à défaut, de conquérir le monde ; le totalitarisme contient en lui une prétention à son universelle application. Le despotisme suppose un pouvoir absolu dont la contestation est exclue, mais le tyran ou le despote laisse encore la libre activité de ses sujets dans des domaines qui n'interfèrent aucunement avec le pouvoir politique. Le totalitarisme, lui, est sans limites. Il veut pénétrer tous les individus et tous ses champs d'action : ce n'est pas seulement le plein exercice du pouvoir, mais l'exercice du pouvoir sur tout et tous. L'homme totalitaire n'a pas de plaisir à exercer le pouvoir comme le tyran ou le dictateur ; il n'a qu'une obsession : réaliser l'idéologie dont il est l'éminent représentant.

Non seulement le régime totalitaire accorde à un parti le monopole de l'activité politique[3], mais encore il entend exercer son monopole sur toutes les autres activités humaines qu'il s'agisse de la religion, de la science, de l'art ou, bien sûr, de l'économie. Le totalitarisme s'occupe de tout, occupe tout, même le plus petit recoin individuel.

---

[1] « Un seul, sans loi et sans règle, entraîne tout par sa volonté et par ses caprices », Montesquieu, *Esprit des Lois*, II, 1. On rangera sous cette catégorie la tyrannie et la dictature.

[2] Propagande, efficacité policière, surveillance, élimination et déportation massives de population, utilisation des sciences et techniques contre l'homme ou certains d'entre eux.

[3] R. Aron, *Démocratie et totalitarisme,* Gallimard, coll. Idées, 1976, p. 287.

La volonté d'orthodoxie qui anime les détenteurs du pouvoir provoque en chacun l'idée fixe qu'il est — parce qu'il doit être — le plus pur représentant du principe originaire de l'idéologie, l'expression même de la Vérité jusqu'au fond de son âme. Les actes ne sont pas suffisamment démonstratifs, il faut encore obtenir la preuve de la pureté des intentions. Et si l'on peut être à peu près sûr des siennes, il en va tout autrement de celles des autres. Le soupçon est généralisé. Les hommes qui gouvernent dans un régime idéocratique veulent éliminer non seulement les ennemis actuels du parti et du régime, mais également les ennemis potentiels, c'est-à-dire tous les autres, y compris ses propres partisans. L'obsession de pureté ouvre les hostilités entre les fidèles et conduit à l'épuration à l'intérieur même du pouvoir. À partir du moment où l'État n'entend représenter qu'un type d'homme, tout autre type d'homme est saisi comme ennemi et doit être éliminé[1].

En prétendant faire le procès des intentions, l'homme totalitaire ne peut admettre ni pardon, ni rémission des fautes : l'âme même du fautif est viciée, le mal est radical. Le cœur est l'organe des décisions et toute action mauvaise confirme la radicalité du mal. S'il est nécessaire de neutraliser l'adversaire, de parer à son action, il n'est, pour l'homme totalitaire aucun adversaire qui ne soit pas un ennemi et, à ce titre, tout « adversaire » doit être éliminé.

La logique totalitaire est placée devant le choix suivant : rééduquer l'homme ou l'éliminer. Autrement dit, personne ne représente l'homme pur auquel aspire le système totalitaire ; chacun est juge et coupable jusqu'au dernier.

L'individu désolé

La sensibilité à l'égalité — la passion égalitaire — s'exacerbe non pas lorsque les contraintes sociales garantissent des bénéfices aux uns et aux autres[2], mais lorsque cette aspiration à l'égalité est condamnée par le fonctionnement même de la société où elle a pris naissance. La société ne parvient plus d'elle-même à contenir les écarts sociaux et l'État, garant de l'égalité, n'est plus capable de l'assurer. À partir du moment où une société de masse apparaît incontrôlable, les hommes ramènent leur aspiration à l'égalité à la seule ambition de sauvegarder les acquis dont ils disposent, quels que soient ceux possédés par les autres (les plus nantis ou les plus pauvres). Ce repli stratégique dans une position désespérée et esseulée facilite la naissance du totalitarisme en ce que les individus sont inhibés sur eux-mêmes et ne savent ni ne peuvent atteindre la cible de leur accablement.

---

[1] Staline à l'origine de la conception de l'« ennemi du peuple » (voir *Wikipédia*), ce « peuple », ce type d'homme uniquement déclaré subjectivement par son auteur, sans rapport avec la doctrine idéologique, mais en utilisant son support.

[2] Les impôts ou prélèvements fiscaux, par exemple, nécessaires pour garantir l'égalité d'accès aux soins, à l'éducation, etc.

En définitive, les plus nantis conservent leurs acquis et n'ont même pas à lutter contre les autres pour préserver leurs avantages. Et l'idéologie largement diffusée par la propagande compose un remède à la désolation d'une masse toute prête à quitter son atonie.

L'individu aggloméré dans une masse et esseulé — *désolé* disait Hannah Arendt[1] — n'a plus les moyens de lutter contre une société considérée comme un tout et qui s'impose à lui. Si le progrès n'est plus la solution des problèmes et si l'intelligence avoue son impuissance alors les individus habitués à la jouissance immédiate et à leur seul avantage sont incapables de prendre la distance nécessaire, la pause de la réflexion. La recherche de soi-pour-soi qui formait le slogan de la société en équilibre, prenait immédiatement conscience de soi face aux difficultés[2]. Lorsqu'elles deviennent massives, insaisissables, la conscience de soi est en déperdition. Habitué à se sentir comme être de besoin et de désir, à la recherche de la satisfaction à laquelle il portait toute son attention[3], il ne lui était pas nécessaire de réfléchir plus avant : la sécurité lui était assurée et la satisfaction était toujours proche s'il savait bien calculer son coup. Peu habitué à porter son regard sur autre chose que les biens susceptibles de combler ou de frustrer ses besoins, il lui sera bien difficile de prendre la distance suffisante pour examiner une situation nouvelle, éclatée, incernable, posant un coup d'arrêt à la satisfaction antérieurement possible. Faute donc d'avoir été entraîné à la réflexion, il passera immédiatement à l'acte, à la réaction, bien différente d'une action réfléchie et décidée. Une réaction violente détonante ou une réaction atone d'abattement, en tout cas pas une réaction déterminée. Il lui faudrait passer de l'entendement à la raison ; mais, en aura-t-il la possibilité, disposera-t-il de temps suffisant pour la réveiller de son long sommeil et l'exercer ?

Une praxis idéologique contagieuse

Vouloir tout expliquer, s'affranchir de toute expérience, affirmer l'existence « d'une réalité plus vraie qui se dissimule derrière les choses sensibles »[4], tels sont les objectifs de l'idéologie. Elle prétend à la scientificité par une émancipation de la pensée au regard de l'expérience au moyen de la logique partant d'axiomes. Comment cette opération abstraite

---

[1] L'*esseulement* qui conduit à l'individu *esseulé* ajoute à l'isolement défini comme absence de liens avec les autres, l'état d'isolement par rapport à soi-même, l'incapacité à se retrouver soi-même par un dialogue intérieur et à trouver en soi une trace d'humanité. Toute trace du monde humain est effacée.

[2] C'est un lieu commun depuis Hegel : la conscience de soi prend naissance dans une situation de crise, de conflit, lorsque les choses et les autres ne vont plus de soi.

[3] La sensation de soi et la connaissance de soi (un rapport de soi à soi) que l'on exacerbe sont bien éloignées de la conscience de soi qui suppose un rapport du sujet avec le monde et avec les autres.

[4] H. Arendt, *Le Système totalitaire*, op. cit., p. 219.

peut-elle pénétrer la masse réfractaire à la logique ? Comment l'idéologie s'y prend-elle pour assurer son ascendant sur les masses ? La force, de même que la raison, ne convainc pas. Il reste la séduction[1].

En tant que praxis, l'idéologie se doit de mettre au point une méthode opérationnelle : ce vouloir « tout expliquer » ne peut être l'apanage de tous, mais de quelques « spécialistes » déclarés (garantie de crédibilité) à qui l'on accorde la possibilité de s'adresser à tous (l'audience), de telle sorte que le « tout expliquer » parvienne et soit compris « par tous ». Il s'agit moins d'expliquer que de suggérer, de poser des balises et de laisser l'illusion que le récepteur reste maître de son chemin. Non seulement l'explication serait trop contraignante, trop longue à développer, et ferait appel à des ressources étrangères à la masse, mais, de plus, elle s'embarquerait dans un souci de vérité qui serait bien préjudiciable à plus d'un titre. En admettant sa partialité et sa relativité au regard de ses dogmes initiaux, l'idéologie vacillerait sur ses bases et n'apporterait pas « la » solution attendue par les individus massivement éperdus. En reconnaissant sa méthode de diffusion, elle dévoilerait la pratique de ses meneurs[2]. Bref, l'idéologie ne peut se permettre de s'aventurer dans la réflexion tâtonnante et de barboter dans l'erreur. Elle doit afficher des certitudes et diffuser la foi : *credo quia absurdum*[3].

Pour ce faire, la meilleure manière consiste à mélanger le réel et l'invention de telle sorte que la suggestion imaginaire devienne crédible. En substance, la méthode a recours à deux subterfuges : le message en pointillés, par doses successives, combinant réel et fiction, et le discours-miroir qui reprend et renvoie les appétits du public. Ainsi pratiquent les escrocs qui façonnent leur discours et leur attitude par rapport à l'attente de leur interlocuteur.

La masse segmentée est poreuse, la collectivité fissurée perd de sa résistance, les groupes traditionnels n'offrent pas un front uni, cette masse présente donc un terrain favorable aux semailles idéologiques. La communication est ainsi le chemin de pénétration des esprits du plus grand nombre. Résultat : le « tout expliquer » s'abolit en « tout faire comprendre » pour finir en « tout faire sentir ».

La pensée en kit de l'idéologie répond à la suggestibilité des masses : les images et les mots évocateurs laissent vagabonder l'imagination et l'interprétation individuelles. En livrant une pensée en pièces détachées, chacun y met un peu du sien, complète les trous du discours et, ce faisant, se l'approprie. Mais la marge de manœuvre du sujet est étroite : aux combinaisons partielles des pièces du puzzle, soigneusement expliquées par

---

[1] C'est la position de Gorgias : l'art oratoire, l'habileté à parler aux foules, est plus persuasif, mieux à même de produire une croyance, que n'importe quel autre, Platon, *Gorgias*, 456.

[2] Comme on le verra par la suite, *La culture du secret.*

[3] Je crois parce que c'est absurde.

des spécialistes, s'ajoutent des rectifications ponctuelles dispersées par les voies de communication en tenant compte du degré d'assentiment de l'opinion. Les reprises et répétitions ne sont importantes, comme le note Hannah Arendt, que parce qu'elles convainquent « la masse de la cohérence dans le temps »[1]. Qui plus est, pour reprendre l'observation de Le Bon, « suivant les hasards du moment, la foule sera placée sous l'influence de l'une des idées diverses emmagasinées dans son entendement, et pourra par conséquent commettre les actes les plus dissemblables. Son absence complète d'esprit critique ne lui permet pas d'en percevoir les contradictions »[2]. En effet, en l'absence de raisonnement, le savoir dispersé s'organise au hasard et produit des jugements aussi arbitraires que changeants.

Tout se passe comme si les discours en pointillés incitaient les destinataires à les compléter par leurs attentes en y donnant leur assentiment. Il en va de même de ceux qui dosent habilement le réel et la fiction, le réel auquel l'interlocuteur peut se référer et la fiction sécrétée par l'imagination de l'auteur, le tout conférant un ensemble crédible aux yeux du premier parce qu'il a déjà lui-même comblé les trous du discours. En s'y retrouvant, il s'y croit.

De plus, la puissance évocatrice des médias attire les apprentis sorciers en communication et marketing, eux-mêmes fascinés par les contenus latents qu'ils sont capables de déclencher en masse. L'idéologie recrute bien plus volontiers ces prosélytes chargés de travailler sur les représentations « des gens » [3] que des raisonneurs cartésiens acharnés sur la logique des concepts. Par cette pratique, le « niveau culturel » de ces gens — mieux vaudrait dire leur niveau de diplôme — ne change rien : la cible privilégiée n'est pas le cortical, mais le limbique voire le reptilien[4].

En outre, la massification du code linguistique, l'anglais, favorise la communication et la pénétration des esprits. La langue, on le sait, conditionne notre vision du monde tout autant que celle-ci infléchit la langue vivante[5]. Les populations d'Amérique du Sud disposent d'un vocabulaire plus étendu pour désigner la forêt vierge par exemple. Une langue uniforme pour tous, conforme à un code déterminé, laisse augurer une pensée unique et installe un formatage de la pensée.

Enfin, en nous rapportant plus précisément à l'idéologie libérale, celle-ci bénéficie d'un travail de pénétration des mentalités depuis des siècles. Les

---

[1] H. Arendt, *Le Système totalitaire*, op. cit., p. 78

[2] *La Psychologie des foules*, édition électronique, http://classiques.uqac.ca, p. 41.

[3] À la fois, identifier ces représentations, à la fois les transformer.

[4] Ou, en peu de mots, les fonctions sociales et affectives, et les fonctions vitales (se nourrir, se reproduire, se protéger).

[5] « … langue et culture sont deux modalités parallèles d'une activité fondamentale (…) l'esprit humain », Cl. Lévi-Strauss, *Linguistique et anthropologie*, Anthropologie structurale, Plon, Paris, 1958, p. 81.

idées libérales ont eu le temps de faire leur chemin dans une longue phase d'incubation, de se sélectionner, d'évoluer face aux circonstances et de s'implanter en croyance dans la mémoire. Résistante aux agressions, elle se montre capable de convertir tous les esprits d'autant qu'elle est largement partagée entre les meneurs et la masse modernes. Elle se présente par conséquent comme ferment de la civilisation et du progrès, car elle est parvenue à conduire les sujets à intégrer sa représentation du monde, à répondre à leur aspiration au bonheur, à apporter la solution à leurs angoisses et à leur donner l'espoir après deux guerres mondiales.

Sur le plan collectif, le message idéologique correspond au mortier qui cimente les briques élémentaires. Il est le liant structurel entre les individus, mais la qualité d'adhérence du mortier dépend de la force de la croyance. L'architecture de l'ensemble est définie par l'idéologie. La maîtrise d'œuvre et l'exécution générale sont confiées aux gouvernants. Les fonds d'investissement assurent, bien sûr, le financement de l'opération.

Expliquer : décrire ce qui est

Cette attitude rejoint très exactement l'une des propriétés du libéralisme : savoir traduire en mots les phénomènes, savoir élaborer des constats et considérer — du moins à ce niveau de la pratique politique — que les causes sont complexes et ne changeront rien à l'affaire. Les lois économiques sont des faits que l'on ne peut changer : ainsi le dit la minorité qui commande et impose. « Aujourd'hui on n'invoque plus les grandes options de l'histoire, mais la nature des choses »[1]. Bref, il suffit de désigner le mal à l'aide d'éléments de langage descriptifs capables de produire une image de menace dans les esprits. Savoir traduire des causes incompréhensibles et des principes inavouables (souvent économiques ou d'une morale déclarée désuète) en projets accessibles et acceptables aux masses, voilà la tâche confiée aux têtes politiques. Il s'ensuit que, pour réduire ces menaces, il faut procéder à des « réformes » en corrigeant les symptômes plutôt qu'à des restructurations, voire à des révolutions qui, elles, impliquent une compréhension et une réflexion.

Par « compréhension », nous entendons la saisie de la réalité sous un concept. À l'image de Zénon de Citium qui, montrant sa main ouverte et les doigts étendus, disait : « Voilà la représentation », puis qui, repliant les doigts, disait « voilà l'assentiment ». Ensuite, serrant les doigts et fermant le poing, il ajoutait « voilà l'emblème de la compréhension » et enfin, serrant son poing fermé dans l'autre main, disait : « Voici la science qui n'appartient

---

[1] S. Moscovici, op. cit., p.288.

qu'au sage »[1]. Il convient d'être prudent sur l'interprétation d'un texte qui se prête d'ailleurs à plusieurs traductions. Mais ce n'est pas trahir la philosophie stoïcienne que de représenter la réalité objective sous forme de sable qui s'écoule. La main ouverte sur laquelle se répand le sable symbolise l'aperception ou la simple représentation. Les doigts repliés ralentissent le flux du sable dans la main et favorisent une meilleure perception ; ce geste volontaire permet d'accompagner la perception en assentiment. Le poing fermé arrête la fluidité du sable et en saisit une poignée : telle est la compréhension, la saisie de quelque chose qui s'écoule, qui tombe, dont la chute est en partie arrêtée par une décision volontaire, une pause dans l'écoulement, mais aussi une prise partielle par la pensée de ce qui s'écoule. Quant à la science du sage, elle montre, à notre sens, la fermeté de la saisie des concepts pour leur donner un sens.

L'attitude stoïcienne marque un coup d'arrêt à la fluidité inhérente à la masse sans renier pour autant le mouvement inhérent aux choses de ce monde. L'assentiment est cette sorte de retenue partielle de l'écoulement des faits. Il se prête à des manipulations, des tentatives pour endiguer le flux des informations, des stratégies encore hasardeuses pour en capter le maximum. La compréhension met en évidence la pause nécessaire à la saisie des choses, cet acte volontaire du sujet qui décide non plus de subir, mais de saisir une part de la réalité qui lui est donnée. La réflexion implique un retour sur la compréhension pour la faire sienne et lui donner un sens, du sens, mon sens.

On peut certes en rester à la saisie partielle de la réalité et surfer sur les choses, en rester aux phénomènes, à ce qui apparaît et est senti. Il suffit de les constater, de les décrire, de faire part de ses ressentis, sans chercher ni vouloir en exposer les causes[2]. Expliquer revient à défaire la réalité pliée, repliée sur elle-même, à la défaire de ses plis et non à en trouver les causes. Les faits s'imposent d'eux-mêmes et ils sont suffisants. Il faut s'y soumettre,

---

[1] « Mais vous dites aussi que personne ne sait rien excepté le sage, et Zénon le démontrait par un geste. Lorsque, les doigts étendus, il présentait l'intérieur de la main : « Voilà, disait-il, l'image de l'aperception. » Ensuite, repliant un peu les doigts, il ajoutait : « Tel est l'assentiment. » Alors, serrant les doigts, et fermant le poing, il disait : « Vous voyez l'emblème de la compréhension. » De cette similitude, il avait emprunté le nom de *[Katalepsis]* inconnu jusque-là, et qu'il donna à cet acte de l'esprit. Enfin, mettant la main gauche sur la droite, et se tenant le poing étroitement et fortement serré : « Voilà, disait-il, la science que personne ne possède, excepté le sage. », Cicéron, *Premiers Académiques*, II, trad. Delcasso.

[2] Non seulement les critères de sélection des faits (pourquoi ceux-ci et non pas d'autres), mais aussi les conditions de la présence de ces faits (à quoi se rapportent-ils ? Quelle est leur nature ? Pourquoi sont-ils là, maintenant ?).

tenons-nous-en à eux, on ne peut faire autrement, « soyez faitalistes »[1]. Il faut donc que les pouvoirs politiques aient la capacité de faire passer le message qu'il faut désirer ce qui est techniquement nécessaire, parce qu'imposé par les faits : il faut vouloir les réformes telles qu'elles sont proposées — il n'y en a pas d'autres — sinon la menace s'aggravera. Dès lors, des « restructurations » qui auraient nécessité de nombreuses négociations, luttes et palabres, donnent naissance à des « réorganisations », de nouvelles combinaisons des phénomènes présentées comme étant la seule issue possible. La masse accepte ainsi des mesures autoritaires et arbitraires présentées comme inéluctables, rationnelles et logiques. Bien sûr, à son désavantage.

Il est d'ailleurs effrayant de constater comment un discours totalitaire impose sa *doxa*, une idéologie qui présente la vie, l'histoire comme déjà tracées alors qu'en pratique elle bouleverse et l'une et l'autre. Il y a là une mystification qui ne peut être comprise que par la fascination médiatique et l'hypnose collective.

La propagande

« *La plupart des gens ont absolument besoin de croire pour pouvoir commencer à agir. Ce serait trop long d'attendre qu'ils se mettent à penser et à comprendre.* »[2]

Aucun régime ne peut se passer de propagande bien qu'il puisse choisir son genre de propagande[3]. Autant l'explication, le rationnel conduit à la connaissance, autant il faut exercer l'émotion et la fibre affective pour accorder de la puissance. La propagande relève de l'opinion et elle entend l'emporter dans les rivalités entre les opinions. L'homme a besoin de croire, de trouver des buts susceptibles de l'affecter, de le mettre en mouvement par l'émotion. S'il ne les trouve pas en lui, par lui-même, il est tout heureux de prendre ceux qui lui sont proposés et de les faire siens. Faute de croire par soi-même, il se contente de ce qu'on lui fait croire. La propagande intense et de masse a pour but d'accaparer l'opinion et de paralyser tout jugement libre. Même si elles sont faussement attribuées à Noam Chomsky[4], les « dix

---

[1] Autre chose est de faire appel aux faits pour établir une vérité. Le « faitaliste » présuppose que le fait perçu est une vérité établie et croit — comme l'indique le suffixe en « - isme » ou en « - iste » — que les faits sont évidents et parlent d'eux-mêmes. Ce point sera repris dans notre conclusion. Nous empruntons « faitaliste » à Nietzsche, *Généalogie de la morale*, Troisième dissertation, § 24, ce fatalisme des « petits faits ».

[2] Gorki.

[3] Toutes les méthodes de propagande « jouent sur les émotions des individus pour les convertir en un matériau collectif et uniforme », Moscovici, op. cit., p. 57.

[4] Publiées initialement sur le site *pressenza.com* cette liste dont l'élaboration est attribuée à N. Chomsky fut ensuite présentée comme une note de Sylvain Timsit auteur du site *Sity.net*.

stratégies de manipulation des masses » n'en perdent pas pour autant leur pertinence.

Sur le plan doctrinal, le libéralisme n'y voit rien à redire : aucune coercition n'est exercée sur les individus. Il n'est question que de techniques de communication et il revient à chacun de se déterminer face à elles. Si la masse s'accorde à peu près sur la même opinion, c'est simplement l'effet d'une croyance partagée par des individus libres, responsables et souverains de leurs idées.

Nous sommes embarqués

« Vous aviez le choix entre la guerre et le déshonneur. Vous avez choisi le déshonneur, et vous aurez la guerre »[1], ce célèbre passage du discours de Winston Churchill, quelque temps après les accords de Munich de 1938, met en lumière l'enjeu classique de la décision politique : le choix entre le compromis et l'affrontement, la diplomatie et la guerre, entre la réforme entendue comme modification d'un système et la révolution[2] définie comme remplacement d'une structure par une autre. Dans l'exemple de la montée en puissance de l'Allemagne nazie, il était évident à tous que la guerre était inéluctable, mais chacun croyait tout en même temps que les compromis repousseraient la décision irréversible et ménageraient de l'espace avant que la situation ne se bloquât. À cela s'ajoutait naturellement la nécessité de gagner du temps afin d'accroître sa force militaire et son armement pour être prêt à la guerre. Enfin, il était difficile pour des pays qui avaient fondé la Société des Nations (SDN) et défendu le rêve d'une paix perpétuelle d'engager un conflit pour tuer dans l'œuf l'aigle nazi[3]. Un ardent défenseur de la paix ne peut engager une guerre.

Nous voulons souligner ici combien il est difficile, lorsqu'un système est établi, d'en revoir ses fondements, d'en sortir pour le construire autrement à partir d'autres principes cette fois. Croire qu'en réformant le système il sera possible, lorsque ces réformes auront abouti, d'en modifier la structure est sans doute une illusion d'autant que les réformes ont pour but de réduire les effets néfastes du système et, par conséquent, de le renforcer, sinon de le perpétuer. Prenons l'exemple d'un pays endetté, proche du défaut de paiement : doit-il dire « je refuse de payer mes créanciers » ou restreindre ses dépenses pour rembourser ses dettes ?[4] La première option implique à coup sûr la défiance de ses créanciers et l'impossibilité de trouver de l'argent

[1] W. Churchill, discours devant les Communes, le 5 octobre 1938.

[2] On ne discutera pas ici des deux significations accordées au terme « révolution » à savoir : 1) retrouver le point d'origine, revenir au point de départ, pour refonder le système et faire en sorte que « ça tourne rond », que le système retourne sur son orbite ; 2) changer la structure, indépendamment du point d'origine.

[3] B. Mussolini : « la Société de nations est très efficace quand les moineaux crient, mais plus du tout quand les aigles attaquent ».

[4] À l'exemple de la Grèce en ce moment (début 2015).

frais pour payer le fonctionnement de son État, sans compter les mesures de rétorsion ou de défiance dans les échanges économiques avec les autres pays par suite du non-respect des engagements internationaux. La seconde implique que l'essentiel des revenus du pays sert à rembourser les dettes ne laissant que peu de marge pour investir, pour développer son économie (sa « croissance »), pour entretenir le fonctionnement de son État et préserver son indépendance (sa souveraineté).

Un dressage comportemental

Si l'intérêt guide l'action des hommes et se traduit par des actes, on ne peut déceler la nature de l'intérêt de chaque être humain qu'en partant de ceux-ci. Cette logique évidente met en relief la question de la traduction entre l'intérêt et l'acte, une « boîte noire »[1], qui ménage une large part d'indétermination dans ce passage à l'acte et préserve, du même coup, la souveraineté de l'individu. De ce point de vue, il convient donc de ne retenir que les actes, ces manières du sujet de s'inscrire dans le réel et de faire partie des choses, ces faits objectifs, parce que visibles, observables et mesurables. On s'en tiendra par conséquent aux comportements, attitudes et postures, laissant de côté la « boîte noire » hermétique qui ne se prête qu'à l'herméneutique y compris scientifique. La conscience n'est pas ici impliquée, elle est dissociée du comportement. Tout au plus est elle une perception confuse des motifs d'agir ou une tentative obscure d'éclairer la « boîte noire »....

L'idéologie libérale développe donc cette mentalité selon laquelle on n'accorde du crédit qu'aux phénomènes. Seule l'apparence compte à commencer par la première de toutes, celle du corps[2] et celle par laquelle se manifeste l'individu, à savoir son attitude, sa « posture » et son style langagier[3]. Pour le moment, nous relèverons que l'effet d'identification se reporte également dans le groupe des meneurs-élites : « le regard des autres » n'est que l'expression de « l'estime de soi » par le biais d'indicateurs révélés par les comportements et attitudes « des gens » en particulier ceux de son groupe. Cette estime représente une valeur, celle dont témoigne le regard des autres en retour de notre comportement et du prix qu'il affiche. Cette valeur, c'est également celle qui définit ce qui est

[1] Une boîte hermétique qui détient des informations auxquelles nous n'avons pas accès.

[2] « Mais la chirurgie esthétique correspond aussi à la vision libérale d'un sujet infiniment malléable, libre de toute détermination et censé travailler en permanence à son propre perfectionnement. Elle profite de la conviction que tout, les problèmes comme les solutions, l'échec comme la réussite, est d'essence individuelle et non collective », M. Chollet, *La beauté pour vaincre la crise*, Le Monde diplomatique, mars 2011. M. Henry le formule ainsi : « Nous sommes accoutumés à considérer que seules comptent les actions qui ont pris place dans le monde », *Philosophie et phénoménologie du corps*, PUF, 1965, p. 296.

[3] Dans une campagne électorale, le programme du candidat pèse peu par rapport à la fabrication d'une histoire (*story telling*) qui le met en scène.

respectable et qui autorise la vie publique, « chacun est exposé au regard d'autrui comme à autant d'accusations virtuelles »[1]. Il faut donc exposer sa respectabilité aux regards virtuels[2]. Par là même, notre comportement cautionne l'ordre établi et normalise les différences individuelles en rapport à la référence consumériste. Ce modèle se prête à la caricature : pour être un bon consommateur, il ne faut être ni blanc, ni noir, mais conforme aux préférences médiatiques ou publicitaires. Les cheveux blancs en nombre, volumineux et ordonnés, désignent les classes dirigeantes tant politiques qu'économiques. Des standards inculqués déterminent le beau et le riche : la beauté paie au point même qu'elle devient un antidote au chômage[3].

On ne peut manquer de noter ici la « plasticité » des idées libérales. Le libéralisme qui défendait traditionnellement une ligne austère (valeurs morales à forte connotation sacrificielle) a pris aujourd'hui le parti de la consommation, parfois ostentatoire. Avec l'aide des médias, elle se présente comme « une mentalité diffuse et impalpable, une idéologie flottante, un ensemble d'attitudes et de modes de comportement que l'on respire dans l'air et dont les avatars s'observent dans la rue, à la télévision ou dans les médias »[4]. Elle a réussi à diffuser une culture qui imprègne les mentalités. Elle « prône le succès, la richesse, et méprise les activités intellectuelles. Plus proche en apparence des intérêts immédiats de l'individu contemporain, affable, inscrite dans le sens de l'histoire, elle renverrait la gauche à son archaïsme maussade et suranné »[5].

On assiste par conséquent à ce paradoxe : la mode n'est qu'une originalité collective, paradoxe qui montre crûment la force de l'idéologie capable d'inscrire mentalement des contradictions dans l'esprit d'un sujet qui ne s'en soucie pas, ou même les cultive. « Je veux être comme les autres » s'accommode aussi bien avec « Je veux être moi-même ». C'est cette culture du paradoxe qui, suprême luxe de l'intelligentsia en vogue, est affichée et cultivée comme marque caractéristique d'une manière originale de prouver sa force cérébrale.

Tout compte fait, le groupe social auquel on appartient et avec lequel chacun est solidaire contribue à renforcer la standardisation des manifestations de l'individualité. Partant de singularités dont ils se font l'écho, les médias, par cette révélation même et leur force de diffusion, suscitent une référence publique qui ne devient standardisée que lorsqu'elle

---

[1] Cl. Polin, op. cit., p. 99.

[2] Les réseaux sociaux, Facebook, Linkedin, MySpace, Twitter, pour ne citer qu'eux à ce jour.

[3] Outre l'article précité de Mona Chollet, Nicole Vulser, *Sois beau et tu t'enrichiras !*, Le Monde 16.08.2011. On se souvient aussi de l'opération « relooking pour les chômeurs », www.nouvelobs.com, 11.01.2011.

[4] R. Lefebvre, *Une nouvelle version du fatalisme en politique*, Le Monde diplomatique, avril 2011.

[5] Id.

est reprise par un groupe. Nous disons bien « référence publique » de sorte que cette référence soit connue de tous et soit bien perçue comme signe distinctif.

De la prise en considération privilégiée des comportements comme signes spécifiques de la personnalité de l'individu, il est une autre conséquence assurément commune à toute idéologie dans sa pratique de propagation, mais plus « viscéralement » attachée à l'essence même de l'idéologie libérale. Quoi que pense l'individu, ne compte que ce qu'il montre aux regards des autres[1]. De son intimité, on l'a dit, nous ne savons rien et nous devons la respecter au nom du principe de souveraineté. Il s'ensuit que la collectivité n'a pas à se soucier de l'âme de l'individu, de son âme et conscience, mais de s'en tenir à ses actes. Il suffit, par exemple, de « manifester de l'empathie » sans l'éprouver et « d'intégrer les signaux faibles » des autres pour « les intégrer dans sa stratégie »[2]. Il s'ensuit encore que le seul but assigné à toute intervention « sociétale » ou politique réside dans le changement des comportements individuels, dans la mesure où ceux-ci témoignent d'actes incompatibles avec l'intérêt du groupe, association ou collectivité publique. Peu importe les moyens. Si l'on ne peut pas neutraliser ces comportements, il faudra bien les supprimer. Nous l'avons énoncé précédemment[3], la vie, comme la propriété, appartient en propre à l'individu. Elle relève du même droit « inaliénable et sacré » dont on ne peut être privé sinon « lorsque la nécessité publique, légalement constatée, l'exige »[4]. Sur ce sujet, il n'est pas étonnant que l'adage de l'*Habeas corpus* soit souvent interprété comme l'interdiction de la contrainte par corps, de préservation du corps du suspect, alors qu'il ordonne simplement au gardien de prison de présenter le détenu devant la cour afin qu'il soit jugé.

De tout ceci il ressort que tout est possible pour changer les comportements et les mentalités individuels grâce aux connaissances apportées par la psychologie, les sciences neuronales et les outils du marketing. Après tout, il appartient à chacun de faire preuve d'indépendance d'esprit pour ne pas se laisser influencer. Publicité, propagande, populisme, mensonges… la liste est longue, mais elle n'est pas condamnable[1].

---

[1] « Malheur à vous, scribes et Pharisiens hypocrites, qui ressemblez à des sépulcres blanchis : au dehors, ils ont belle apparence, mais au-dedans ils sont pleins d'ossements de morts et de toute pourriture ». Matthieu, 23 : 27.

[2] On fait ainsi preuve « d'intelligence émotionnelle », A. Kahn, *Les leaders de demain : multicompétents, à l'écoute et agiles*, Le Monde, 11.10.2012

[3] Titre 1, chap. 1, L'individu propriétaire.

[4] Art. 17, Déclaration de 1789.

[1] Par exemple, le premier amendement de la constitution américaine selon lequel le Congrès ne peut adopter de lois limitant la liberté de religion et d'expression, la liberté de la presse et la liberté de s'associer pacifiquement a été revendiqué et jugé à bon droit par des agences de notation financières qui avaient délivré des notes d'excellente tenue à des sociétés financières en pleine faillite.

L'idéologie libérale n'est pas exempte de cynisme et s'inscrit dans l'histoire humaine.

La culture du secret : dissimuler un mystère

L'idéologie proclame des vérités sur lesquelles elle ne s'explique pas, à commencer par ses dogmes, à l'origine et au fondement mêmes de son discours. On retrouve là une longue tradition : l'homme ne peut représenter Dieu, Principe de toute chose. Toute image du divin est interdite[1] : il faut adorer, au moins croire à un principe qu'on ne peut voir à moins de mourir[2]. Toute tentative de discussion sur ses principes est frappée d'anathème. La connaissance des principes cachés aux yeux du profane n'est accessible qu'à l'homme de foi et, en particulier, aux initiés et heureux élus à qui le mystère est dévoilé. Ils sont tenus au secret du mystère précisément parce qu'il leur a été révélé : ils ne sont ni les auteurs du mystère ni les acteurs de la révélation. Ils ont été élus, et eux seuls, pour voir ce qui doit rester caché à la masse des fidèles. À ce titre, ils sont complices afin de ne pas mettre en péril le noyau initiatique.

La diffusion du mystère en tant que tel se réalise par cercles concentriques de plus en plus larges comme les ondes qui se forment par suite de la chute d'un caillou dans l'eau. Tout concourt à empêcher la révélation du secret ainsi dérobé à la vue du public des fidèles. Les symboles, telles les pyramides qui cachent l'âme du défunt[3], prennent de multiples formes : rituels, langage ésotérique, emblèmes…

La mise à jour du secret risque de déstabiliser les fondations et d'engloutir l'édifice social et politique. Le secret souffre de la lumière et engendre un double effet : l'effet Dracula — la mort à la lumière du jour — et l'effet thermite qui, lui aussi à l'abri du jour, creuse des galeries invisibles de l'extérieur tout en fragilisant l'édifice. C'est pourquoi les initiés ne doivent rien diffuser à l'extérieur[1]. Il existe ainsi des trous noirs dans le système libéral, à commencer par l'individu souverain : qui l'a déterminé ainsi ? À coup sûr, l'idéologie libérale refusera de reconnaître un principe

---

[1] On retrouve ici, par exemple, l'interdiction de représenter Dieu comme dans la religion islamique (plus nettement dans les *hadiths* que dans le *Coran*) ou dans la Bible (3e commandement : « Tu ne feras aucune image sculptée… », *Exode*, 20.4). À la différence du bouddhisme selon lequel Bouddha est un dieu vivant, humain, qui montre la voie de la sagesse comme l'est le Dalaï-lama.

[2] « Tu ne peux pas voir ma face, car l'homme ne peut me voir et demeurer en vie », Exode 33 : 20.

[3] « La pyramide dans laquelle une âme étrangère est transférée et conservée », Hegel, *Encyclopédie des sciences philosophiques,* §548. Une idée cachée dans une forme matérielle.

[1] Le rapport de Khrouchtchev sur Staline et le culte de la personnalité : « Aucune nouvelle à ce sujet ne devra filtrer à l'extérieur ; la presse spécialement ne doit pas être informée. C'est donc pour cette raison que nous examinons cette question ici, en séance à huis clos du Congrès », cité par S. Moscovici, op. cit., p. 474.

anhypothétique, quel qu'il soit à l'origine de sa pensée, au nom de l'empirisme selon lequel seule l'expérience est source de savoir. L'admettre reviendrait à cautionner une théorie initiale, une vue intuitive et une construction de la raison indépendante de l'expérience. Or, on l'a dit, le libéralisme se montre soucieux d'agir plutôt que de théoriser, préoccupé par la liberté d'agir et de faire, occupé à trouver des solutions pour satisfaire les besoins de l'homme au regard des difficultés qu'il rencontre dans l'expérience, bref, à rationaliser sa vie plutôt qu'à ratiociner sur sa vie.

À coup sûr également, l'idéologie libérale se gardera bien de répondre à la question posée. Ce ne peut être Dieu, Souverain de toutes choses, le Père de tous, à moins qu'il n'ait délégué une part de son attribut à ses enfants sans perdre la main sur ceux-ci. Ce ne peut-être qu'un individu qui l'affirme et qui assure qu'il en est l'auteur, qu'il n'y a que lui pour garantir la vérité du principe. C'est le moins que l'on puisse attendre d'un individu souverain : la cohérence. Reste qu'il lui revient d'assumer la congruence à savoir l'application du principe dans la réalité : celui-ci postule que l'individu n'est subordonné à rien ni à personne et qu'il appartient à lui, et lui seul, de maîtriser ses désirs et de décider s'il lui faut changer ses désirs plutôt que l'ordre du monde[1]. L'individu reste l'origine et le but de ses actions. Et s'il change ses désirs — ce qu'il n'est pas nécessairement amené à faire —, c'est uniquement par mesure de préservation de soi : sous le point de vue des rapports de forces, la partie ne peut changer le tout.

Chacun pour soi, chacun vit pour son propre intérêt et l'intime est secret[2]. On peut se l'avouer en privé, mais on ne peut le reconnaître publiquement : avouer que l'intérêt général, l'intérêt public est confisqué au profit de l'intérêt privé est suicidaire et entraînerait des conflits sans fin. Il faut donc dissimuler cette évidence surtout si l'on appartient à la caste des élites encore qu'elle soit acceptable entre soi — puisque chacun le vit comme tel, sans le dire. Il faut encore qu'elle soit supportée par les plus faibles sur lesquels on peut exercer son pouvoir de domination et leur faire ainsi comprendre qu'il est de leur intérêt de s'aligner sur celui du leader.

Le secret du système gravitationnel centré sur l'individu souverain implique la mise en orbite de toute une série de petits secrets issus du premier. En pratique, il s'agit de détourner toutes les formes collectives (lois, symboles, mots, bien public...) à son propre profit tout en affichant un comportement normal, conforme. Tant que l'intérêt personnel rejoint celui du groupe, le détournement s'opère sans qu'il soit besoin d'en expliciter les motifs : « ça se fait » est un motif suffisant.

---

[1] « Ma troisième maxime était de tâcher toujours plutôt à me vaincre que la fortune, et à changer mes désirs que l'ordre du monde », Descartes, *Discours de la méthode*, troisième partie.

[2] *Privacy* : l'intime et le secret.

Que les plus faibles trinquent au prix de leur vie et de la souveraineté sacrée qui y est attachée sans qu'il soit fait appel à l'intérêt public et à un jugement, voilà un secret bien gardé du libéralisme. Que le monde devienne la propriété[1] d'une poignée d'individus regroupés en cartels qui mettent en péril les ressources de la planète : autre secret bien gardé. Que la croissance démographique rapportée aux ressources mondiales et au train de vie des plus aisés implique une réduction des populations : encore un secret bien gardé et qui doit l'être comme tant d'autres afin de préserver les individus qui ont réussi à faire prévaloir leur intérêt sur les autres. Si l'un trahit le secret, tout le libéralisme s'effondre. La domination est le point aveugle du libéralisme. Une fois le sang versé, chacun est ligoté par sa complicité. Un tel complot, qui se continue parce qu'il faut bien le cacher, est peut-être au fondement de la plupart des institutions. Car rien ne tient plus étroitement les hommes ensemble que la complicité dans une série de forfaits dont aucun ne voudrait être reconnu comme l'auteur. Prêter attention à ce qu'on voit, dévoiler ce qu'on sait, ce serait provoquer le courroux des frères, risquer l'excommunication et les perdre à jamais. Le silence devient ainsi une preuve de la solidarité de l'association : chacun renonce à la vérité publique pour rester dans le groupe privé. Il reste que la mentalité du secret secrète celle du complot.

La fascination de la masse pour les meneurs d'un côté, la culture du secret par les meneurs de l'autre, toutes deux convergent vers cette mystification contagieuse.

La meilleure manière de dissimuler son crime est de diviniser la victime. L'individu est précisément celui que l'on fait disparaître, à commencer par les plus faibles, les trop nombreux, ceux qui empêchent de vivre. Le clan des élites s'interdit d'y penser en demandant à ses membres d'adhérer à la fiction ambivalente du progrès, entendue pour eux comme progression de leur mieux-être et non comme répartition de meilleures conditions d'existence pour tous. Complices de cette dissimulation de la mort du plus grand nombre sous l'annonce du progrès[1], ils s'interdisent mutuellement ainsi qu'à tous ses membres d'avancer dans la critique, y compris scientifique, susceptible de dévoiler leur dessein inavouable. S'établit ainsi une sorte de complicité par la mauvaise conscience.

---

[1] Sans avoir nécessairement un titre de propriété ! Il est ici question d'exploitation des terres (surfaces et sous-sol), des moyens de production et de communication, des hommes. 1 % de la population détient 48 % du patrimoine mondial, 20 % en détiennent 94 %. Oxfam.org, chiffres 2014.

[1] Le mécanisme autorégulateur du marché « au prix d'une hécatombe de vies humaines », K. Polanyi, *Facism and marxian terminology*, New Britain, Vol. 3, n° 57, 20 juin 1934 — 1934a, p. 427.

La terreur

La littérature ne manque pas de définitions. Toutes se ramènent à deux considérations principales. La première, la terreur a pour but de désolidariser le corps politique pour la raison avancée qu'il faut le refonder. La seconde, la terreur a pour effet d'anesthésier, à tout le moins d'inhiber, les réactions individuelles et collectives. Tout le monde devient suspect et suspecté d'être un ennemi à la cause[1]. C'est dire que la solidarité active s'est transformée en réciprocité négative.

La terreur est l'une des conséquences du totalitarisme : elle s'organise à partir du soupçon de tous sur tout et tous[2]. La torture, le meurtre, les mutilations, le viol, tous les actes de cruauté, la barbarie ne suffisent pas à désigner la terreur lorsqu'ils relèvent d'individus ou de groupes isolés. Ils en participent lorsqu'ils sont le témoignage d'une véritable stratégie pour asservir une population et lui ôter toute forme de résistance[3].

La terreur entraîne dénonciations, condamnations expéditives, déportations. Tout suspect est placé hors-la-loi, c'est-à-dire sans loi pour se défendre et sans loi pour justifier la peine à son égard. Les relations interindividuelles sont rompues parce que corrompues par le soupçon. Le système totalitaire transforme les adversaires d'hier en ennemis du « peuple ». La terreur est instillée en tous sans qu'ils soient complices. La terreur désorganise, elle est irrationnelle[4]. Elle échappe à toute stabilité, tout repère, toute sensibilité à la réalité extérieure. Les formes les plus rudimentaires du totalitarisme (despotisme, tyrannie, dictature) s'accompagnaient d'une double aliénation des sujets : la crainte et le zèle. Le système totalitaire, en tant que tel, n'admet qu'une seule aliénation : la terreur. La terreur envahit l'individu, tout individu, la masse des individus.

---

[1] Il ne sera pas ici question de justifier ou d'exposer les causes de la terreur. Retenons que la terreur est un retour à l'état de nature engagé par un collectif qui considère que la société ne peut se réformer, mais se transformer radicalement par une révolution, une refondation.

[2] Décret de mars 1794 : « Les prévenus de conspiration contre la République qui se seront soustraits à l'examen de la justice sont mis hors la loi ». Les « prévenus de conspiration » ouvrent l'ère du soupçon de la grande Terreur. Ce décret condamna Danton à mort et poussa Condorcet au suicide en prison.

[3] Une illustration récente, Torture, viols, mutilations : le régime syrien organise la terreur, C. Donati, Mediapart, 14.12.2011.

[4] Voir Cl. Polin, op. cit., I, chap.2, p.31et sq.

La terreur s'établit là où il n'est plus de distinction entre les hommes, où l'homme est réduit à n'être qu'un individu parmi d'autres. Il est traité comme tel et perd toute dignité. Il n'a plus aucun mérite puisqu'il n'a plus de qualité pas même celle d'être humain. La terreur ne permet plus à celui qui l'éprouve (il est tout entier terreur) d'avoir un endroit où se retirer[1] et où il pourra se poser, marquer une pause, se retrouver. Dans un système totalitaire, on adhère à sa peur, sans plus aucun endroit où l'on peut s'accrocher, se réfugier, s'arrêter, se séparer de sa peur. Ce même système engendre une peur contagieuse qui touche tous ceux qui nous entourent.

La terreur s'inscrit dans la logique totalitaire au sens où elle ne laisse plus place à des sentiments toujours ambivalents, l'amour et la haine, la crainte et le zèle. La chaleur de la terreur fusionne tous les sentiments en un magma psychologique énorme qui ne permet même plus au sujet d'avoir un jugement.

La terreur « réalise l'union de la violence et de l'idée, elle est système »[2]. C'est véritablement la coordination entre la puissance aveugle des instincts et la structure d'un système. Mais elle est système au sens où la violence devient systématique : un effet boule de neige, la violence n'a pas de limites.

Et pourtant il est stupéfiant de constater que Staline fut en même temps très populaire et encensé par une masse contrôlée où personne n'échappait à la terreur. Beaucoup d'Allemands pensaient également qu'Hitler ignorait les exécutions des Juifs. La vénération des leaders déborde même les frontières, y compris en France[3]. Comme le relève Hannah Arendt, « Le fait que le régime totalitaire, malgré l'évidence de ses crimes, s'appuie sur les masses, est profondément troublant »[4] ; « troublant », effectivement, incompréhensible peut-être pas si l'on prend en compte le pouvoir hypnotique des masses et le délire dans lequel sombre l'individu délié de toute attache sociale.

---

[1] « Quiconque les [prévenus de conspiration] recèlera chez lui ou ailleurs sera regardé et poursuivi comme complice » — Convention de juillet 1794, Titre IX, art. 1, al. 24 et sq.

[2] J. Freund, op. cit., p.529.

[3] Pas seulement de communistes comme M. Thorez : « Oui de tout notre cœur, nous proclamons notre amour ardent pour Staline, et nous l'assurons de notre confiance inébranlable ! » (déclaration en 1949), mais aussi de Malraux : « … les procès de Moscou n'amoindrissent nullement la dignité fondamentale du communisme » (déclaration à New York 1937), comme Aragon et bien d'autres intellectuels.

[4] Le Système totalitaire, op. cit., p. 235.

Livre II
Du libéralisme au totalitarisme
doucement, mais sûrement

Titre 1
L'idéologie libérale une structure et un système

Il n'y a pas un philosophe ou une philosophie à l'origine du libéralisme. Il s'est construit originellement dans un contexte, celui de l'Aufklärung, siècle des Lumières, qui place l'homme au centre du monde à la place de Dieu. Mais il restera toujours un petit Bon Dieu pour garantir les valeurs transcendantes, immuables et universelles, que l'homme ne peut faire à lui seul ou pour cautionner les idées transcendantales, celles que la réflexion humaine découvre communes à l'humanité et discerne dans le cheminement de son discours.

On peut dire que le libéralisme n'est pas dogmatique au sens où il ne cherche pas à construire le meilleur monde possible (puisque Dieu l'a fait) et qu'il ne fonde pas ses conceptions à partir d'un tel monde dont il aurait décrit les caractéristiques. Il n'est pas davantage dogmatique dans la mesure où il est constamment soucieux de préserver la liberté individuelle, la nouveauté, la créativité, et reste ouvert sur l'incertitude de l'avenir qu'il appréhende toutefois comme un progrès. Il n'en reste pas moins dogmatique sur son principe fondateur, la souveraineté individuelle. Ce qui distingue le libéralisme d'autres idéologies c'est qu'il se prétend au-delà ou en deçà de toute idéologie, peu lui importe. À ces spéculations de la raison-raisonnante, il préfère celles de la raison-calculatrice qui trouve de réelles implications dans le système financier. Une réflexion sur l'action ne changera pas le cours de la bourse...

Nietzsche l'aurait peut-être écrit : l'air avenant et bien propre sur lui, le libéral décrie le carcan du socialisme, les débats d'idées stériles, les pesanteurs de l'État qui freinent toute initiative privée, toutes choses contraires aux lois économiques qui garantissent la prospérité. Il ne faut pas se laisser prendre à cette débauche commerciale. Il suffit de farfouiller dans le paquet qu'il tient derrière son dos et si on réussit à le défaire quelque peu, on amènera, à sa plus grande honte, le résultat de ce modernisme scientifique : un tout petit bon Dieu qui, d'une main invisible, gouverne l'ordre des choses et les maintient en équilibre à l'insu des hommes[1].

---

[1] « Il ne faut pas répondre à tous ceux qui parlent avec tant de fanfaronnade de ce que leur métaphysique a de scientifique ; il suffit de farfouiller dans le paquet qu'ils dissimulent derrière leur dos ; si l'on réussit à le défaire quelque peu, on amènera à la lumière, à leur plus grande honte, le résultat de ce scientifisme : un tout petit bon Dieu, une aimable immortalité, peut-être un peu de spiritisme, et certainement tout l'amas confus des misères d'un pauvre pécheur et de l'orgueil du pharisien. », F. Nietzsche, *Opinions et sentences mêlées*, 1886, 12, www.needocs.com/.

Le système libéral — puisqu'il adhère à la structure des marchés qu'il impose comme allant de soi — confond de notre point de vue la complexité des choses et les complications apportées par les hommes. La première nécessite une approche méthodique, prudente, objective, en dialogue avec la réalité extérieure dont on cherche à comprendre le fonctionnement. Les secondes (évidemment au pluriel) portent sur les dispositifs intellectuels, les modèles mentaux[1] élaborés par les hommes pour maîtriser la nature et assurer leur satisfaction. La faillite d'un système compliqué n'entraîne pas celle d'une réalité complexe. La sanction par les faits conduit spontanément à une rectification de la construction intellectuelle. La complication est bien souvent le signe d'une obstination de la théorie qui voudrait parvenir à faire plier l'extériorité objective sous ses hypothèses. En réalité, elle sera amenée à se déployer et à déplier son arsenal théorique. Dans ce cas de figure, à la suite de réponses expérimentales négatives, la théorie élabore et empile des rectifications successives, des hypothèses *ad hoc*, des bricolages intellectuels, afin de coller à nouveau au réel concret pour le comprendre. Elle gagne en complications successives. En un sens, les échecs de la théorie se présentent sous forme d'erreurs, d'errance, de « loupés » dans la saisie de l'objet-cible. Autre chose est l'anomalie qui échappe à la loi pourtant admise jusqu'alors. Les faits sont têtus. Dans cette perspective, la prise en compte de l'anomalie implique la révision du savoir. Elle devient un nouvel objet d'étude de la compréhension sur elle-même. Une simple rectification du savoir n'y suffira pas. Les mathématiciens, orfèvres de la théorie pure, ne s'y trompent pas : une démonstration élégante sera celle qui sera la moins compliquée. Bref, la complication est introduite par les hommes et la complexité relève de l'ordre des choses.

Il en va à peu près de même en ce qui concerne la distinction entre la structure et le système. La première s'assortit de la cohérence, la seconde de la cohésion. L'une et l'autre supposent une composition et une organisation des éléments qui les constituent. Seulement l'unité d'ensemble est assurée par la forme, comme un squelette, pour l'une, et par la force, à l'exemple des muscles, pour l'autre. Le système dynamise la structure.

---

[1] Qu'ils soient purement imaginaires, rationnels ou un mélange des deux, comme dans la croyance.

Chapitre 1
L'étude la monnaie ou la science de la dette

La valeur de la monnaie

Pour Aristote, « la monnaie est principe et fin de l'échange »[1], son rôle s'arrête là. Elle n'a pas d'autre utilité que d'assurer les échanges de biens. Et ce n'est que par accident que la monnaie est employée à d'autres usages. À l'inverse, une chaussure, essentiellement objet d'usage, peut être échangée contre de la monnaie ou de la nourriture[2] et servir accidentellement de moyen d'échange. Au titre de « mesure commune » des biens échangés, la monnaie relève de la convention entre les hommes. Elle s'appelle d'ailleurs « νόμισμα [nomisma] parce qu'elle doit son existence à la loi [νόμῳ] »[3]. En tant que convention entre les hommes, « il est en leur pouvoir de la changer et de la rendre inutilisable »[4]. L'argent n'a pas toujours une égale valeur du fait de l'altération de sa composition matérielle, son usure, mais aussi par suite du consensus qui détermine sa valeur, entendue comme quantité capable de garantir l'égalité dans l'échange. Une bonne mesure s'apprécie lorsque les partenaires de l'échange s'accordent sur un prix, matérialisé par une quantité de monnaie.

La monnaie permet de concrétiser l'égalité entre l'offre et la demande. À partir du moment où la vente commerciale a pour effet la revente à bénéfice, elle multiplie la monnaie et augmente le coût pour l'acheteur.

En outre, en multipliant la monnaie, le commerce conduit à la « création de richesses »[5] et, dans ce cas, elle déroge à son usage de moyen d'échange pour devenir un bien d'usage.

Nous ne discuterons pas ici de la traduction du texte d'Aristote relatif à la « valeur d'échange » de la monnaie en l'opposant à la valeur d'usage des biens[6] sinon pour remarquer que, littéralement, le texte grec ne comprend pas le terme de « valeur » au sens économique que nous lui prêtons. La monnaie est puissance et elle n'est en acte (n'a de valeur) qu'au moment précis de l'échange. La « mesure commune » nous semble bien correspondre à la conception aristotélicienne de la monnaie. Elle n'est pas par essence un bien, mais un intermédiaire dont le rôle est d'assurer une juste mesure entre les biens échangés sans être elle-même un bien d'échange.

---

[1] *La Politique*, L. 1, chap. 9,1257 b20.
[2] Id., 1257 a10. C'est aussi, « par accident », qu'une pièce de monnaie sert de tournevis.
[3] *Ethique à Nicomaque*, L. V, chap. 8, 1133 a30. La loi étant elle-même une convention.
[4] Ibid.
[5] La chrématistique est, précisément, l'art d'accumuler des richesses au-delà de ce qui suffit à la satisfaction de nos besoins naturels.
[6] Objet du chap. 8, L. V, de l'*Ethique à Nicomaque*.

Si la monnaie est une mesure commune, elle n'est pas pour autant une « juste mesure », car elle n'est qu'un moyen qui, comme tel, n'est pas une fin comme l'est la « juste mesure » ou, mieux, le juste. La monnaie ne comporte pas de fin en elle-même. Seule la fin, le juste, est une valeur. La monnaie varie donc du manque à l'excès ou du plus au moins, comme tout moyen. L'art de gouverner les richesses consistera à trouver le juste équilibre entre ceux qui ont trop de monnaie et ceux qui n'en ont pas assez pour assurer le *bien-vivre* de chacun. Ce *bien vivre* étant rapporté à la juste mesure de chacun, la répartition des richesses n'est pas une opération de distribution de monnaies en parts égales, éventuellement en prenant à ceux qui ont trop et donnant aux plus pauvres, mais de partage de sorte que la masse d'argent soit appropriée aux besoins de chacun, là encore, à sa juste mesure. Au fond, ce qui est fini est achevé et parfait. L'infini est de l'ordre de l'action, donc de l'inachevé, ce qui ne l'empêche pas d'accomplir des actes bien faits.

À cet endroit s'opère une distinction essentielle. L'économie, comme tout « art » ou pratique humaine, vise une fin, la satisfaction des besoins des hommes à commencer par ceux de la famille. En tant qu'action, l'économie est toujours en train de se faire, elle n'a jamais fini son entreprise et c'est précisément parce que l'art n'a pas atteint sa fin qu'il demeure un art. Même si l'action, le *en train de se faire*, réalise son projet dans un acte particulier — la statue exécutée par l'artiste, la transaction réussie entre l'acheteur et le vendeur — elle n'est pas achevée pour autant. De même que l'art médical vise la santé de tous et qu'il est un art infini parce que, précisément, il n'a pas fini d'atteindre sa fin : il y a et il y aura toujours des hommes en mauvaise santé. L'économie n'est donc jamais parfaite ou achevée : qu'il s'agisse de la satisfaction accomplie de l'offre et de la demande au point que chaque besoin serait satisfait ou de la juste répartition entre vendeur et acheteur de sorte que chacun trouverait son compte. Par contre, comme tout art, les moyens sont limités : non seulement nous désirons les médicaments lorsque nous sommes malades, mais il faut aussi que les médicaments correspondent à notre maladie et nous permettent de retrouver la santé. En d'autres termes, les médicaments ne sont utiles que s'ils nous ramènent à l'équilibre qu'est la santé. Et s'ils sont utilisés alors que nous sommes en bonne santé, ils nous poussent à l'excès, au déséquilibre. Il y a donc une limite à l'exercice de l'art, une limite pratique, une limite d'usage si l'activité humaine veut atteindre son objectif, sa fin. Cette limite est déterminée hors de l'objet, c'est-à-dire qu'elle est relative à la santé du sujet, de même que la limite de l'économie domestique est définie par le bien vivre de la maisonnée, entendue non pas seulement comme satisfaction individuelle des besoins vitaux (le toit et le couvert), mais également par les bonnes relations qu'entretiennent les gens de la maison.

Il en va de même à propos de l'argent, tout comme le médicament : il sert à établir l'égalité dans les échanges, il contribue — sans suffire à lui seul — à assurer une saine économie. En ce sens, la monnaie n'a pas de valeur : elle est une puissance, une possibilité, une sorte de force qui permet d'assurer la parité dans les échanges. En ce sens toujours, la monnaie « n'a pas toujours la même puissance »[1] aux yeux des parties puisque la monnaie s'apprécie ou se déprécie, qu'elle fluctue et que le vendeur estime souvent que son bien vaut plus d'argent et l'acheteur juge, lui, que le prix est surévalué. Par contre, logiquement, la puissance de la monnaie s'accroît lorsqu'elle gagne en universalité, lorsqu'elle circule et qu'elle est utilisée par le plus grand nombre, lorsque sa mesure commune s'étend à tous les partenaires économiques. En résumé, la double face de la monnaie trouve ici son sens, valeur de mesure d'un côté, valeur légale de l'autre. S'il faut attribuer une valeur à la monnaie, c'est celle de juste mesure entre les biens échangés. Si l'on considère la valeur intrinsèque de la monnaie, en tant qu'outil, il faut la rapporter à l'extension de son usage, à sa communauté entendue au sens de généralisation de son usage. Ce qui suppose un consensus universel.

La monnaie n'a pas de valeur en elle-même, elle n'est que puissance de valeur. Elle ne prend de la valeur que lorsqu'elle est mise en acte, lorsqu'elle circule dans et par les échanges[2].

Les pratiques spéculatives, ces façons de gagner de l'argent en faisant de la monnaie à partir d'une monnaie, sont contraires à la nature[3] dans la mesure où elles n'ont pas de fin, comprise, cette fois, au double sens de « sans limite » et d'« insensé ». Pour reprendre l'analogie avec la médecine, la création des monnaies reviendrait à fabriquer inconsidérément des médicaments et à les consommer en croyant obtenir une santé de fer et une médecine parfaite. Chacun sait que le médicament est aussi un poison[1]

---

[1] Voir note précédente.

[2] À l'exemple de la vue et de la vision explicitée par Aristote, *De l'âme*, L. II, chap.7. Le diaphane, matérialisé par l'air, est invisible et ce milieu ne devient clair que sous la couleur et, à son tour, la couleur visible n'est visible que pour un œil en acte (la vue). .Sans le diaphane, il n'y aurait ni vison ni couleur. Le diaphane assure sa puissance de « donner à voir » lorsqu'il s'actualise, lorsqu'il est *entéléchie* [ἐντελέχεια] dit Aristote : actualisation d'une puissance en tant que puissance, qui, seule, ne peut se mettre en acte. L'argent peut être comparé à l'air : le matériau dont il est fait est le visible, l'apparence de l'argent, mais l'argent ne se révèle que par la mise en acte qu'est l'échange, l'un donnant, l'autre recevant, le geste de donner et le celui de recevoir, l'acte de proposer auquel répond celui d'accepter, de même que le diaphane s'actualise par la conjonction de la couleur émise par l'objet et de la vue, acte de l'œil.

[3] Rappelons que le terme intérêt (τοχοζ, Tocoz) a pour origine « l'accouchement ». L'intérêt, dira Aristote, « est une monnaie née d'une monnaie » (*La Politique*, L. I, chap. 10, 1258 b5), une monnaie qui fait des petits. Tout comme aujourd'hui la titrisation, les pyramides de Ponzi, les « bitcoins » et autres artefacts financiers.

[1] Étymologiquement *Pharmacon* désigne à la fois le poison et le remède. Tout est question de dosage comme le soutenait Paracelse.

et qu'il peut contrarier la santé. De même, l'argent, la monnaie, peut nuire à l'économie par excès et par défaut. C'est l'objet de la chrématistique aristotélicienne : définir la juste mesure de l'enrichissement. L'argent n'est désirable que dans la mesure où il procure la satisfaction des besoins nécessaires et suffisants pour vivre tout comme les médicaments ne sont utiles qu'à condition de procurer la santé. Ceux qui désirent l'argent pour lui-même, au-delà de ce qu'il suffit, « s'appliquent uniquement à vivre et non à bien vivre, et comme l'appétit de vivre est illimité, ils désirent des moyens de le satisfaire également illimités. »[1]

La fin est une, les moyens sont multiples. La fin connaît une limite — comme la santé pour la médecine ou la bonne mesure dans l'échange économique — à la différence des moyens qui varient sur l'échelle des grandeurs, de l'ordre du plus ou moins ou de l'égal[2]. Le juste milieu — la santé, la bonne mesure — ne correspond pas à une moyenne arithmétique parce qu'il n'est pas une grandeur. Le bien, le juste, est universel, valable pour tout homme. Les moyens, dont la monnaie, sont l'objet d'une appréciation subjective qui s'étale du plus au moins en passant par l'égal en référence aux besoins particuliers de l'individu. Bon et mauvais, comme tout jugement de valeur, ne s'établissent pas à partir d'une comparaison des moyens entre eux, mais d'une appréciation de leur rapport à la fin, c'est-à-dire au regard de ce pour quoi et en vue de quoi ils sont faits.

Ainsi, à notre époque, la financiarisation s'inscrit dans la pratique économique, mais ne correspond nullement à ce pour quoi est faite l'économie (*artefact*) : le bien-vivre de tous.

La science de la dette

La banque ne vous donne pas d'argent, elle vous confie sa dette et elle vous fait confiance pour gagner de l'argent.

La complexité du système économique nous fait parfois oublier l'essentiel : la monnaie. Sans elle, la machine économique se grippe. Et la question initiale — qui crée de la monnaie ? — est sans cesse reposée. La monnaie est le bien social par excellence puisqu'elle permet les échanges entre particuliers (individus ou sociétés) *via* les banques. Et s'il existe un créateur de monnaie, il ne l'est que par accord tacite ou express de la communauté. En tant qu'instrument, la monnaie est relative à celui qui la crée et à ceux qui l'utilisent. Il faudrait peut-être rappeler ici cette banalité : la monnaie n'a cours qu'avec la confiance de tous ceux qui l'emploient.

---

[1] *La Politique* L.1, chap. 9,1258 a1.

[2] « En tout ce qui est continu et divisible il est possible de distinguer le plus, le moins et l'égal, et cela soit dans la chose même, soit par rapport à nous, l'égal étant quelque moyen entre l'excès et le défaut », *Ethique à Nicomaque*, L. II, chap. 5, 1106 a26.

À maintes reprises, nous avons constaté combien la confiance est essentielle dans les relations financières. Elle accompagne la réputation, l'opinion, les relations interpersonnelles au point qu'une entreprise accusée de malversations préfèrera une transaction à ses frais plutôt que de courir le risque d'un procès médiatisé, même si les accusations sont fausses.

Autour de la monnaie s'est constituée une science économique, une manière de justifier la réalité de son objet en empruntant des outils mathématiques, des algorithmes, des schémas, des diagrammes, des statistiques. Elle oublie que son objet est un artefact, une création humaine, et que les conséquences dont elle se saisit n'en rapportent pas sa nature au même titre que le recensement des formes artistiques ne dévoile pas la nature de l'art. L'étude d'un réel construit ne peut que mettre en évidence les principes de la construction. Celle d'un réel donné doit rendre compte de l'existence même de son objet d'étude par la confrontation de ses hypothèses au monde extérieur, par l'expérimentation, par l'épreuve des faits suivant la position de Karl Popper[1]. La science économique n'a pas à prouver l'existence de son objet puisqu'elle le fonde.

À la différence des sciences dures qui s'éprouvent au réel concret, la science économique collecte les manières d'exister, les pratiques et usages de son objet construit. En termes poppériens, la science économique ne peut pas chercher à réfuter son objet, elle cherche à confirmer ou à réfuter les manières dont cet objet est utilisé. Elle décrit un processus, une activité humaine, en essayant de neutraliser la variable humaine : le facteur humain se présente comme le talon d'Achille de cette science. Elle développe des hypothèses à l'aide de valeurs mathématiques qu'elle met en équation et en tire des modèles opérationnels qui normalisent cette activité[2]. À ce titre, les sciences économiques sont normatives et la sélection des valeurs qui constituent les modèles sont elles-mêmes le résultat d'un choix fondé sur des valeurs d'un autre ordre : des valeurs éthiques, des idées et prises de position idéologiques non déclarées. Contrairement à la science physique qui pronostique le comportement des choses et attend d'elles une réponse qui infirme ou confirme ses hypothèses, les prédictions des sciences économiques n'ont de validité que si, et seulement si, les comportements des acteurs sont conformes à ses hypothèses. Elles n'attendent pas d'autres réponses. Dès lors, toute réponse contraire indique une non-conformité des agents à la théorie et toute récusation des hypothèses revient à faire preuve d'idéologie, d'idées morales ou politiques hors du champ de compétence de la science économique.

---

[1] « Ce n'est que si nous ne pouvons pas les réfuter, en dépit des plus grands efforts, que nous pouvons dire qu'elles ont résisté aux tests les plus sévères. », K. Popper, *Misère de l'historicisme,* Plon, 1956, p. 165. Et *La logique de la découverte scientifique*, Payot, 1990, chap. X, pp. 256 et sq.

[2] En disant qu'elles doivent, au fond, fonctionner selon le modèle.

Et c'est pourquoi d'aucuns réfutent des pratiques que le système permet alors que d'autres les refusent au titre de simples déviances du système, qu'on les appelle dysfonctionnements, crise, dérégulation, spéculation, escroqueries, fraudes, ou infractions. Mais rien, dans l'usage de la monnaie, n'interdit ces pratiques. À la différence des sciences dures dont les hypothèses s'arrêtent à la réponse du réel — non, ça ne marche pas —, les pratiques dénoncées fonctionnent, mais pas pour tout le monde. Elles se propagent même au point que les marchés financiers s'aventurent délibérément dans la brèche ouverte : depuis la titrisation, en passant par la spéculation sur les matières premières[1] jusqu'à la multiplication des chaînes de Ponzi[2]. Mais ces dénonciations s'appuient sur l'idée — étrangère aux sciences économiques — que la monnaie est l'affaire de tous, un objet commun, au bénéfice de tous.

Cette « criminalité systémique », qui a atteint son paroxysme en 2008-2009 avec la crise des crédits *subprime*, est d'autant plus pernicieuse qu'elle est rarement sanctionnée. Et pour cause : les pouvoirs publics se montrent incapables d'y apporter une réponse normative. Or, lorsque ce sont les « escroqueries légales » qui deviennent la norme, plus personne n'assume les crises à répétition, sauf, en dernier recours, « M. tout le monde », la collectivité. Dès lors, les sciences économiques qui veulent prouver leur validité et le bienfait du système monétaire pour tous doivent passer la main invisible régulatrice au bras séculier du politique qui définit la norme du droit et du non-droit.

Et pourtant, ces pratiques frauduleuses ne sont toujours pas condamnées et interdites par les responsables politiques : la règle simple qui veut qu'on ne puisse faire de l'argent avec de l'argent contredirait les « sciences » économiques qui montrent le contraire et serait impossible à appliquer. Car comment peut-on envisager qu'un prêt serve à autre chose qu'à faire de l'argent ? Même s'il sert à créer de nouveaux biens ou services utiles pour tous, s'il est utile, il finit par rapporter de l'argent. Si le placement initial s'avère infructueux, il devrait se terminer par une perte, même si des

---

[1] Y compris par l'achat d'actions sur les espèces naturelles menacées de disparition. Fonds de pension et entreprises polluantes investissent dans ces produits juteux, car plus la pollution et la destruction de l'environnement augmentent, d'autant les cours sont valorisés suivant le principe « ce qui est rare est cher ». Ces mêmes investisseurs annoncent à grands frais leur « partenariat » pour préserver la nature. Et si certaines populations sont en voie d'extinction ? S. Feydel et D. Dlestrac, *Nature, le nouvel Eldorado de la finance*, Arte, 2014.

[2] B. Madoff condamné en juin 2009 pour avoir détournée 65 Md$ et A. Standford, condamné en première instance en mars 2012, pour une fraude de 7 Md$.

techniques comptables *via* des assurances, en diffèrent l'impact. Un trou est un trou[1].

Par ailleurs, la dissémination mondiale des prêts ne permet pas de savoir si, au bout du compte, un bien ou un service a été engendré par le prêt initial d'autant que les services intermédiaires ont montré leur existence et leur « utilité » au titre de moyens et de rétribution. Il faudrait être en mesure de « tracer » les investissements pour mesurer leur apport à l'économie réelle. Tâche impossible, comme on l'a vu, tant la diversification en portefeuilles, l'anonymat, les législations nationales et l'absence de réglementations internationales font obstacle à toute initiative de ce genre.

Le problème de la preuve de la validité du principe selon lequel l'argent, la monnaie, est indispensable au fonctionnement économique repose sur le fait évident qu'en son absence la machine s'arrête. Sans investissement, la machine se grippe et tout investissement crée une dette de retour. Au fond, au lieu de parler d'investissement on ferait mieux de parler de dette et l'économie ne serait pas la science de l'argent, de la monnaie, mais de la dette. En tout cas, sans monnaie il n'y aurait pas de sciences économiques.

[1] PIB 2013 : 73 870 Md$, encours des produits dérivés décembre 2013, 720 587 Md$, soit 9,7 fois le PIB mondial, BRI (Banque des règlements internationaux) www.bis.org, Nous avons analysé ce trou abyssal et croissant au cours de travaux complémentaires rappelés en introduction.

Chapitre 2
La dette sans monnaie

Le sentiment de la dette

Partons de cette évidence banale : la dette crée une relation de dépendance du débiteur au créancier. Ce n'est pas nouveau : sept siècles avant notre ère, Solon avait donné aux Athéniens la *sisachtie*, le rejet du fardeau, l'interdiction de la servitude pour dette[1], contraire à la constitution de la Cité par des hommes libres, « dégagés ». Effectivement, elle pervertit un lien social équilibré fondé sur l'échange entre individus afin d'assurer leur propre vie. Elle crée un haut et un bas qui contrarie une relation égalitaire « horizontale ».

La relation dette-créance éveille le ressort psychologique fondamental d'une autre dette, plus archaïque celle-là et extrêmement versatile, la dette de la vie : d'un côté, nous devons la vie à d'autres et le seul moyen de rembourser la dette est de mourir pour eux ; de l'autre, nous n'avons pas demandé à naître, aussi les autres nous doivent tout, ils nous sont redevables pour le malheur de vivre que nous subissons. L'antagonisme vie-mort est à la source de l'ambivalence des sentiments. Comment s'acquitter du cadeau ou du fardeau de la vie ? Toutes les créances s'effacent finalement devant la mort avec, aux points ultimes, ma mort pour effacer ma dette de vie que je m'épuise à rembourser, la mort des autres pour effacer leur dette et recouvrer les créances qu'ils me doivent et qui me permettront enfin de vivre. Il y a toujours des dettes dont je ne peux m'acquitter et à l'égard desquelles je me sens toujours en défaut, redevable, coupable, y compris le dommage que je cause à autrui et à l'égard de qui je suis redevable. La culpabilité est le bruit de fond des sentiments humains.

Nous n'envisagerons, dans les lignes qui suivent, que la dette du point de vue du débiteur pour la raison que, par quelque bout qu'on le prenne, nous sommes toujours en dette avec l'argent : nous recevons tous et toujours de l'argent, nous ne créons pas notre argent. En outre, nous avons parfaitement conscience de la complexité du problème de la dette ouverte par la psychanalyse et nous n'en reprendrons que les données originaires qui ouvrent la réflexion.

La procréation revient en quelque sorte à alléger le fardeau de la dette en la transmettant à sa descendance (l'héritier du patrimoine[2]). La loi, la

[1] Diogène Laërce, *Les sept Sages*, voir Solon.
[2] Titre 1, chap. 1, L'individu propriétaire.

fondation de la cité, n'étant elle-même que le testament laissé par les pères fondateurs envers qui nous avons « un devoir de mémoire ». Ce n'est pas un hasard si la souveraineté est léguée — à partir d'un mythe fondateur qui lui donne sens —, car elle dépasse largement le pouvoir humain à la légitimer. Sans épuiser le sujet, on notera enfin que lorsqu'on paye une dette, on est apaisé[1], on s'acquitte, on se rend libre, on retrouve la quiétude[2].

La dette est l'un des fondements de la mauvaise conscience, celle qui retourne la vie contre elle-même et qui l'épuise dans ce combat contre soi-même. Elle est castration de la vie, du désir. Nietzsche avait relevé le double sens du mot *Schuld* signifiant à la fois faute (culpabilité) et dette (obligation de rembourser)[3]. En termes marxistes, la dette est une forme d'aliénation du débiteur à l'égard du créancier : il est toujours redevable du capital qui lui permet d'exercer sa force de travail et d'en vivre. D'un autre côté, le prêteur, celui qui confie son argent, comme celui qui se confie au prêtre ou au psy, est tenu par le dépositaire de son capital pour l'un et de son secret pour l'autre.

Il ressort de ces perspectives que la dette est source de culpabilité et d'angoisse, de conduites de victime ou de bourreau. Le don provoque le sentiment de dette et l'obligation de contre-don pour s'acquitter de sa dette. Pour le créditeur, la frustration du remboursement crée le ressentiment et l'obligation de réparation pour obtenir ce qui est dû. Quant au débiteur, tant qu'il n'est pas quitte, il se sent redevable, coupable de ne pas avoir honoré sa dette. Chacun bénéficie de la vie et de la société ; chacun se sent redevable de ces liens confusément assemblés, d'une dette qui nous fait vivre et dont on voudrait bien s'acquitter pour être autonome et être « moi » sans plus rien devoir à personne. Mais, peut-on supprimer ces dettes confuses, parfois non dites, qui remontent au-delà de ce qui est à notre portée ? Sommes-nous capables d'identifier les créditeurs dissimulés dans nos réactions, nos émotions, nos rêves, comme l'âme du symbole ? Sommes-nous capables de supporter l'héritage d'un passé, traînant alliances et conflits, charriant l'homérique ou l'ignoble, qui tombe sur nos épaules ? Bref, malgré tout ce que nous avons écrit sur la dette financière, la dette personnelle ou sociale semble bien plus difficile à rembourser que la dette économique.

---

[1] *Pacare* : pacifier, apaiser.

[2] *Quietus*, qui est en repos, au calme, qui n'est pas troublé. Sur ce passage, voir L. Basle, *Dette et lien social. Esquisse d'une recherche*, www.u-picardie.fr.

[3] *La généalogie de la morale*, deuxième dissertation, §4 et 20.

Le sentiment de culpabilité, résultat d'un acte ou d'un état psychique[1], est l'effet d'un manquement ressenti à l'égard d'une norme que celle-ci soit élaborée au cours de l'autoconstruction du psychisme du sujet ou de l'intégration de règles imposées par les relations sociales, disons la société. Quelle que soit l'origine, interne ou externe, la norme contrarie les impulsions spontanées et irrationnelles. Le sentiment de culpabilité résulte d'une tension entre l'inconscient et le surmoi normatif vécue au niveau du moi. La peur de perdre la vie qui ne dépend pas de moi introduit la détresse originelle attachée à la dette et renforce le besoin de protection offert par les interdits, les normes, les lois, les codes de bonne conduite, etc. Le moi cherche donc à satisfaire ces valeurs morales afin de se renforcer contre la menace de mort qui l'assaille et s'en protéger. Les satisfaire revient à assurer sa survie. Ne pas les satisfaire, y manquer, fragilise le moi. Formulé autrement, le sentiment de culpabilité réduit ma puissance d'exister, inhibe la spontanéité, introduit le soupçon dans mes intentions, mine la confiance en soi, introduit la mauvaise conscience qui retourne la conscience contre elle-même. C'est une autre manière de parler de la dégradation et de la dévalorisation du moi (symbolique peut-être, mais vécue comme telle par le sujet). Ce sentiment induit du même coup une certaine conformité aux règles, normes et instructions, une manière de donner le change et de s'acquitter. Exorciser la dette : tout un programme.

L'exposition médiatisée de la dette des pays, de notre pays, de notre dette, exacerbe en chacun de nous ces sentiments ambivalents de soumission — souffrir pour rembourser — ou de révolution — supprimer le créancier et éteindre la dette. L'exploitation du sentiment de la dette, cultivé par la pression médiatique, s'introduit goutte à goutte dans notre organisation mentale. La perfusion idéologique réussit à retourner les individus contre eux-mêmes, à déliter progressivement les liens sociaux, à détourner l'intérêt pour et avec les autres en intérêt pour et en soi, bref, à fragmenter le corps social en une masse anémiée. L'appareil médiatique y trouve matière à se renforcer, à accroître son audience et sa puissance : la mauvaise conscience se repaît de la culpabilité des autres, elle est fidèle à la voix de son maître qui lui rappelle la déchéance et la misère de ses semblables auxquels elle s'identifie[2]. Cette conscience malheureuse est tout compte fait heureuse de ne pas être la seule à souffrir.

La dette financière s'est approprié le nid du péché originel laissé vacant depuis la défection religieuse. Nos enfants, déjà endettés par naissance, se retrouvent endettés socialement ne serait-ce qu'en s'endettant pour payer

---

[1] « Un état affectif consécutif à un acte que le sujet tient pour répréhensible (…) ou encore un sentiment diffus d'indignité personnelle sans relation avec un acte précis dont le sujet s'accuserait », J. Laplanche et B. Pontalis, *Vocabulaire de la psychanalyse*, PUF, 1992, p. 440 et sq.

[2] « Le prêtre est l'homme qui change la direction du ressentiment », Nietzsche, *La généalogie de la morale*, III, §15.

leur scolarité[1]. Ils sont redevables d'une dette qu'ils n'ont pas générée. Faudra-t-il le meurtre des pères pour qu'ils s'en acquittent ?

Sans doute vaudrait-il mieux parler clairement de « dette mondialisée », d'en désigner les causes, d'en montrer la structure, d'en démonter le système, d'en dénoncer les pratiques. On s'apercevrait que la dette est de l'argent qui repose sur une monnaie : le dollar, une convention, un artefact. Dans la foulée, on s'apercevrait que l'argent-richesse n'existe que par la monnaie, elle-même objet soutenu par une convention qui admet deux valeurs : l'une apportée par des biens concrets saisissables, l'autre par des titres financiers. On s'apercevrait ainsi que ces valeurs sont relatives, fiduciaires, précaires, déterminées par un consensus calculé ou tacite. On s'apercevrait ensuite que la dette incontestable, comme la dette originelle de chacun de nous, est soudée aux ressources naturelles limitées, à la nature génitrice, valeur commune de référence. Ce serait plus exact et moins culpabilisant. On s'apercevrait enfin que le poids de la dette augmente, non pas seulement pour des raisons financières, mais parce que la croissance emprunte davantage à la nature son capital limité, beaucoup plus stable — parce que limité — que les manipulations humaines — à l'ingéniosité illimitée[2].

L'exploitation de la dette

Ce fonds psychologique que nous venons de décrire à gros traits, s'exacerbe en présence de toute formule de dette et étend son emprise sur les hommes. Quelles qu'elles soient, toutes convergent vers des formes d'aliénation[3] et développent des réponses de consentement, d'évitement ou de lutte.

Certes, le devoir nous rend *redevables* au regard des normes imposées par la société tout entière, ces normes par lesquelles la société à laquelle

---

[1] Près de 20 % des foyers américains devaient rembourser un prêt étudiant aux États-Unis (2010), 15 % de plus qu'en 2007. Le montant des prêts a augmenté de 54 % en dix ans. Ces crédits sont ineffaçables même en cas de faillite personnelle et, bien sûr, titrisés. Un véritable esclavagisme financier. Voir *Les prêts étudiants, bombe à retardement de l'économie américaine*, Le Monde.fr, 27.09.2012, *Les prêts étudiants atteignent 1000 milliards de dollars aux États-Unis*, Le Figaro, 29.10.2012. *USA : dette des étudiants, la prochaine bulle ?,* Arte reportage, 3.11.2012.

[2] Et ramènerait le principe du plaisir de l'argent au principe de réalité. Encore faudrait-il étalonner la monnaie sur les ressources naturelles, après l'étalon-or et l'étalon dollar.

[3] Entendue au double sens de soumission et de délire (*alienare*, transférer un droit à un autre, rendre étranger, être étranger à soi-même, perdre la raison).

nous appartenons se maintient en vie[1]. On l'a également dit, l'ennemi est celui qui s'affranchit des normes, mœurs, coutumes et lois d'une société politique au point de menacer son existence. Ce sont ces mêmes normes, héritées de la tradition, qui s'imposent comme culture, cette seconde nature. Ce sont également elles que tout le monde respecte et qui ne sont imposées par personne : elles nous obligent sans contraintes, avec notre consentement si et seulement si — la réserve est essentielle — nous partageons le destin de notre société. Car si ce destin se réduit à l'avenir individuel, nous n'avons que faire du devoir, de ces obligations, de la culture, de ces normes et de l'avenir de la communauté. Si le destin de la société est aussi une affaire personnelle, il faudra payer de sa personne pour ne pas être redevable des normes imposées et les changer sans en être pour autant titulaire ni tutélaire avec l'accord du plus grand nombre. Mais si la personne n'a ni avenir individuel, ni intérêt à l'avenir de la collectivité, ni ressources personnelles pour mettre le prix…

Pour vivre dans la communauté, il faut que chacun donne de soi, y mette du sien et contribue — un tribut comme et avec les autres — au maintien de celle-ci. Donner de soi revêt quelque chose de sacrificiel puisqu'une part de la vie pour soi est détournée au profit du groupe ou des autres envers qui nous sommes redevables. Les rites initiatiques, sacralisant l'intégration d'un individu dans un groupe, comportent toujours quelque chose de sacrificiel sous forme de tribut, d'implication corporelle[2]. L'initié doit souffrir, se souvenir littéralement de son incorporation qui d'ailleurs laisse des traces. La littérature est abondante sur ces sujets. Nous n'évoquerons ici que la disparition de ces rites collectifs à la suite de la dislocation des États et la fragmentation de la communauté historique au profit de rites élaborés par les microgroupes ou organisés par les associations de la société civile[3]. Cette mutation s'inscrit adéquatement dans l'idéologie libérale qui ne peut faire l'économie de ces fondamentaux sociaux.

La centration sur l'individu a « privatisé » en quelque sorte son espace environnant sans pour autant le restreindre. Les amis avec lesquels on communique *via* Internet sont bien là, présents, ici sur l'écran et maintenant dans la simultanéité de l'échange. Les groupes « virtuels »

---

[1] « Ce sont des normes soutenues par la société entière, ce ne sont pas des normes imposées par un groupe particulier à l'ensemble de la société. Ce sont les normes de la société elle-même ; ce sont les normes à travers lesquelles la société se maintient ; ce sont les normes que tout le monde respecte ; elles ne sont imposées par personne », P. Clastres, *Sociétés sans État ou contre l'État*, entretien, revue L'Anti-mythes n° 9, 1974, www.lavoiedujaguar.net.

[2] Le passage du corps propre au corps social. P. Clastres, *De la torture dans les sociétés primitives*, L'Homme, 1973, tome 13 n° 3, pp.114-120, www.persee.fr. Le tatouage, la scarification…

[3] Sous forme de dons d'argent, de parrainage, d'invitations, de repas, de signes vestimentaires, de langage, de lieux de réunion…

s'élaborent à l'aide de codes d'accès, de paramètres des boîtes d'envois, de pseudonymes, de clés symboliques sans lesquelles on ne peut rentrer dans le groupe. Disons-le rapidement : les termes cibles des processus d'identification — ceux qui permettent au sujet de partager ses sentiments et de se reconnaître — ont changé. Les références historiques les plus proches (famille, village, région, nation) sont concurrencées et parfois remplacées par des espaces à la fois plus vastes, plus distants et plus présents.

Les débiteurs sont plus nombreux que les créanciers (banques, fonds d'investissement). La masse est redevable et doit honorer ses engagements à l'égard des créanciers. La crise financière a réussi à culpabiliser l'ensemble de la collectivité alors que l'ébriété financière est l'affaire de quelques-uns. Les institutions financières ont réalisé ce tour de force : transmettre leurs dettes à la collectivité et transférer le sentiment de culpabilité sur la masse. Elles ont pu le faire très simplement puisqu'elles sont détentrices de la monnaie, des comptes individuels et collectifs et qu'elles préservent l'anonymat. Nous avons là l'exemple de la mauvaise conscience qui intériorise les forces vitales — le *conatus* — contre le sujet lui-même : les particuliers ont déposé leurs moyens de vivre dans les banques qu'elles utilisent contre eux. En captant leur argent, elles leur donnent le moyen de s'endetter, de leur faire croire qu'ils vont accroître leur puissance de vivre. Mieux, l'argent des uns fondu avec l'argent des autres devient un nouvel objet de crédit dont seul le financier est propriétaire. Mais en cas de défaut, c'est bien l'argent des uns et des autres qui se sera évaporé et c'est bien pourquoi l'entreprise financière fait observer que la faillite du remboursement concerne les uns et les autres, la collectivité. Elle se dédouane à bon compte et rend impossible tout processus d'identification — la mondialisation, l'anonymat des créanciers, les empilements multiples des produits financiers, la fluidité des masses monétaires, la validité des actifs détenus par les banques, etc. Seul demeure le terme ultime, la dette publique, qui ne peut échapper à l'anonymat, précisément parce qu'il est public : l'État, le politique.

La mystification consiste à déformer la réalité de manière à inspirer une croyance, à provoquer un sentiment déterminé par une représentation du monde (la *camera obscura*[1]) : la réaction dont devraient légitimement faire preuve les individus pour affirmer leur propriété, la juste rétribution de leur travail, s'est muée en sentiment de dette, avec la peur de perdre ce qui leur reste. « La réaction cesse d'être agie pour devenir quelque chose de

[1] En référence à Marx, cité dans notre introduction, mais aussi à Spinoza pour qui toute doctrine finaliste « renverse totalement la Nature. Car elle considère comme effet ce qui, en réalité, est cause, et *vice versa*. », *Ethique* I, appendice.

senti »[1]. Les prêtres ascétiques de l'économie[2], les hommes de *biens* détournent les forces vives de la population en les culpabilisant : « vous êtes fautifs », vous mangez trop, vous mangez mal, vous ne travaillez pas assez, vous roulez trop vite, vous êtes dangereux, vous fumez trop, vous buvez trop, vous êtes ringard, vous ne comprenez rien (à l'économie), vous coûtez trop cher... Bref, vous dirigez mal votre vie, vous êtes inadaptés au monde moderne et incompétents : vous êtes faibles et nous sommes forts. Le mal est de votre côté. Ce sentiment crée un lien de subordination à l'égard de nos élites qui ne manquent pas de rappeler que nous sommes fautifs. Le pouvoir de domination du libéralisme parvient à inculquer aux hommes qu'ils doivent être eux-mêmes leur propre force de domination en intériorisant leur réaction revendicative en ressentiment. Ne luttez pas contre l'extérieur, luttez contre vous-même.

Ajoutons encore ceci : le sentiment de la dette fait partie de ces ressentis, sensibles à l'identification : la mort, les meurtres, les malheurs... tous ces événements habilement scénarisés ou répétés qui touchent le spectateur, provoquent son émotion, envahissent son être et inhibent toute activité rationnelle, toute mise à distance. En pleine crise financière, ces événements sont bien utiles.

En stimulant et en privilégiant l'émotion dans toutes ses entreprises de communication, le libéralisme cultive le senti préparatoire au ressenti.

L'homme moderne est esseulé et désolé[3] : les liens historiques sur lesquels ils s'appuyaient ont laissé place à des contacts instantanés sur des réseaux électroniques, les normes sociales ont cédé sous le coup d'intérêts sociétaux (l'association d'intérêts individuels) circonstanciels, le souci du moi supporte le poids du malheur collectif. Autrement dit, le fardeau de la dette n'est plus réparti dans une collectivité solidaire, il est ressenti par chacun de ses membres comme s'il était seul à la supporter.

La logique du libéralisme a développé ses propres contradictions : elle est parvenue à confectionner un individu inhibé, trop encombré de lui-même pour agir.

---

[1] G. Deleuze, *Nietzsche et la philosophie*, PUF, 1970, p.127.

[2] Ils ont quelque chose à voir avec les shamans, les médecins des sociétés primitives, qui disposent de pouvoirs — et non *du* pouvoir — sur la vie (guérir) et sur la mort (jeter un mauvais sort). Si les malheurs s'accumulent sur la société, le shaman en sera rendu responsable.

[3] Voir L. I, titre 2, chap. 2, *L'individu désolé*.

Chapitre 3
Pour le libéral, *le* politique se résume à *la* politique

Le point de départ d'une critique du libéralisme se trouve chez Aristote pour qui « l'homme est par nature un animal politique »[1]. Il se construit dans ses relations sociales partant du couple jusqu'à la cité en passant par la famille et le village. Il n'est donc pas question de discuter du fait social, mais de discuter de l'organisation des relations « en vue d'un certain bien »[2]. Marx ne dira pas autre chose dans son projet de transformation des relations sociales par l'appareil de production. Disons-le brutalement : l'individu est un être social.

La politique de la dette

Un libéral voit dans l'État une force qui assure l'indépendance et la sécurité de la collectivité[3] contre un ennemi extérieur (par l'armée) et intérieur (par la police) — encore que, du point de vue politique, il n'existe pas d'ennemi intérieur qui menace l'unité politique, il n'existe que des adversaires dans la cadre de la lutte pour le pouvoir[4].

Dès lors, afin de garantir leur sécurité, les gouvernements ont réussi à s'endetter auprès des individus ou sociétés privées lorsqu'il s'agissait du financement des guerres[5]. En retour, lorsqu'il faut éliminer la contrefaçon, assainir la teneur en métal précieux de la monnaie, garantir des moyens de paiement face au manque de numéraire, monétiser les billets du Trésor[6], assurer les intérêts de la dette publique par les impôts, préserver l'épargne « légitime lorsqu'elle a pour but de favoriser un investissement propice au bien-être général »[7], la force de l'État est cette fois mise à contribution.

On prête d'autant plus facilement à l'État que l'on sait qu'il a le pouvoir de lever l'impôt.

Le mécanisme de la dette, on l'a vu, vaut tout aussi bien pour les États. Les endettements liés au secteur bancaire et aux finances publiques ont laminé la souveraineté des États et des populations qu'ils représentent. La

---

[1] *La politique*, L. I, chap. 2, 1253a.
[2] « Toute communauté est constituée en vue d'un certain bien », id., chap. 1, 1252a.
[3] Entendue comme lieu des affaires, où chacun est en commerce avec d'autres avec qui il a affaire.
[4] Ce point porte à débat : s'il y a ennemi intérieur, il ya guerre civile. De ce point de vue, l'ennemi intérieur est un envahisseur étranger, une sorte de virus, qui a réussi à pénétrer dans le pays et le menace de l'intérieur. On ne parle pas ici de cas psychologiques isolés, mais de groupes. On neutralise l'adversaire, mais on tue l'ennemi.
[5] Les emprunts grecs ou romains, voir les articles de S. Arsever sur le thème de *La dette publique, une vieille histoire*, Le Monde, août 2012.
[6] Ibid.
[7] Id, Les montagnes de dettes des cités italiennes, Le Monde, 15.08.2012.

dette ne laisse plus à l'individu ou à une nation le soin de déterminer son avenir. « Dès ma nomination en mai 2008, j'ai eu le sentiment que nos difficultés — liées au secteur bancaire et à nos finances publiques — étaient telles que nous avions pratiquement perdu notre souveraineté. Qu'est-ce que la souveraineté si ce n'est la possibilité de choisir entre différentes options ? Je n'ai pas eu l'impression, en tant que ministre des finances, que différentes options se proposaient à moi. »[1] Le temps leur est confisqué. Les institutions financières internationales (BCE, FMI) prêtent main forte à cette stratégie de vampirisation de la souveraineté des États non seulement en leur appliquant des contraintes sans délai, avec un simulacre de consultation des instances démocratiques, mais encore en bridant les décideurs politiques nationaux encadrés par des « experts » en redressement financiers et enfin en asservissant toute décision, le champ du possible, à l'unique objectif, celui d'honorer leurs dettes.

Asservis par la finance privée, les États ont perdu tout pouvoir de réglementation — de décision — pour s'inscrire comme partenaire à la table des jeux financiers. Ils participent comme les autres à la régulation des flux financiers en se donnant la main, sans revoir les règles[2], ni séparer les tables de jeu, ni encadrer le déroulement des parties, ni même jouer le rôle d'arbitre.

La distinction privé-public

À cet égard, la distinction du privé et du public est essentielle à la compréhension de la réalité du politique[3]. Et l'on observera la tendance du libéralisme à rendre hégémonique le privé sans parvenir à envahir totalement l'espace public. On l'a observé en de multiples occasions : par la privatisation de services publics, l'envahissement des affaires et relations privées dans les affaires publiques, la personnalisation du pouvoir, la privatisation des dettes publiques livrées aux marchés financiers, la survalorisation des représentants de la société civile dans la conduite des affaires de l'État, la préservation de l'anonymat dans les opérations financières, etc. L'enjeu est d'importance non seulement parce que le rapport entre ces deux espèces contraires est un gage de liberté[4], mais encore parce que les régimes totalitaires sont précisément ceux qui

---

[1] Brian Lenihan, ancien ministre des finances irlandais, entretien, *Lenihan warned EU tough bailout terms could spark unrest*, Irish Times, 25.04. 2011, www.irishtimes.com.

[2] Les mises de fonds selon les zones d'activité (investissements économiques ou financiers), les taux des prêts, l'interdiction de produits dérivés sur les matières alimentaires ou l'environnement naturel en péril, la qualité des joueurs…

[3] J. Freund, op.cit., chap. V.

[4] Celle qui sait user et utiliser l'un et l'autre, l'un contre l'autre, l'un avec l'autre, sans que la liberté soit aliénée, inféodée ou alignée à l'un à l'exclusion de l'autre.

veulent faire disparaître l'un au profit de l'autre[1] dans un premier temps et les faire disparaître tous deux dans la phase finale parce qu'ils n'ont d'existence que par et dans leur altérité.

Il n'empêche que leurs distinctions ne peuvent être entretenues que par une reprise et une réactualisation incessantes de leurs natures spécifiques et de leurs différences. Sans ce travail d'investigation et de compréhension, public-privé deviennent confus parce que confondus.

Empruntons une fois de plus le cheminement d'Aristote. On l'a déjà dit, l'homme est un être essentiellement social. Il n'y a pas rupture du point de vue de la nature. La nature pousse donc instinctivement tous les hommes à l'association politique[2]. Partant de la première forme d'association la plus « naturelle », la famille, guidé par la satisfaction de ses besoins, l'homme s'attache à développer des relations commerciales[3] dans le village (la société civile) pour parvenir enfin à satisfaire le bien vivre au sein de la communauté politique. Retenons ici que la satisfaction de soi passe par la confrontation sociale et que, dans cette perspective, la perfection de l'homme croît du particulier à l'universel en passant par des cercles de plus en plus élargis de la famille à l'État. Chacun de ces moments de développement comprend des vertus spécifiques dans la perspective téléologique finalisée par l'homme de bien[4].

Le privé (domicile), la société civile (le commerce) sont insuffisants à caractériser ou à former le politique et pourtant ils en constituent à la fois les préalables, à la fois les composants. Sans eux, il ne peut exister de politique au sens le plus achevé. D'ailleurs, on trouve dans la tyrannie — l'autorité du maître dans la famille —, dans l'oligarchie — le pouvoir confié au monde des affaires — des régimes « déviés » de l'extension du politique, des stades en quelque sorte embryonnaires, arrêtés dans leur croissance. Par contre, le « communisme » de Platon constitue la forme abstraite de l'État en ce qu'elle supprime les ingrédients ou les stades antérieurs et nécessaires à son développement. Au rebours, si l'on veut rechercher l'unité, l'unité parfaite de la Cité, la seule unité réelle à laquelle nous avons affaire reste l'individu — et encore, en tant qu'unité

---

[1] Le totalitarisme communiste de l'État en aliénant le privé (l'individu, les associations, la société) à l'État. Le totalitarisme nazi hitlérien en aliénant l'État au privé par la seule domination d'une race pure ou d'un homme supérieur. « Ein Reich, ein Volk, ein Führer »).

[2] « Est certes un fait naturel la tendance que nous avons tous à former une communauté de ce genre [politique] », Aristote, *La Politique*, L. I, chap. 2, 1253 a30.

[3] Qu'Aristote appelle « le village », première source de droit, par les tractations commerciales, id. 1252 a15 et L. III, chap. 1, 1275 a10.

[4] Id., chap. 4, 1276 b35. Il est « possible d'être bon citoyen sans posséder la vertu qui nous rend homme de bien », traduction Tricot. Le même passage, traduit par J. Barthélémy-Saint-Hilaire, « la vertu du citoyen peut être une tout autre vertu que celle de l'homme privé ». Le premier s'inscrit dans la perspective téléologique, le second met en évidence les moments de développement de la vertu.

numérique — et à trop vouloir faire aboutir le processus d'unification, la cité disparaît et devient individu, aussi abstrait que l'État platonicien[1]. Une lecture contemporaine représenterait ce paradoxe sous la forme d'un curseur positionné entre deux extrêmes aussi abstraits l'un que l'autre : l'unité de l'individu et l'unité collective. En réalité, « la cité est composée non seulement d'une pluralité d'individus, mais encore d'éléments spécifiquement distincts »[2].

Nous l'avons souligné plus d'une fois[3], la distinction entre le privé et le public s'estompe (personnalisation de la vie publique, privatisation de l'État, captation des caractéristiques individuelles par les systèmes informatisés). Au flou ou à la porosité de la frontière s'ajoute un double mouvement d'extension. Extension du domaine privé par laquelle les individus, par exemple, s'aventurent dans les réseaux publics en livrant leurs attentes, leurs émotions et leurs jugements. Extension du domaine public dans la vie privée à commencer par l'immixtion de la télévision dans les foyers, les techniques d'identification biologiques, les publicités ciblées et intrusives, la vidéosurveillance… À bien considérer, nous avons affaire à une extension des moyens technologiques et l'illusion consiste à croire, comme l'implique la mentalité libérale, que, par eux-mêmes, ces moyens innocents et modernes vont favoriser la liberté individuelle et réduire la tendance naturelle totalitaire des États.

L'argument sécuritaire — ne vous faites pas de souci, *sine cura*, *securus*, sans souci —, on vous surveille, on veille sur vous. Toute l'ambigüité de l'argument sécuritaire est là et elle se diffuse avec notre consentement. Sécurité et vie démocratique ont quelque chose d'antagoniste. Sous prétexte de stabilité politique et de démocratie, le paradigme sécuritaire étouffe toute tentative de changer le pouvoir.

L'argument du développement personnel — développez votre potentiel, soyez ce que vous voulez être, soyez l'acteur de votre vie, se dépasser pour réaliser ses rêves — ne résiste pas mieux : vous serez authentiquement vous-même grâce à nous. Sous prétexte de mieux-être et de puissance personnelle, ce paradigme contribue à déconnecter l'individu de la politique, à le coacher et à installer un rapport de forces avec les autres.

Libéralisme et pratique politique insensée

Le libéralisme réduit le politique à la gestion collective d'un pays comme l'avait résumé Machiavel : la politique est action et l'efficacité son but[4]. En réunissant Pascal et Machiavel, la politique consisterait à savoir

[1] Id., L. II, chap. 2, 1261 a15-20.
[2] Ibid., 1261 a24.
[3] Dans un travail complémentaire de celui-ci.
[4] Le Prince, chap. XVIII, Comment les princes doivent tenir leur parole.

tenir des propos angéliques et agir comme une bête[1]. Plus prosaïquement, la politique s'établit sur des rapports de forces, celles de la loi pour les hommes, celles de la brute pour les bêtes. « Si les hommes étaient tous gens de bien », la loi suffirait « mais comme ils sont méchants »[2] il faut bien recourir à la contrainte. « Il faut donc qu'un prince sache agir à propos, et en bête et en homme. » Si Machiavel n'interroge pas la nature de l'État, mais sa conduite, il n'en reste pas moins que l'État est la raison de la sortie de la violence par la loi sans en avoir trouvé l'issue[3]. On peut présager que Machiavel nous en montre le chemin, la méthode.

Il est bien évident que l'on ne peut avoir recours à des moyens infâmes au nom de valeurs qu'elles soient morales, religieuses, éthiques ou attachées aux principes et qu'il n'est pas raisonnable de laisser libre cours à la violence au risque de perdre et le pouvoir et sa vie. La pratique politique recommande donc à l'homme politique de ne pas s'écarter « de la voie du bien, mais qu'au besoin il sache entrer dans celle du mal » et « et de posséder parfaitement l'art et de simuler et de dissimuler. » L'important n'étant pas de posséder toutes les qualités d'un homme de bien, mais qu'il paraisse les avoir et « qu'il soit assez maître de lui pour pouvoir et savoir au besoin montrer les qualités opposées » d'autant que « le vulgaire est toujours séduit par l'apparence et par l'événement »[4]. Voilà qui rappelle bien des observations conduites précédemment. Et pour ficeler le tout, Machiavel ajoute : « Le petit nombre n'est écouté que lorsque le plus grand ne sait quel parti prendre ni sur quoi asseoir son jugement. »

Finalement, la pratique politique aboutit à « une société de masse »[5] constituée d'individus qui ne savent plus quoi penser et s'avèrent disponibles à suivre une poignée d'hommes décidés.

En se plaçant sous le seul regard de l'individu, la politique est le terrain d'affrontement d'intérêts particuliers. Dans sa forme extrême, toujours de ce point de vue particulier, il est un lieu où s'exprime la volonté d'hommes animés de sentiments malveillants. Ils mettent en danger la nation, la culture, la civilisation. Ces forces du mal procèdent insidieusement, étape par étape. Elles orchestrent une conspiration, une machination destinée à

---

[1] « L'homme n'est ni ange ni bête et le malheur veut que qui veut faire l'ange fait la bête. », B. Pascal, *Pensées*, Lafuma 675, Brunschvicg 358. « On peut combattre de deux manières : ou avec les lois, ou avec la force. La première est propre à l'homme, la seconde est celle des bêtes », Machiavel, ibid.

[2] Machiavel, ibid. de même que toutes les citations qui suivent.

[3] L'existence de lois signifie que nous substituons la contrainte (la force) à la violence et que par là même nous reconnaissons que la volonté générale à laquelle nous participons est supérieure à la volonté individuelle. Il n'en demeure pas moins que l'homme, dans son individualité, n'est pas pour autant exempt de violence.

[4] Il s'agit bien de sentiment et d'émotion.

[5] Voir L. I, titre 2, chap. 2, *Une société de masse.*

ruiner la force d'un peuple[1]. Cette attitude paranoïaque développe une théorie du complot et surtout « se fonde sur une interprétation de l'histoire qui donne clairement le primat aux individus : les événements importants ne sont pas appréhendés chez lui comme partie intégrante du cours de l'histoire, mais comme le produit d'une volonté particulière. »[2] Nous y voyons là une pente naturelle du libéralisme animé par la primauté accordée à l'individu et, au-delà, une tendance qui relève de la nature même de toute idéologie : le politique actualisé dans l'histoire ou l'histoire politique sont la manifestation d'une volonté particulière, Dieu y compris. Elle ne peut être conçue comme le produit de l'interaction entre les activités humaines, la manifestation et la résultante entre toutes les composantes biologiques, affectives et rationnelles des hommes. Par certains côtés, le politique est rationnel, par d'autres il met en jeu une forte résonance affective, par d'autres enfin il comprend des comportements sauvages.

Une démocratie de marché[3]

La leçon de l'histoire antique devrait « nous inspirer pour essayer de penser autrement notre relation à la loi, notre relation à la collectivité, notre relation au pouvoir. »[4]

Les citoyens considèrent l'État-providence comme un assureur, un fournisseur de services et de biens. Les campagnes électorales tournent aux foires de nos campagnes : les électeurs y font leur marché et les professionnels de la politique soignent leur communication marketing afin de capter l'électeur-consommateur. Le citoyen ne retient que ses droits et non ses devoirs. Le scrutin devient même une transaction commerciale au cours de laquelle les électeurs achètent par leur vote l'article et le vendeur susceptibles de préserver au mieux leur intérêt.

Le libéralisme est parvenu à faire en sorte que les individus se désintéressent de la politique ou, plus encore, dénoncent son intervention arbitraire sous l'emprise de la caste des fonctionnaires, et restent passifs. En valorisant le monde économique et le comportement de consommateur, le citoyen est devenu passif avec un sentiment d'impuissance. Il est impuissant dans un monde économique sur lequel il ne peut intervenir, il se

---

[1] Par exemple, le sénateur J. McCarthy voyait dans le déclin relatif de la puissance américaine des années 1949 — 1951 le fruit de manœuvres communistes destinées à déstabiliser les États-Unis. Il fallait donc engager sans délai une chasse aux traitres communistes dissimulés dans la population, à ces taupes qui attendent leur heure.

[2] R. Hostradter, *Le style paranoïaque en politique*, Le Monde diplomatique, septembre 2012.

[3] L'expression de Fareed Zacharia est citée par C. Audard, op. cit. p.666.

[4] C. Castoriadis, entretien avec Ch. Marker, France sept (Arte), 1989, http://palimpsestes.fr/.

désintéresse du seul contre-pouvoir qu'il peut exercer par le biais du politique, il est inhibé par les malheurs qui planent au-dessus de sa tête.

Le libéralisme a combattu puis escamoté la notion de pouvoir au profit de la libre association, de relations personnelles entre individus qui témoignent d'un intérêt réciproque et d'affinités subjectives. Le politique est devenu une annexe de la société civile dans sa conception et la politique une pratique talentueuse d'individus capables de multiplier des relations avec le plus grand nombre d'individus. L'homme politique n'exerce plus une fonction au service d'une cause, il gère une entreprise publique capable d'apporter une réponse à la demande de ceux qui l'ont plébiscité.

On notera à cet endroit que le développement économique associé à son efficacité ont modifié profondément les relations d'échange. On l'a aussi souligné[1] : le bien que je mets sur le marché comme celui que j'achète, l'argent que j'y place à destination d'une œuvre précise sont fondus dans une masse. Rien ne dit que l'euro que je donne à telle association à destination d'enfants atteints de paludisme servira directement à cet objectif. Il y contribuera dans le meilleur des cas. Rien ne dit non plus que la masse financière est destinée au progrès général (science, technologie, investissements productifs). En se massifiant, le marché est devenu indifférencié. C'est dire que le marché ne peut avoir pour objectif la croissance de ceci, la réduction de cela, et que, constitué par et pour le progrès, la seule mesure qu'il lui reste pour apprécier son propre progrès est le profit financier. D'ailleurs, les instruments de mesure de ce progrès (PIB, cotations, notes, indices) amalgament plusieurs résultats d'entreprises de biens et de services notamment financiers représentatives de l'évolution du progrès à partir du profit et des déficits que chaque entreprise enregistre.

Les tenants du libéralisme — en Europe en particulier — aspirent à un changement qui permette de retrouver le dynamisme des Trente Glorieuses, à l'époque où le libéralisme se trouvait en concurrence avec le système communiste. Les plus humanistes reconnaissent que « la combinaison entre une économie capitaliste dynamique et un État-providence fort (…) a été abusé [e] et utilisé [e] dans le but de protéger des groupes d'intérêts », conduisant à un lent déclin par la chute de l'épargne, la pression sur les salaires, la baisse de la consommation et l'augmentation des impôts avec le risque de déboucher sur un extrémisme dangereux. Si le dynamisme de l'économie a été étouffé par le filet de sécurité de l'État-providence, il n'en demeure pas moins que l'une et l'autre « doivent coexister ». *In fine*, le libéral maintient que « l'idéal européen

[1] Notamment au début de ce livre. L'argent est un produit financier.

représenté par l'euro est essentiellement une idée libérale »[1] et c'est à ce titre qu'il convient de reconvertir l'opinion en faveur de l'Europe.

Le virus financier est solidement inscrit dans le patrimoine génétique du libéralisme et entretenu malgré les preuves de sa faillite et les souffrances des populations. En dépit de ses vœux et de ses accents libertaires, le libéralisme recèle un dogmatisme qui n'autorise pas sa propre critique.

Quelques conséquences

Malgré les apparences, la démocratie n'est pas adaptée au libéralisme, par principe, et elle ne l'est pas non plus davantage par le but. Il ne faut pas s'en étonner : l'individu souverain n'a pas participé au vote de la loi qui le régit. Il ne peut pas dire : « cette loi qui a été votée est notre loi, même si j'étais minoritaire pour cette loi, j'accepte la règle démocratique ». On est loin de la démocratie directe athénienne pas seulement dans la forme, mais surtout par l'esprit[2]. Dans une démocratie représentative, la loi est le produit de groupes ou de représentants politiques. Le citoyen a confié sa voix à l'un d'eux, une fois, au moment du vote et rien qu'à ce moment-là. Le reste lui échappe. Cette forme de délégation de pouvoir aux associations est parfaitement adaptée au libéralisme : l'individu leur confie le soin de défendre ses intérêts et de faire en sorte que les lois et règlements les préservent. Pourtant, la loi crée des droits et des devoirs pour tous et restitue une entité populaire. En retour, elle est mal supportée par ceux qui ne l'ont pas votée. Elle n'a aucun caractère sacré, universel, et à force de la relativiser, elle apparaît comme arbitraire. À l'opposé, une démarche authentiquement politique poserait comme postulat que la loi garantit le savoir vivre ensemble, elle est l'œuvre de la communauté et appelle chacun à renouveler le lien initial qui constitue le corps politique. La société civile procède, elle, par contrats qui entraînent des obligations auxquelles il faut consentir pour rester partie prenante du contrat. Le marché, lui, s'organise pratiquement par des règles non écrites et il parvient dans et par les faits à imposer sa loi. Et les États européens ont encouragé ces pratiques[3].

La démocratie est incompatible avec une théocratie soutenue par une religion qui confère une souveraineté pleine et entière à Dieu y compris dans la conduite des affaires humaines. Le politique ne serait alors qu'une annexe de la religion. L'Islam ne s'en cache pas. Certains religieux disent

---

[1] B. Emmott, Rédacteur en chef de The Economist, cité dans Mediapart, Bill Emmott : une sortie de crise libérale pour l'Italie et l'Europe, 21.10.2012.

[2] Comme le rappelle l'énoncé introductif d'une loi athénienne : « C'est l'opinion bien pesée du Conseil et du peuple que… ». Il n'est pas question de personnes (« nous »), mais de corps constitués. Le politique n'a pas pour origine l'individu, mais un lien universel entre individus.

[3] Cette affirmation est étayée dans un chapitre de notre travail non publié à ce jour.

très clairement que la démocratie est contraire à la charia d'inspiration divine, d'autres donnent mission aux croyants de mettre en œuvre des lois dans la stricte application de la Loi divine en référence au Coran, seule constitution écrite[1]. Nous voulons souligner ici le conflit idéologique naissant entre l'Islamisme et le libéralisme. Nous avions relevé à plusieurs reprises qu'une civilisation ne peut se penser elle-même si elle ne dispose pas d'une ou de plusieurs autres pour servir de termes de comparaison. Claude Lévi-Strauss l'avait résumé ainsi : « Pour connaître et comprendre sa propre culture, il faut l'apprendre à la regarder du point de vue d'un autre. »[2] Si le libéralisme n'est pas seulement combattu par l'islamisme[3], il apparaît à l'heure actuelle que ce dernier prend une ampleur telle que, sous l'angle des rapports de forces, il est le seul à le déstabiliser par un affrontement total, massif et violent. A nos yeux, c'est sans doute dans cet affrontement que la relativité du libéralisme sera manifeste et que s'ouvrira une remise en cause des standards libéraux : l'individualisme, l'obsession financière, l'empirisme pragmatique pour ne citer qu'eux.

---

[1] Ce fut la perspective en « diagonale » de Khomeini lorsqu'il institua la République islamique en Iran (1979).

[2] L'Anthropologie face aux problèmes du monde moderne, Librairie du XXIe siècle, 1986.

[3] Bien d'autres cultures ou religions s'y opposent ou s'en accommodent : le bouddhisme, les religions chamaniques, les rescapés du communisme (en Amérique du Sud par exemple).

Chapitre 4
Le formatage mental

Nous entendons par cette expression désigner non seulement les schèmes mentaux, les opérations effectuées par notre cerveau sans que nous en ayons conscience, mais également et surtout des configurations mentales distillées de l'extérieur que nous assimilons et sous l'emprise desquelles nous agissons et pensons. Nous comprenons par « formatage mental » les stéréotypes, les automatismes de pensée, la pensée en « kit », les produits mentaux prêts à l'emploi, les éléments de langage, toutes les formes de modes qui se traduisent par des comportements homologués, grégaires, des tics de langage, des formules en langue de bois, des expressions conventionnelles, des attitudes empruntées.... Nous en avons tous. Certains sont plus chargés que d'autres et croient être originaux en étalant un savoir-leurre qu'ils croient le leur. Cela a quelque chose à voir avec la culture, cette seconde nature comme on l'a dit, à la différence près que si le mode d'assimilation est le même puisqu'il dépend de notre fonctionnement cérébral, la nature de la culture est bien différente de celle de l'idéologie ne serait-ce que sur ce point essentiel : l'une permet de penser, l'autre, non, elle tient à son idée fixe. Par ailleurs, la culture n'est pas conjoncturelle, elle a subi les épreuves du temps et survécu : « La culture, déclare un pédagogue japonais, c'est ce qui demeure dans un homme, lorsqu'il a tout oublié. »[1] On est loin d'une définition utilitariste de la culture par sa fonction libératrice de l'expression du sujet ou par son usage régulateur des liens sociaux[2].

« Formatage mental » signifie également une manière de coder des informations, comme les formats de fichiers informatiques, et implique un stockage, sous forme de support[3]. Nous retiendrons l'idée de code et de compatibilité dans les échanges d'informations entre deux supports. Plus d'une fois, nous avons assisté à l'hermétisme dont font preuve les économistes financiers de manière à préserver un domaine inaccessible au vulgaire. Dans le même ordre d'idée, pour montrer que notre système est toujours « branché », nous dirons que le « formatage mental » correspond au « logiciel » attribué en général à un discours ou à une pensée formatés qui se déroulent de manière automatique.

Les commentateurs-experts médiatisés nous offrent des illustrations de choix sur les sujets économiques. Ainsi, est-il absurde de discuter par exemple sur la séparation des activités bancaires entre les dépôts et les

---

[1] E. Henriot, *Notes et maximes*, Hachette, 1961, p. 46.
[2] E. Pieiller, *Des usages de la culture,* Le Monde diplomatique, août 2012.
[3] Disque souple, DVD, mémoire flash, disque dur, etc.

investissements risqués[1]. Pourquoi ? Parce que c'est économiquement indiscutable nous dit-on, donc on n'en discute pas, ça n'existe pas. Inutile de demander la raison de cette absurdité puisque, par définition, ce qui est absurde est sans raison. Le fait est établi[2], d'après le commentateur-expert, et on ne pourra le changer en aucune manière. Nous n'en saurons pas plus[3]. L'expert ne commente pas ses certitudes.

Nous nous trouvons en présence du comportement de l'homme libéral souverain, propriétaire de soi et de son image, de sa représentation, de ce qu'il donne à voir aux autres. Passons sur cette attitude arrogante insupportable. Retenons plutôt que l'homme libéral ne peut pas entrer dans cette discussion au risque de perdre tout crédit. S'il le fait, il s'expose à remettre en question sa crédibilité sur deux plans : en tant qu'individu et en tant que porte-parole. Pour le premier, il introduirait le doute quant à son existence dans ce monde dont il est l'artisan : ce serait reconnaître qu'il est fabriqué, qu'il est artificiel et que, à ce titre, il peut être changé. L'envisager comme un monde qui ne serait que possible et considérer du coup qu'il ne serait pas la seule réalité est impossible. Autant dire qu'il se saborderait : l'homme libéral pragmatique ne peut reconnaître être l'auteur ou l'auxiliaire d'une fiction.

En tant que porte-parole du libéralisme — notre homme est un communiquant, chargé de fabriquer à ses auditeurs « le produit qu'ils veulent »[4] —, il ne peut aborder ce sujet au risque cette fois de ne plus être crédible tant auprès des investisseurs financiers qui l'emploient que des auditeurs qui attendent de lui l'entretien de leur fiction. L'information qu'il donne prête à la discussion, mais elle n'est pas objet de discussion. S'il entre dans le débat, l'homme libéral se ruine et perd toute estime.

Dans les deux cas, le business (en général et le sien en particulier) s'effondrerait parce qu'il ne serait plus crédible.

On ajoutera encore ceci : il est surprenant que le changement soit érigé en vertu libérale et qu'en même temps il réclame sa propre conservation. Pour quelle raison l'ambition de coïncider avec l'éternel présent change-t-elle subitement de direction en se tournant vers la défense de l'ordre passé ?

---

[1] Il en va de même sur le couple dette publique-austérité, économie-finance, salaires-productivité… où chaque terme ne peut être dissocié de l'autre.

[2] « Celui crie voilà un fait, me prend pour un esclave », G. Bachelard citant le R.P. Castel, *La formation de l'esprit scientifique*, Librairie philosophie J. Vrin, 1983, p. 41.

[3] St. Sournier, animateur de BFM Business, Arrêt sur images, 7.12.2012, www.arretsurimages.net.

[4] « Je ne suis pas journaliste ». « Je vis comme responsable d'une structure qui doit être rentable et qui doit faire vivre un certain nombre de salariés en amenant à ses clients auditeurs-téléspectateurs le produit qu'ils veulent », ibid.

On voit par cet exemple que le « formatage mental » agrège le rationnel et le raisonnable, le premier explique, le second justifie. La distinction est souvent confuse, parfois volontairement comme dans notre exemple. Autre chose est de rendre compte d'un processus, d'une action, sous la conduite de critères rationnels, autre chose est de le justifier au nom de valeurs raisonnables. Nous avons rencontré des cas de responsables, y compris dans des procès[1], parfaitement capables d'exposer l'organisation d'un système sans faire preuve d'un quelconque jugement moral. Ce qui les amène bien souvent à parler de « respect de l'éthique », formule creuse, qui fait uniquement référence aux mœurs ambiantes sans aucune réflexion personnelle sur les valeurs humaines. C'est une autre manière de distinguer l'idéal d'une idéologie : l'idéal est métaphysique, réflexion à l'aide d'idées, effort de pensée, l'idéologie est développement rationnel d'une idée.

L'idéologie satisfait notre économie psychique : elle fournit des outils intellectuels prêts à l'emploi en épargnant le prix de la réflexion. Elle répond pour une part à notre fonctionnement mental : les automatismes sont peu coûteux de ce point de vue. Ils ne réclament qu'une attention en veille. La réflexion est nettement plus onéreuse : elle nécessite toute l'attention du sujet au point même que l'environnement, la position corporelle, son état physique accompagnent cette attention. La conscience fatigue. Les routines accélèrent les actions et conviennent pour les actes réflexes. L'idéologie, dans les sociétés développées instrumentalisées, est au fond bien utile : elle nous fait gagner du temps de réflexion si nous sommes pris dans le rythme effréné de la consommation — y compris celle du « temps libre ». Elle nous permet de vivre, d'évoluer, d'être de notre temps et, paradoxalement, de « penser » à nous-mêmes par imitation. Mais elle représente également des contraintes qui, par leurs effets pervers, nuisent à notre développement aussi personnel que collectif : on vit par emprunt et nous sommes empruntés.

Par ailleurs, l'idéologie satisfait notre besoin « relationnel » réduit à l'image de soi au sein du groupe et réciproquement celui de notre valorisation personnelle par la valeur ajoutée du groupe. Au premier répond une certaine conformité de bon aloi — « je suis bien vu » —, au second correspond la force d'appoint des autres — « Comme moi, mes amis pensent que » —, même suffisante jusqu'à dispenser de tout autre argument complémentaire.

Enfin, le formatage mental présente l'avantage d'être « préventif » au sens où il allège les dispositifs de contrôle qui ne peuvent être qu'*a posteriori*. Si l'*homo œconomicus* consommateur a bien intégré les prix bas et la concurrence, il sera moins vigilant sur le contrôle de qualité des produits et veillera à être le premier à acquérir ce qui lui paraîtra être une

[1] Comme celui de Nuremberg.

nouveauté. Quant à l'*homo œconomicus* producteur, il fera état de la concurrence et de la nécessité d'appliquer des prix bas pour négocier les coûts salariaux réclamés par l'*homo œconomicus*. L'autorégulation est assurée. Quant à l'*homo œconomicus* politique, il fera confiance à la justice de droit privé pour régler les conflits particuliers qui ne peuvent que surgir ici ou là dans la collectivité dans un système individualiste et concurrentiel, étant entendu que les conflits dits « sociaux » ne sont que des contentieux privés mal résolus.

De même que l'écriture a changé notre fonctionnement mental[1] et social[2], l'imprimerie a facilité la mémorisation et la diffusion. L'informatique a amplifié ces mutations. Le geste d'écriture se raréfie — apprendra-t-on aux enfants à écrire avec le clavier, sera-t-il encore utile ? —, les cookies rapportent à notre place nos comportements sur la toile et renseignent nos amis sur le mur de Facebook sans qu'il soit besoin d'écrire[3]. Les hommes deviennent de plus en plus éclairés : le patient ne subit plus, il s'informe de sa maladie sur Internet. La compétence est partagée. Les moyens techniques, les supports de l'information, changent la tête des hommes au même titre que la culture : les neurosciences butent sur le rôle de la culture dans la gestion cérébrale ; elles constatent des différences dont elles ne peuvent encore rendre compte. N'assiste-t-on pas à la structuration des réseaux sociaux ? *Facebook* construit un carnet d'adresses, *Twitter* l'alimente et *YouTube* publie les résultats à tout le monde. Nous changeons : en quel sens, et comment ? Après tout, l'homme a bien inventé le langage et l'écriture et son cerveau s'est parfaitement adapté à ces nouveaux outils au point de leur avoir réservé des zones très récentes dans l'histoire de l'humanité[4].

Au fond se pose la question récurrente de l'interprétation du réel : *esse est percipi aut percipere*[5], ce que nous désignons par « réel » est élaboré par notre perception et construit par notre pensée. En termes modernes, notre activité mentale comporte une dimension « fabulatrice »[6]. Sans entrer dans des considérations proprement philosophiques, partant de l'histoire de la philosophie ou de l'apport des neurosciences, nous soulignerons que la

---

[1] En soulageant la mémoire nécessaire pour transmettre oralement les informations. Les cours des péripatéticiens étaient oraux.

[2] La correspondance, le droit, l'administration, la comptabilité…

[3] H. Guillaud, Notre cerveau à l'heure des nouvelles lectures, Le Monde, 11.01.2013.

[4] Comme on le verra dans le chapitre suivant.

[5] La formule résume les *Principes de la connaissance humaine* de G. Berkeley : être, c'est être perçu ou percevoir, ouvrant le passage d'une ontologie à une phénoménologie. « Tous les corps qui composent l'ordre puissant du monde, ne subsistent pas hors d'un esprit […] leur être est d'être perçu ou connu », § 6.

[6] L. Naccache, *Perdons-nous connaissance ?*, Odile Jacob, 2010, p. 72.

nécessité de l'action impose la construction de scénarios en espérant que « ça marche ». Nous disposons de connaissances (scientifiques) historiquement validées, mais plus elles progressent, plus elles ouvrent des zones inconnues[1]. Sans tout savoir, nous devons cependant agir. Faute de connaître et de maîtriser tous les composants du réel, confronté à l'urgence de l'action, l'homme est bien obligé d'imaginer une solution possible et crédible parce qu'elle doit être à la fois efficace et engager le processus de l'action sans discontinuité. Il doit faire « tout comme si » c'était vrai. Lorsque, en plus, l'action nécessite sinon l'effort de tous, du moins celui du plus grand nombre, faute de pouvoir dire ou de faire comprendre ce qu'est le réel, il n'est d'autre solution que de le représenter par un discours que l'on tient pour vrai, de le faire parler, de le scénariser, d'user de la rhétorique, des images et du son, de « pratiquer une sorte de sorcellerie évocatoire »[2], de rendre sensible un arrière-monde et de susciter la croyance en cet autre monde. Le fait dit est un forfait, une convention langagière[3], une évaluation approximative[4] et une faute[5].

Le groupe dominant — qui n'est pas clairement identifié comme tel tant il cultive la discrétion et l'anonymat — utilise tous les outils mis à sa disposition pour infléchir les courants de pensée, l'opinion publique, dans le sens qu'il souhaite. Mieux vaut un consentement qu'un débat dont on ne connaît pas l'issue. Parmi ses stratégies, figurent la monopolisation des sources d'information et de communication, la sélection et la mise en scène des informations propres à favoriser ses objectifs[6], la mise en place de dispositifs qui rendent impossibles des choix ultérieurs (la dette des États), la mission de porte-paroles à ceux qui comptent, qui font autorité et sont dédiés à la « bonne » cause, la création de mots fétiches indiscutables (« moderne », « compétitif »…), etc.

Mais, consentement ou débat, il y a question. Il en est une qui relève de la plus élémentaire réflexion : les problèmes exposés ou questions posées sont-ils *bien* posés ?

---

[1] Par exemple, l'astrophysique nous apprend que la matière noire représente autour de 90 % de la matière atomique que nous connaissons.

[2] Ch. Baudelaire, *Curiosités esthétiques. L'Art romantique*, Henri Lemaitre, Garnier, coll. « Classiques Garnier », 1986, p. 676.

[3] En usant d'un système linguistique accessible à tous et de propos qui conviennent.

[4] Relative à un « je » qui parle de et sur un objet.

[5] Puisque ce dont je parle n'est pas l'objet lui-même qui parle tout en laissant croire qu'il le fait et qu'il est ce que j'en dis.

[6] Y compris des sondages inventés ou tronqués sur l'opinion publique elle-même afin de déstabiliser les opposants qui s'y trouvent marginalisés ou, inversement, le silence ou la fabrication d'une information qui rendent peu audibles ou lisibles celles que l'on veut taire.

La contagion.

Après l'écroulement du communisme et l'affaiblissement du socialisme, le libéralisme a facilement contaminé l'esprit socialiste déboussolé et livré à l'abandon. La gauche tente d'être maladroitement libérale pour se démarquer du refus du collectivisme par les populations et les jeunes en particulier, soucieux de se démarquer de la société pour s'affirmer. Elle tente de conserver sa place et s'accroche désespérément dans les cénacles intellectuels ou sur la place publique à l'aide de prises de positions « sociétales » à la mode[1] bien éloignées des questions structurelles. On voit tout autant migrer des idées que des partisans vers la droite ou des politiques de droite appliquer ce que la gauche n'avait pu faire en son temps de pouvoir. Les citoyens ne s'y retrouvent plus et reprennent des idées simples : les uns font augmenter les impôts, les autres les diminuent, les uns sauvent les emplois, les autres licencient. Que des partis de gauche aient remporté des élections[2] n'a en rien changé le cours des choses : le libéralisme a prospéré et a conduit ces pays à la ruine. Une victoire électorale ne signifie nullement un changement de politique. Les citoyens le savent et pourtant, les partis parviennent à coup de marketing à leur faire croire le contraire le temps d'une élection[3].

L'écroulement du communisme a entraîné avec lui l'oubli de ses fondements marxistes et de ses analyses sur la dynamique collective de la société. Le socialisme lui-même abandonne les concepts majeurs que lui apportait la pensée dialectique du matérialisme historique : lutte contre la nature, lutte des classes, force productive, émergence de classes sociales, contradictions, structures, égalité, etc. L'effondrement conceptuel du socialisme ne lui a laissé que quelques idées éparses, plus historiques que fécondes, et lui a ôté toute possibilité de discerner, dans l'émergence de la mondialisation, les orientations propres à entretenir une pensée sociale. Le vide gravitationnel de la pensée socialiste a attiré à lui les idées libérales (marché, dette, responsabilité individuelle, système...) imposées par la marche du monde et celles compatibles avec son fonds de commerce idéologique (aide aux plus démunis, autonomie des établissements d'enseignement...). De courant de pensée permettant à chacun de lire et de comprendre le monde, le socialisme court maintenant après une pensée capable de justifier la mondialisation, de légitimer la puissance des pays émergents, d'intégrer les incidences des connexions électroniques, de s'accommoder de l'émergence d'une jeunesse hédoniste, sans passé ni

[1] Que R. Simone appelle « les petits droits », ceux des minorités, des gays, des animaux, des détenus, des intermittents..., *Le Monstre doux, L'Occident vire-t-il à droite ?*, Gallimard, coll. « Le débat », Paris, 2010, p. 47.

[2] Au Portugal en 2004, en Espagne en 2005, en Italie en 2006, en France en 2012.

[3] « (...) seules des campagnes de très forte intensité parviennent encore à faire se déplacer vers les urnes ceux qui s'en tiennent habituellement à distance. », C. Braconnier et J.Y. Dormagen, *Le spectre de l'abstention guette*, Le Monde, 9.04.2012.

avenir. Sans ses attracteurs conceptuels marxistes, il tente de revenir au centre politique (la démocratie chrétienne) et au centre du débat. Pour ne pas être taxé de semeur de désordre, de misère, de terreur et de mort, le socialisme se présente sous les auspices de l'homme bon[1], l'homme pieux qui croit à la « bonne main invisible », celle qui conduit le monde au-delà des turpitudes humaines, l'homme qui ne dérange pas, mais qui arrange, qui réforme sans révolutionner. Après avoir pensé qu'il y a de bonnes raisons pour s'attaquer aux structures et changer le monde, il en vient à croire que le monde est bien fait, que les problèmes rencontrés sont marginaux et qu'ils s'arrangent à la marge.

La présence de courants plus ou moins soucieux de social ne remet pas en cause le système financier et la droite conservatrice peut tolérer une gauche modérée qui ne menace pas ses intérêts fondamentaux.

Faute d'outils entretenus, le socialisme est devenu une pensée rouillée qui, pour entretenir son mouvement et ses leaders, n'a eu d'autre ressource que d'emprunter des idées libérales remaniées pour la forme en objectifs politiques. La gauche française, à peine arrivée au pouvoir en 1981, a ouvert les vannes libérales : en aucune manière, elle n'a mis en place des structures capables de contrarier les différences sociales, d'assurer la promotion des compétences des gens du peuple, de garantir les moyens élémentaires de vie aux plus démunis (la sécurité, la santé et le logement), de protéger les biens et les ressources publics (tant les produits de l'effort de la collectivité que l'argent moyen d'échange entre tous ou les ressources naturelles). Vingt ans après, la gauche connaît une migration de ses éléments vers la droite au point qu'ils participent au gouvernement nommé par Nicolas Sarkozy[2]. Des membres du parti socialiste italien soutiendront, dès 2001, l'action politique de S. Berlusconi, le plus fameux spécimen libéral[3].

Le modèle de production inauguré au XIXe siècle porté par la classe ouvrière et ses revendications salariales (gagner de l'argent) s'est mué en modèle consumériste avec son accessoire, le pouvoir d'achat. La force des classes sociales fondée sur le travail s'est transférée en une masse hétérogène de consommateurs. Le pouvoir d'achat a fait disparaître la place éminente accordée jusqu'alors aux salaires et aux salariés, eux-mêmes successeurs des « travailleurs » : répétons-le, l'expression « pouvoir d'achat » intègre tous les revenus déclarés et amalgame salaires, revenus immobiliers et allocations dans une perspective consumériste.

---

[1] Le « buonisme » de R. Simone, op. cit., p. 63 et sq.

[2] B. Kouchner, nommé ministre des affaires étrangères (2007), E. Besson, nommé secrétaire d'État dans le même gouvernement puis élu secrétaire général adjoint de l'UMP, J.P. Jouyet, également nommé secrétaire d'État.

[3] Le Nouveau Parti socialiste italien, voir Wikipédia.

La traduction politique de cette masse donne des contours flous, des ensembles composites instables et fragiles. Riches et pauvres s'éparpillent dans tous les partis politiques en fonction de leur sensibilité sur des enjeux sociétaux clivants, soigneusement entretenus par les « faiseurs d'opinions » : mariage homosexuel, immigration, sécurité, viande halal... À l'intérieur des partis, la cohabitation l'emporte sur la fraternité militante : le nanti de gauche veut bien concéder une part de ses revenus aux pauvres sous forme d'impôt dans une certaine limite, mais n'est pas prêt d'abolir la différence de statut en envoyant ses enfants dans des écoles privées sécurisées. Le petit retraité de droite défend sa sécurité contre la menace étrangère, notamment les jeunes arabes islamistes, mais ne veut pas voir réduit le remboursement de ses frais médicaux ou ses séjours en cure.

Quant aux jeunes, ils ont déserté les partis politiques pour les réseaux sociaux[1]. Ils veulent donner « à faire voir », c'est autre chose que de discourir. Les jeunes apprécient d'être distingués comme des individus « à part » et « à part entière », ils se revendiquent différents des autres et ne peuvent s'inscrire dans des groupes constitués et institués. Ils s'identifient dans un groupe qu'ils ont choisi, en marge des associations existantes. Ils répondent très exactement à la cible marketing qui sollicite l'individu à grande échelle : vous disposez d'argent et vous décidez de le dépenser ; le publicitaire va vous aider à le dépenser de manière originale, rien que pour vous, et vous faire plaisir. Faites-le savoir à vos amis sur leur « mur » à messages de sorte qu'ils recherchent la satisfaction ou les succès dont vous faites état : la rétention marketing s'élargit sans que la société éditrice ait dépensé un centime pour cette publicité.

Le libéralisme est parvenu à ses fins : dans l'esprit des jeunes s'est incrustée « l'idée que la politique est quelque chose de laid qui divise »[2] montrant par là que la régénération de la société est une affaire de génération et que la nouvelle génération ne s'occupera pas de politique.

---

[1] Illustration récente : 66 % des 18-24 ans se sont abstenus de voter pour le 1er tour des élections législatives 2012, alors que pour l'ensemble de la population le taux d'abstention est de 42,8 %. IPSOS, *L'abstention culmine chez les jeunes et les classes populaires*, 14.06.2012, www.ipsos.fr.

[2] Expression du politologue F. Vallespin, *En Espagne, une crise politique historique s'ajoute au marasme*, Le Monde, 20.01.2013.

Chapitre 5
Sur l'harmonie préétablie ou le faitalisme

L'idée selon laquelle les Grecs pensaient que le monde était harmonieux et bien ordonné a traversé l'histoire, indépendamment de l'histoire humaine qui, elle, est tragique. Au départ, il y a le vide, le *chaos*[1], mais le vide est non-être et n'a pas de propriété. Or comment des atomes entraînés par leur propre poids, suivant une ligne droite à vitesse constante, peuvent-ils s'entrechoquer d'autant que l'univers étant infini, il n'y a ni haut ni bas[2] ? Ce n'est que lorsque les corps sont composés que les mouvements ont alors un haut et un bas (une origine et une direction) et que les atomes manifestent des différences de vitesse compte tenu de leur poids. Les atomes ne peuvent se rencontrer que parce qu'ils circulent dans des directions différentes. Il n'est pas besoin du Clinamen[3]. Quand bien même serait admise une légère déviation d'un atome — l'hypothèse du Clinamen —, il s'ensuivrait que cette petite cause produit des effets considérables. Et la nécessité, l'ordre que nous connaissons, est le fruit d'une rencontre aléatoire : le monde est issu d'un univers chaotique et la nécessité, inaugurée par le monde, est issue du chaos. On ne dira pas autre chose de nos jours. « Toute la valeur épistémologique de la théorie des probabilités est basée sur le fait que les phénomènes aléatoires, considérés dans leur action collective à grande échelle, créent une régularité non aléatoire »[4].

Un livre entier ne suffirait pas à interroger le sujet du chaos, à en déterminer les concepts-clés et à les rapporter à la conception d'un monde équilibré, voire harmonieux. Rappelons que notre propos se limite à montrer que l'idéologie libérale présuppose un monde qui toujours revient à l'équilibre et que ce présupposé est contestable face à l'idée de chaos telle qu'elle est présentée à notre époque, quelles que soient ses configurations. Contestable également lorsque la conception des marchés revendique la dissipation des forces, contraintes, excès ou faiblesses, compte tenu de l'interaction des sous-systèmes (titres fractionnés en produits, agglutinés à d'autres produits en portefeuilles ou valeurs, eux-

[1] « Au commencement donc fut le Chaos », Hésiode, *Théodicée*, trad. Pantin, 1892, http://philoctetes.free.fr/. « L'univers est constitué de corps et de vide » et l'un ne peut exister que par l'autre, Épicure, *L. à Hérodote*, trad. Hamelin, http://fr.wikisource.org/.

[2] « On ne peut attribuer à l'étendue infinie de l'univers ni haut ni bas », ibid. Le *clinamen*, légère déviation des atomes qui provoque la constitution de la matière, est l'œuvre de Lucrèce qui ne voyait pas comment rendre compte du libre arbitre : il ne peut y avoir d'effet sans cause.

[3] Une légère déviation « spontanée » des atomes de leur trajectoire enclenche une série de collisions, d'agrégations à l'origine de la masse matérielle.

[4] Kolmogorov cité par B. Mandelbrot, *Fractales, hasard et finance*. Champs, Flammarion, 1997, p. 61.

mêmes disséminés et échangés dans des marchés aux fonctions diverses). Il est illusoire de croire à la dissipation des risques, au sens d'affaiblissement, par dissémination et fractionnement des valeurs. Il est tout aussi légitime de retourner l'argument et de penser que les failles se propagent à l'intérieur de systèmes interconnectés, comme des faillites en puissance qui attendent de passer à l'acte lorsque l'une d'elles s'actualise (l'*entéléchie* aristotélicienne)[1].

Le chaos n'est pas toujours catastrophique. S'il est désordonné, c'est parce qu'il introduit un ordre autre que celui que nous connaissons : il y a un certain ordre et de l'innovation dans le chaos[2]. Sans nous prononcer sur la réalité objective du chaos[3], il introduit une indétermination au cœur des choses même si pour certains esprits, il prend un sens accidentel. Un événement imprévisible, donc indécelable, est susceptible de perturber les conditions initiales d'un système et de l'envahir tout entier.

Chacun connaît « l'effet papillon ». Cette image tente de rendre compte de la complexité de l'étude des phénomènes turbulents qu'il s'agisse du vent ou de l'écoulement de fluides[4]. On sait que Poincaré avait déjà mis en évidence ce phénomène par des expériences de pensée[5]. Ainsi, lorsque l'on parle d'« effet systémique » à propos des marchés financiers, on entend que ceux-ci connaissent de brusques variations, deviennent instables, au point que cette instabilité gagne tout le système financier. Si l'on considère un système clos, on peut penser qu'un tel système aboutisse à un équilibre[6] : les fluctuations qu'il connaît se dissipent en suivant au fond la loi de l'entropie. Mais si l'on considère un système ouvert, comme l'est le système financier en communication avec l'économie et, par lui, avec

---

[1] L'acte d'une puissance en tant qu'elle est puissance, car l'acte, proprement dit, n'admet plus de puissance. Voir par exemple, le rôle du diaphane dans la vue et le visible, *Traité de l'âme*, II, 7, et l'analogie que nous en avons tirée au sujet de la monnaie, titre 1 de ce livre, chap. 1.

[2] Les ères géologiques ont connu des crises de grande ampleur — collisions de comètes, glaciations, éruptions volcaniques... — au point de provoquer l'extinction quasi généralisée des espèces vivantes (de 50 à 95 %).

[3] La théorie des catastrophes se présente, selon l'expression de René Thom, comme une méthodologie qui vise à l'interprétation de données à l'aide d'instruments mathématiques les plus simples et les plus pertinents, *Stabilité structurelle et morphogénèse*, Interéditions, 1977, p.66 et 85.

[4] Plus généralement — si l'espace n'intervient pas comme c'est le cas pour les phénomènes turbulents —, cette imprédictibilité est caractéristique du chaos. C'est aussi l'affaire du grain de sable : un grain de sable suffit à déclencher une avalanche lorsque le système atteint un état critique. Per Back et Kan Chen, *Les systèmes critiques auto-organisés*, Pour la science, mars 1993, n° 185, pp. 52 — 60.

[5] Partant de l'exemple du cône posé sur sa pointe en équilibre instable, « Une cause très petite, qui nous échappe, détermine un effet considérable... », « ... de petites différences dans les conditions initiales en engendrent de très grandes dans les phénomènes finaux », *Science et méthode*, chap. IV, p. 37.

[6] Le principe d'ordre de Boltzman selon quel l'activité moyenne d'une population nombreuse correspond au nivellement des comportements individuels.

l'environnement physique et humain, rien n'interdit de penser que ces autres systèmes ne puissent absorber et digérer en quelque sorte l'événement initial. Bien au contraire, des structures nouvelles peuvent apparaître et constituer des zones d'auto-organisation qui s'imposent et envahissent tout le système[1]. Nous connaissons les problèmes soulevés par les conséquences environnementales des organismes génétiquement modifiés (OGM) qu'il s'agisse par exemple de poissons ou de plantes. Leur élevage ou leur culture ne sont pas fermés et se pose alors la question de leur impact sur leurs congénères sauvages. Quelles sont les conséquences sur les espèces non nuisibles de plantes qui, par manipulations génétiques, parviennent à produire leur propre insecticide ? On ne peut s'empêcher de penser à « l'apprenti sorcier ». Les perturbations en cascade, la « pollution génétique », n'apparaissent que dans la durée souvent incompatible avec les impératifs économiques à court terme.

Dans le même ordre d'idée, la lignée humaine s'est séparée de celle des chimpanzés à partir de 5 à 7 millions d'années. Comment expliquer cette séparation introduite par la vie elle-même lors même que des conditions externes l'auraient favorisée [2]? Une part de hasard, une part de nécessité induite par la vie procédant par essais et erreurs ont conduit à une mutation génétique, à de nouveaux comportements et à une nouvelle organisation structurelle du cerveau. L'homme serait donc le résultat d'une « bifurcation » en quelque sorte dans la lignée génétique.

Sans entrer davantage dans l'analyse et la discussion, nous observons que le risque systémique dépend avant tout de l'interconnexion entre les éléments qui le constituent, non seulement par leur nombre, mais également par la fréquence et la vitesse de leurs connexions. Le risque chaotique apparaît, lui, dans la rupture de la linéarité, par de brusques bifurcations produites par des singularités, des petites zones d'incertitude capables de reconfigurer tout un processus en cours. Retenons également cette caractéristique du chaos : une fois produit le changement d'état, il est irréversible dans la mesure où il modifie les conditions initiales du dispositif. Passé un certain seuil, la perturbation envahit tout le système. Par exemple, « il ne suffit pas de s'arrêter de pêcher pour que les poissons reviennent »[3] ; la surpêche perturbe la chaîne alimentaire et l'équilibre

---

[1] Voir par exemple, I. Prigogine et I. Stengers sur la thermodynamique non linéaire, La *nouvelle alliance*, Gallimard, coll. Folio essais, 1990, p. 214 et sq.

[2] P. Picq, entretien, « L'homme ne descend pas du singe, il a des ancêtres communs avec lui, c'est très différent », Le Monde, 15.12.2012.

[3] J.S. Mora, *Ravages de la pêche*, Le Monde diplomatique, novembre 2012.

écologique au point qu'elle peut détruire les écosystèmes marins de manière irréversible[1].

La conception de l'instabilité dans les choses demanderait de longs développements. Nous les avons exposés ailleurs[2]. Apportons ici trois réflexions : la première tient à la création elle-même, ce fameux « big-bang », qui a constitué et structuré notre monde d'*une certaine manière* : « Si on variait un tant soit peu ces constantes physiques (vitesse de la lumière, par exemple), les étoiles n'existeraient pas et nous, nous n'existerions pas. Donc, il y a un réglage d'une extrême précision »[3]. Si nous sommes capables de rendre compte de l'extrême précision des lois qui gouvernent l'Univers, il n'en demeure pas moins que les conditions initiales de la formation de ce même Univers restent obscures. Peut-il d'ailleurs en être autrement ? Notre cerveau, les lois physiques en sont issues et nous savons qu'un système ne peut se démontrer lui-même[4]. Aucun système n'est isolé ou délié de la pichenette initiale. La deuxième relève de l'observation de la société qui n'est pas un état social, mais une dynamique sociale comme le prouvent ses soubresauts, ses mutations, ses conflits, etc.[5] Dans un souci heuristique, nous emprunterons à la physique le concept de « bifurcation » qui explique les discontinuités dans les systèmes dynamiques et se manifeste par de brusques changements d'état des systèmes jusqu'alors imprévisibles. À ce titre, toute innovation perturbe le système, le transforme et se présente d'abord comme une déviance. La troisième rappellera cette évidence : ce n'est pas parce qu'il y a des déterminations qu'il y a un déterminisme ; de quelques cas particuliers, je ne peux jamais tirer une théorie générale, universelle.

Étant entendu que le monde physique de l'Univers représente lui-même un certain état initial et que nos catégories conceptuelles ont été constituées d'*une certaine manière* partant de cet état originaire, le présupposé d'un monde ordonné, justifié par l'harmonie préétablie, ne peut être qu'une croyance, au mieux, une conviction. Elle peut être tenue pour vraie — forcément par ceux qui y croient —, mais elle ne peut prétendre être la vérité universelle unique. Évidemment, il existe des cas particuliers

---

[1] Y compris les incidences économiques et sociales pour les populations côtières, souvent pauvres. La pêche vivrière leur assure une alimentation riche en protéine et la rareté du poisson ampute l'approvisionnement sur le marché local. Voir l'article *Surpêche*, Wikipédia.

[2] Dans un travail sur *l'erreur* en cours d'écriture.

[3] Intervention de Trinh Xuan Thuan, astrophysicien, lors de l'émission télévisée *Culture et Dépendance*, France 3, 15.06.2005.

[4] Le théorème d'incomplétude de Gödel.

[5] Un certain nombre d'économistes éminents prônent l'ouverture d'une section autre que « sciences économiques » à l'université telle que « économie et société », J. Matouk, *Economistes incompétents, vendus ou dans l'impasse ?*, Le Monde, 13.07.2012.

chaotiques[1] qui contrarient l'hypothèse générale de l'ordre des choses, mais ils peuvent tous être intégrés dans la théorie de l'équilibre d'ensemble ne serait-ce que par des hypothèses particulières *ad hoc* faisant appel, par exemple, aux fonctions dissipatives des systèmes qui en limitent les effets. Étant donné que l'hypothèse est radicale — l'Univers est en équilibre, du moins rejoint toujours un équilibre —, la seule preuve d'un cas contraire recevable serait celle qui romprait fondamentalement cet équilibre (et notre physique) dont nous ne pourrions même plus apporter la preuve.

Dans un monde en équilibre, la nouveauté qui provoque l'étonnement se présente comme un effet sans cause, mais il possède toujours une finalité : le progrès. Le plus est toujours un mieux, car s'il n'en était pas ainsi, il romprait l'équilibre et entraînerait une dégradation. Par contre, l'anomalie est toujours le signe d'un chaos possible : elle révèle le fond sur lequel est imprimée la signature de l'Univers. Elle nous rappelle que nos connaissances sont relatives à notre monde.

Le nouveau apparaît donc sortir des choses dans lesquelles il est inscrit, mais s'il n'est pas prévisible eu égard aux limites de notre entendement, il est signe d'un progrès inéluctable. Tout doit donc être possible pour nous à ceci près que la création a signé le début d'une histoire ordonnée qui lui interdit tout retour au chaos. Le progrès, par conséquent, contient une valeur en lui-même en colportant la poussée initiale de mieux en mieux. Il s'identifie, dans cette perspective, à la création, une sorte de « création continue ». Seulement, la pratique et l'histoire, recèlent de détournements du sens divin initial et fonde la remise en question du progrès : pour qui, pour quoi ? Le progrès doit alors être expliqué, complété, défini. De même que la loi, la justice et l'égalité, le progrès fait partie de ces valeurs politiques qui ont perdu leur référence transcendante ou absolue[2]. Pour l'un, le progrès évoquera l'avancement des sciences et des techniques, pour l'autre, il signifiera un accroissement des richesses, pour le troisième, une avancée significative dans la réduction des inégalités sociales, bref, parler du progrès sans en apporter une définition s'apparente à un rapt des consciences où chacun y met le sens qu'il veut et croit que l'orateur y a mis, lui aussi, un sens identique. Le terme de progrès est l'un des plus beaux exemples de ces expressions racoleuses.

L'harmonie préétablie suggère également que les crises ne peuvent être que ponctuelles et ne nécessitent que des mesures d'ajustement — par le calcul de l'entendement — sans qu'il soit nécessaire de s'interroger — réfléchir — sur leurs causes. L'endettement est-il une fatalité ? Un salaire

---

[1] Cataclysmes et autres catastrophes qui ont éliminé des espèces vivantes ou des civilisations par exemple.

[2] À cette appréciation relative des hommes et de leurs intérêts, s'oppose la valeur absolue du transcendant : « C'est donc Dieu qui serait pour nous au plus haut degré la mesure de toutes choses », Platon, *Lois*, IV, 716c.

minimum entraîne-t-il nécessairement des pertes d'emploi et des pressions inflationnistes ? La mondialisation économique implique-t-elle nécessairement la soumission aux pressions internationales ou une meilleure répartition des richesses mondiales ? Ces questions théoriques sont inutiles, elles disjoignent des idées qui trouveront leur conciliation chemin faisant, grâce au progrès.

L'économie réclame de la durée. Il faut du temps pour concevoir et rendre opérationnelle une production[1]. À l'inverse, le système financier est quasiment instantané. Les prix des actifs se déterminent toutes les secondes dans un réseau dont l'extension est, théoriquement, infinie. La fluidité du système financier suppose l'interconnexion de tous ses composants et leur immatérialité. Les profits dégagés sont incommensurables par rapport au monde économique retenu par les pesanteurs de la production. Le modèle financier exerce ainsi une pression considérable sur la machine économique avec la vitesse pour critère fondamental. Il pousse à contracter les délais de production, flexibiliser les personnels, réduire le temps de réponse à la demande, réagir rapidement à la concurrence, mobiliser les investissements… Il fait la chasse à tous les « temps morts » : « Time is the devil, speed is God »[2]. La puissance économique repose sur la robotique, les changements de produits, la réduction de la part humaine dans la chaîne de fabrication, la valorisation de l'intelligence (entendue en capacité de calcul, imagination, rapidité des inférences). Cette puissance repose elle-même sur la domination indiscutée et indiscutable du modèle financier.

Puisque le progrès va dans le sens du meilleur, il faut aller vite et mieux ce sera. Cette considération fait de la vitesse un attribut du progrès et du progrès un facteur de richesse.

Possible-impossible

Cela a toujours l'air impossible, jusqu'à ce que ce soit fait. Et c'est fait ![3]

Dans un monde préétabli, tout n'est pas possible. L'événement, l'accident sont solidaires du système. Le possible doit s'inscrire dans le champ du développement ou du progrès rationnel dont l'économie affiche une illustration exemplaire.

Le monde moderne est parvenu à accepter les contraintes de la réalité et il le fait sur l'arrière-fond d'un tout déjà constitué, donné une fois pour

---

[1] Élaborer le produit, organiser les étapes et les outils de sa fabrication, former les personnels et veiller à leur productivité, trouver le financement, construire le système de fabrication et de distribution.

[2] Devise de la Silicon Valley.

[3] En l'honneur de Nelson Mandela, tweet posté par Ch. Figueres, responsable de l'ONU pour le climat, 11.12.2011 à l'issue de la conférence de Durban.

toutes. Toutes les impossibilités expérimentées par les sociétés humaines ne laissent maintenant place qu'au seul possible qu'est la société réelle existante. Les utopies, de ce point de vue, n'ont produit que des désordres totalitaires, le pire des mondes dirait Leibniz. « *Vous ne pouvez pas* est son mot d'ordre, son premier commandement : vous ne pouvez pas vous engager dans de grandes actions collectives, qui s'achèveront nécessairement en terreur totalitaire ; vous ne pouvez pas vous accrocher à l'État-providence, sous peine de perdre votre compétitivité et de provoquer une crise économique ; vous ne pouvez pas vous couper du marché mondial, sauf à faire allégeance à la Corée du Nord. »[1] Le possible envisageable reste dans les contraintes du seul possible actuel. Il ne concerne que le développement des sciences et techniques. La société libérale moderne représente le résultat ultime, la seule possible de toutes les organisations collectives tentées jusqu'à présent. La liberté humaine a épuisé toutes ses tentatives pour organiser son rapport entre la liberté individuelle et la vie collective. Il n'en est pas d'autre que la société libérale. Retrouver la liberté est impossible.

Le *faitalisme* que nous avons évoqué à maintes reprises[2] n'implique pas nécessairement le *fatalisme* de même que le perçu n'implique pas ce qui est conçu. Le premier, relève de la perception, des faits qui nous affectent, et imagine l'extension des propriétés singulières de la chose perçue en valeurs universelles. Le fatalisme s'inscrit à la suite d'un raisonnement ou d'une réflexion sur les concepts ou idées desquels il ressort un jugement sur leur enchaînement nécessaire.

Le faitalisme libéral ne manque pas d'arguments : il nous retrace l'histoire des errements humains et les malheurs provoqués par des millénaires de vieilles croyances, le temps présent est nettement meilleur que le temps passé. C'est pourquoi il est dangereux de s'attaquer aux structures du monde qui risqueraient de nous replonger dans un passé rudimentaire. Mieux vaut une crise plus tard qu'une mort tout de suite. L'argument est-il encore, aujourd'hui, valable pour tous ?

Autre conséquence du faitalisme : il n'ouvre aucun avenir. Le possible est dans le présent, inutile de perdre son temps à imaginer le présent autrement. Alors, pourquoi parler de progrès ? Certes, les populations aspirent au meilleur, elles se sentent très vulnérables en ce moment (Grèce, Espagne, Italie, Portugal, Chypre…) et n'attendent plus rien des gages sur l'avenir. Leur expérience leur montre que les discours prometteurs entendus n'ont jamais été tenus dans les faits, ces faits qui ne sont pas venus tout seuls puisqu'ils ont suivi d'autres discours. Il y a rupture entre

---

[1] Sl. Žižek, *Pour sortir de la nasse*, Le Monde diplomatique, novembre 2010.

[2] Dès le L. I, titre 2, chap. 2, *Expliquer : décrire ce qui est.*

les catégories populaires et les dirigeants politiques. Pour elles, le possible est impossible, pour eux, le possible reste un éternel possible[1].

A cet égard, les « vérités de fait »[2] ne prennent pas les faits comme une norme, mais étayent un point de vue, une opinion, elles apportent la garantie que ce qui est dit trouve une correspondance dans les faits. Contrairement au « faitaliste » qui ne reconnaît pas l'opinion, le sujet, l'interprétation, jusqu'à ignorer qu'il fait parler les faits comme une sorte de ventriloque. Le « faitaliste » énonce les faits en vérité, comme un dogme et leur accorde un caractère universel en oubliant que les vérités de fait rapportent des particularités qui justifient ou contredisent l'opinion. Plus encore, le faitalisme interdit tout désir, toute imagination, toute indignation et toute critique. Il laisse le sujet se fixer, s'arrêter devant l'énormité d'un fait qui est la vérité même, qui le frappe de stupeur[3] et devant lequel il ne peut rien faire. En cela, le désir s'oppose à la sidération : l'objet du désir n'est pas là. Une fois encore, la prétention à l'universalité d'un discours toujours particulier n'a d'intérêt que pour celui qui le tient et que par l'ambition de tenir celui qui y consent. En tant qu'auteur, il reste détenteur de son savoir, et tous ceux qui disent se l'approprier ne peuvent que l'emprunter au titre de croyance ou mieux de conviction. Le croyant adepte reste toujours redevable de la dette de son savoir.

Enfin, le juste n'est pas un état de fait où chacun doit trouver sa juste place, celle qui lui revient *normalement* par nature, celle qui lui est attribuée dès sa naissance se fondant sur ses dons « innés ». On le sait maintenant : la nature ne définit aucune norme, comme le darwinisme l'a montré. Le juste n'a pas cours dans l'état de nature où s'applique la loi du plus fort. Et si Thrasymaque, archétype du sophiste, déclare que la justice n'est « rien d'autre que ce qui profite au plus fort »[4], par là même il s'inscrit dans un état non politique où le juste n'est défini que par ce qui est dominant. Le juste n'est pas un État de fait, mais il se construit dans un État de droit. Si nécessité des choses fait loi[5], alors mieux vaut ne pas faire de politique.

Des réformes, vu l'ampleur et l'enracinement des problèmes, n'y suffiront pas. Des révolutions ne ramènent les choses et les hommes qu'au

---

[1] Entretien avec A. Mergier, « Un risque de rupture irrémédiable entre les catégories populaires et les politiques », Le Monde, 9.12.2012.

[2] Des événements, des faits qui confortent une opinion partagée par plusieurs, H. Arendt, *La Crise de la culture,* Gallimard, coll. Idées, 1972, pp. 303-304.

[3] C'est le sens originel de *siderare*.

[4] Platon, *La République*, I, 338c.

[5] P. Bourdieu et L. Boltanski, *La Production de l'idéologie dominante*, Raisons d'agir — Demopolis, Paris, 2008.

point de départ avec l'idée d'une refondation. En réalité, elles ne conduisent — et l'histoire le montre — qu'à l'éternel retour du même. Les changements de structure impliqueraient un travail de Titan déterminé par une volonté collective illusoire. Rien que cela : il faudrait attaquer l'argent, on peut rêver. Il y faudrait également une autre pensée alternative qui n'existe pas. Une structure idéologique est en place ; les mentalités s'y conforment et la confortent. Le conflit ouvert au XIXe siècle entre les forces productives et le capital est dépassé par celui de l'argent. La question fut mal ou, plutôt, insuffisamment posée. Le matérialisme dialectique était complice du matérialisme libéral : on assistait à un débat interne au matérialisme. Le but était de savoir qui allait profiter des bienfaits du progrès : le capitaliste ou le travailleur ? Personne ne posait la question du profit dont l'argent est la matière.

L'idée de « progrès » induit une valeur positive au temps et retire toute innocence au devenir. Avec le progrès, sur fond d'harmonie, le monde est déjà fait. En ce sens, il s'accommode du développement[1] et ce développement conduit à un meilleur. Non seulement il sauve l'avenir, mais il donne l'espoir à l'homme malheureux dans le temps présent.

Le possible n'est donc possible que dans le cadre d'un monde harmonieux et s'inscrit dans ce monde sous le mot de progrès, lui-même accolé au meilleur. Par glissements sémantiques successifs, le possible se présente comme le meilleur et ne peut être admis que sous cette condition, en conséquence du monde préformé de Leibniz. Néanmoins, des choix ne sont pas *possibles* compte tenu des conditions connues du monde, et des choix ne sont pas *admissibles* compte tenu d'une condition initiale supposée la meilleure. Parmi toutes les combinaisons possibles, déclarer que des choix ne sont pas possibles alors qu'ils ne sont pas admissibles est… inadmissible.

Par ailleurs, l'idée du progrès admet celle d'un monde indéfini pour les hommes agissants. Indéfini, parce qu'ils ne savent pas autre chose que : « le futur sera meilleur », sans en connaître ses conditions réelles. Elle ne laisse pas la place à l'homme acteur-décideur de s'aventurer dans le possible, c'est-à-dire d'inaugurer de la détermination dans l'indéterminé. En restituant à l'homme la pleine valeur de ses actes, on lui confère l'entière responsabilité de son avenir puisque celui-ci n'est pas déterminé, ni en meilleur ni en pire. Cela ne veut pas dire pour autant que tout soit possible : non seulement l'accroissement de ses savoirs et savoir-faire lui confèrent une maîtrise plus fine du monde, de ses règles, de ses contraintes et de ses possibilités, mais encore toutes les manières d'organiser la vie présente et future de la collectivité ne lui sont pas *admissibles*. Des choix ne sont pas *possibles* compte tenu des conditions connues, des choix ne

[1] Puisqu'il comprend l'actualisation d'une puissance, de la croissance de l'embryon à l'être achevé adulte. L'essentiel est donné à l'origine.

sont pas *admissibles* compte tenu des choix moraux. Ici encore, déclarer que des choix ne sont pas possibles alors qu'ils ne sont pas admissibles est… inadmissible.

En neutralisant le progrès, on ôte toute valeur morale prédéfinie au futur et on en retire tout autant à l'origine. Un état de nature innocent laisse un avenir tout aussi innocent[1]. Un monde qui peut être surpris par le chaos, c'est-à-dire un désordre qui peut tout autant être destructeur que créateur, admet le possible sans préjuger de sa valeur. Bref, nous sommes plutôt dans un monde de l'aventure.

Toutes les expressions relevées au début de ce passage ne relèvent d'aucune connaissance objective (concept), mais d'une œuvre de la raison réfléchissante qui se donne une direction, une fin, une raison pratique – car, sinon, pourquoi réfléchirait-elle ? En résumé, toutes ces notions comportent une valeur morale en tant qu'objets de réflexion et objets sensés, c'est-à-dire orientés par la pensée vers le bien ou le mal, un mieux ou un moins bien, le meilleur ou le malheur. S'ils ne sont plus pensés, ce sont des objets impensés, qui s'imposent apparemment d'eux-mêmes, comme s'ils étaient fabriqués spontanément par notre raison. Ils sont souvent pris par facilité de ce qui apparaît souvent impensable. En réalité, ils comportent nécessairement un sens que nous intégrons sans bien y réfléchir. La vision eschatologique a hanté toutes les civilisations. La fin du monde est toujours pressentie comme une catastrophe et son état initial un paradis. L'apocalypse[2] est prophétique, mais n'engage pas une catastrophe. Il signifie que le futur va changer de forme, que quelque chose en en train d'arriver, qu'un nouvel avènement est en cours. Il nous revient donc de nous y préparer.

---

[1] L'état de nature n'est ni bon ni mauvais. Le « bon » sauvage est un homme innocent, isolé, sans lien, qui n'est pas doté de la personne morale. Rousseau, *Du contrat social*, L. I, chap. 2.

[2] Étymologiquement, « dévoilement » ou « révélation de Dieu ».

Chapitre 6
De la temporalité de l'économie

Le temps, c'est de l'argent.

Le temps de la finance n'est pas celui du politique ni celui de l'économie. En politique, il faut prendre le temps de parlementer, en économie il faut le temps de produire, en matière financière la transaction est réalisée à la vitesse électronique. Le temps de l'économie contraint notre vie professionnelle et même notre « temps libre ». On parle aussi de « cycles » économiques[1].

Dans une première approximation, il nous est apparu que l'économie financière imposait progressivement son pas instantané à la marche économique et que celle-ci, à son tour, veut forcer celui du politique. Mais le « tempo » n'est pas le même et provoque des conflits, des points de fixation dans le déroulement des activités.

Il nous est apparu que l'économie financière vit grâce à la circulation monétaire. Pour qu'elle vive, il faut que la monnaie circule. Plus la dette est grande, plus le trou s'agrandit, plus la monnaie circule vite. Non seulement le temps monétaire est compté,[2] mais l'espace monétaire s'agrandit : la dette cadence la vitesse de la monnaie, de sa valeur et de son intérêt. Plus les trous sont nombreux, plus ils aspirent (à) la monnaie. La nature financière a horreur du vide monétaire. C'est étrange, une sorte d'attracteur comme dans les phénomènes chaotiques. Le temps ne change pas, mais « l'espace » semble s'élargir. Rappelons cette évidence : le trou se définit par ses bords. Il faudrait donc mieux dire que ses bords s'éloignent.

Enfin, les marchés financiers s'analysent — *via* les agences de notation « particulièrement sensibles » — à l'aune des lenteurs du développement économique dont les retours sur investissement prennent des années, à celle des changements réglementaires qui contrarient la fluidité des échanges, à celle des pressentiments indéterminés, mais spontanés des acteurs et à celle des délais imposés par la consultation des instances démocratiques lorsqu'elles ne sont pas contournées.

Du temps en général

Nous ne voyons pas plus le temps que l'espace. Nous observons le changement, le mouvement, la transformation d'états des choses de la

---

[1] L'exemple historique des crises de 1929 et de 1937. Entre le choc initial financier de 1929 et la grande dépression, il se passe 4 ou 5 ans de décomposition jusqu'à la rechute de 1937 et le redressement économique des USA fin 1941 lors de son entrée dans la guerre.

[2] Les taux d'intérêt à court terme sont moins élevés que ceux à moyen ou long terme.

nature[1]. Si nous voulons comprendre le mouvement, nous ne pouvons faire autrement que de fragmenter ce continu en instants et points, en durée et distance. Pour restituer le mouvement, pour lui redonner sa continuité, nous définissons un rapport espace-temps, la vitesse, et nous nous le représentons géométriquement[2]. La vitesse est une dérivée de l'espace (matière) et du temps. Et si l'on définit précisément la matière, le temps devient imprécis et si l'on définit précisément le temps, la matière ne l'est plus. Et si on mesurait l'écart entre les deux[3] ?

Nous n'entrerons pas dans le débat de ce rapport, ouvert par le mouvement EPR et le congrès de Solvay[4]. Disons, avec Kant, que le temps et l'espace ne sont pas des objets réels, mais des cadres de la pensée (formes *a priori*). Lorsque l'on cherche à les déterminer en leur accolant des prédicats, on leur attribue une réalité transcendantale comme objets de pensée[5]. Et lorsqu'il faut comprendre les variations de vitesse, il faut avoir recours à d'autres outils — masse, énergie, force gravitationnelle — qui rendent mieux compte des phénomènes naturels. En peu de mots, l'espace et le temps constituent la trame de fond des mouvements, ils permettent de les mettre en évidence. Pour les comprendre, il faut assigner les corps, sujets des mouvements, et leur attribuer une force interne ou externe.

Lorsque nous disons qu'il faut gagner du temps ou de l'espace c'est par prétérition, car, en réalité, le temps et l'espace ne changent pas, mais c'est l'objet qui change, c'est sur lui que s'appliquent des forces susceptibles de modifier sa vitesse. Prenons l'exemple du métro : il évolue dans un espace donné (le réseau) et plus il y a de personnes à transporter, plus la matière augmente dans cet espace. Sans apport d'énergie supplémentaire (augmenter la vitesse ou le nombre de rames), la vitesse générale du réseau décroît. Pour « gagner du temps », plus exactement accélérer la vitesse d'ensemble, faute de modifier l'espace et la vitesse des rames, il faut que la matière elle-même apporte de l'énergie. C'est donc elle qui est mise à contribution : « Une seconde de perdue en station = retard sur toute la ligne », « Préparer ma sortie facilite ma descente ». Le temps n'a pas bougé, l'espace non plus. Il revient à l'usager de se remuer.

---

1 « La nature est principe de mouvement et de changement », Aristote, *Physique*, L. III, 200b.

2 Comme le scandale pythagoricien de la diagonale du carré que l'on ne peut exprimer ni par un nombre entier ni par une fraction. Platon contournera le problème par la méthode géométrique, *Ménon*, 84b et sq., et *Lois* VII, 820a et sq.

3 P. Barthélémy, *La masse se mesure aussi en secondes*, Le Monde, 3.02.2013

4 1927, du nom du richissime industriel qui réunissait à Bruxelles l'élite de la physique mondiale. Ces réunions se sont poursuivies par le débat ouvert entre le groupe E.P.R. (Einstein, Podolsky, Rosen) et les tenants de ma Mécanique quantique (Bohr, Born, Heisenberg, Schrödinger, Heisenberg…)

5 *Critique de la raison pure*, I, Deuxième partie, première division, L. II, chap. 3, PUF, 1968, p.227. *La Fin de toutes choses* (1794), l'idée du temps est un objet nouménal.

Pourtant, l'urgence donne l'impression que le temps se contracte. On peut tout aussi bien penser que la charge que nous y mettons augmente, comprime la durée et compromet l'échéance. Un excès de matière — on a « trop de choses à faire » — appelle un surcroît d'énergie, d'activité, pour faire en sorte que cette matière soit travaillée, traitée et finie à temps.

Le temps de même que l'espace sont bien des formes vides qu'il faut occuper. Toutes les discussions actuelles à leur sujet tournent autour de la manière dont on les remplit. Qu'il s'agisse du temps de travail, il ne sera « bien » rempli que s'il est productif, « bien » occupé si l'on est actif, profitable si l'on y trouve son intérêt... Temps libre, s'il est lui aussi « bien » rempli, sans perte de temps, pour se reposer, selon les uns, pour récupérer le temps perdu, selon les autres, pour prendre son temps, avoir du temps à soi c'est-à-dire habiter le temps, pour d'autres encore.... Et ce « bien », comme le « bon », accolé au temps renvoie à la valeur du contenu.

Le mouvement, la fluidité

À plusieurs reprises, nous avons évoqué la fluidité : celle de la finance, celle d'un monde en mouvement avec, justement, la mondialisation, l'extension, la rapidité des échanges, etc. Parallèlement, tout arrêt ou ralentissement dans le mouvement est synonyme de crise. Crise financière, la monnaie ne circule plus ; crise des marchés : ne plus être sûr d'acheter et de vendre sans blocage ; crise économique : ralentissement de l'activité de production et de consommation ; crise mondiale, recul des échanges entre les pays.

D'autres « fluidités » sont entretenues : l'information en continu pour suivre le monde et rester d'actualité nécessite la collecte d'événements, de cas particuliers en cascade, tous différents les uns des autres, de sorte que la succession produite par le procédé télévisuel donne l'impression de mouvement continu et ininterrompu.

D'autres sont induites par l'objet technique : le flux électronique, l'interconnexion des individus, la fluidité des relations qui en découle, mais également le changement d'objet pour suivre le progrès technologique.

D'autres débordent dans la vie personnelle ou subjective. Le temps officiel de travail n'a cessé de baisser depuis l'époque industrielle, mais il n'en demeure pas moins que pour nombre de salariés la vie professionnelle a envahi la sphère personnelle par une sorte de libation de la tâche[1]. La dématérialisation de l'activité professionnelle ne s'achève plus dans l'objet

---

[1] Non seulement la tâche se répand, mais elle a quelque chose de sacrificiel au regard du devoir économique.

fabriqué, elle mobilise et, littéralement, préoccupe son espace mental et réduit son temps personnel. L'attisement de l'émotion, un affect sans lendemain, constamment renouvelé et excité, a le pouvoir d'étouffer les sentiments profonds, réfléchis, durables et tenaces.

Nous avons observé que la « gouvernance » s'inscrit dans le système des flux puisqu'il lui faut savoir manœuvrer entre des forces sans prétendre les contrarier, les inverser ou les changer. Toute intervention extérieure casse le flux : gouverner implique une intervention étrangère au système des flux et, bien sûr, la capacité de changer de cap.

Très tôt, nous avions retenu que la compréhension des choses et du monde requiert « une pause dans l'écoulement »[1]. La réflexion s'oppose au flux. Un esprit fluide dans lequel rien ne s'arrête serait un cerveau sans repos, sans état stable[2]. Ceci ne veut évidemment pas dire que le cerveau s'arrête, mais plutôt que la continuité de son activité traverse les discontinuités des opérations mentales successives et différenciées. La continuité de la conscience relève de la simultanéité des opérations mentales, de leur synchronisation, dans des régions cérébrales séparées sans site cérébral intégratif unique[3].

En reprenant un modèle ancien reformulé par Jean-Pierre Changeux, notre cerveau comprendrait deux espaces computationnels de traitement et de transmission des flux ou des informations : « un *réseau de traitement* composé de *processeurs* parallèles » et « un *espace de travail global* »[4] jouant un rôle d'évaluation par essais et erreurs du premier. Ce qui nous intéresse ici, c'est cette sorte de dialogue entre deux traitements différents, le second travaillant pour ainsi dire comme *boucle de contrôle* des opérations sans qu'il lui soit toujours nécessaire d'interrompre le premier s'il s'avère satisfaisant. Au fond, l'activité cérébrale est *discrète* dans ses opérations, mais continue en tant qu'activité. Le flux sériel de notre conscience « ne conçoit qu'une pensée à la fois »[5].

La *boucle de contrôle* est essentielle dans le traitement des erreurs et la prévention des accidents, notamment en aéronautique. En reprenant ce que nous avons écrit sur le formatage mental, ce dernier tend à décharger le sujet de ce traitement en lui délivrant des processus ou des combinaisons réputées valides — par des signaux positifs — stockés dans sa mémoire à long terme.

---

[1] L. I, titre 2, chap. 2, Expliquer : décrire ce qui est.

[2] « Le flux de notre conscience ne serait donc pas à envisager comme un changement continu permanent, mais plutôt comme une succession d'états stables », L. Naccache, *Le nouvel inconscient*, Odile Jacob, 2006, p. 278.

[3] A. Damasio, *L'erreur de Descartes*, Odile Jacob, 1995, pp. 130 — 131.

[4] *L'homme de vérité*, Odile Jacob, 2002, p. 138.

[5] L. Naccache, op. cit. p. 274.

La notion de *rupture* est tout aussi essentielle lorsqu'elle est pensée sous l'angle de l'innovation. Si l'on considère une masse où chacun est aggloméré aux autres et où chacun est porté par les autres, personne ne fait l'effort d'apporter une singularité et cela pour au moins deux raisons : la première est qu'il n'éprouve pas l'intérêt de modifier un système dont il bénéficie avec le risque de s'en trouver exclu ; la seconde porte sur le coût d'une telle initiative s'il veut qu'elle porte ses fruits. Il lui reviendra alors d'investir beaucoup d'énergie pour la propager sans bien savoir d'ailleurs comment s'y prendre et par quel bout il faut entamer cette pénétration dans la masse. À l'inverse, dans un réseau point à point, où chacun est relié à son voisin, les innovations sont les plus fréquentes, elles s'inscrivent dans le schéma général d'un débat, d'échange, où chacun est tour à tour émetteur et récepteur. On ne fera ici qu'évoquer un paradoxe : « Dans un réseau en étoile — une personne reliée à tous quand les autres ne sont reliés qu'à lui —, le plus efficace serait que celui qui est au centre innove pour tous. Or c'est l'inverse : il attend que ceux qui sont à la périphérie innovent — ce qu'ils sont incités à faire par leur absence de connexion avec tous les autres. »[1] Au fond, poursuit l'auteur, « c'est quand il y a des trous dans un réseau que les innovations y sont les plus nombreuses, parce que cela rend l'initiative nécessaire. »

Les flux, les continuités, l'entre-soi, ne facilitent guère et s'opposent parfois à l'innovation. Les rugosités, les ruptures, l'étranger représentent un coût comprenant un investissement et un risque personnels pourtant favorables à une innovation et un gain pour tous.

Le mouvement des immobiles[2]

Ce n'est pas parce que des particules sont en mouvement qu'elles se meuvent. Elles peuvent être entraînées dans un mouvement sans se mouvoir par elles-mêmes. Dès lors, elles ne changent rien au mouvement d'ensemble et ne sont même pas en mesure de l'arrêter ou, plus simplement, de le contrarier. Par conséquent, la structure engendre le mouvement, mais elle ne change pas.

K. Marx et F. Engels nous avaient prévenus[3]. Un groupe, bourgeois ou autre, aux leviers des commandes de l'économie ne peut exister sans révolutionner constamment les instruments de l'économie de sorte que tout ce qui gravite autour de l'économie soit toujours fluide, sans point de nucléation susceptible de perturber le système. Autrement, la résistance au

[1] Y. Bramoullé « Les réseaux sont au cœur des activités humaines », Le Monde, 28.05.2013.
[2] Titre emprunté à M. Rousseau, Le Monde diplomatique, juillet 2011.
[3] *Le Manifeste du parti communiste*, I, p. 14, www.marxists.org.

changement risque de rendre les commandes inefficaces, voire contre-productives, et les gouverneurs sans pouvoirs[1].

Paradoxalement, les conservateurs du système entretiennent une révolution permanente (comme celle des années 1968[2]). La course au progrès ou à la nouveauté, la compétitivité génèrent l'habitude du changement. Parmi les conséquences, nous retrouvons l'importance de livrer des éléments de langage prêts à mettre en mots la nouveauté, de façon à s'assurer que les individus s'engageront dans la direction attendue et à les rassurer tout autant parce qu'ils peuvent dire ce qui se passe que parce qu'ils ne sont pas seuls à le dire. Nous retrouvons l'effet de mode, cette originalité collective, par lequel chacun s'identifie à l'objet de la mode sans établir néanmoins de lien avec les autres pour une raison simple : si tel était le cas, il y verrait une manière commune d'être, de dire et de se comporter qui efface toute originalité. Il est évident que si on est frimeur avec des frimeurs, on passe inaperçu. Il n'est pas étonnant que le non-conformisme soit le comportement affiché et revendiqué par tout individu libéral, original par définition. Le rebelle est ainsi la marque de fabrique d'une société libérale.

Autre conséquence essentielle à nos yeux, la désarticulation sociale que l'on peut aussi exprimer par la perte de l'assurance sociale. Il ne s'agit pas seulement des prestations sociales soumises au rabot budgétaire, mais, au-delà, la perte de la garantie que le lien social est entretenu et que chacun peut être rassuré par la solidarité. Le mouvement permanent ne s'accompagne nullement d'une réactualisation des relations sociales au sein de la collectivité qui implique du temps et de la proximité physique[3]. Au contraire, l'idéologie libérale privilégie l'individu, son autonomie, sa responsabilité, la multiplication de ses relations, l'abandon des liens familiers, toutes choses capables de satisfaire son désir d'exister, l'expansion de soi sans attaches. Les dispositifs « modernes » sans cesse renouvelés établissent une relation interindividuelle standardisée : les relations transitent par un serveur de connexion en laissant croire que l'identifiant et le mot de passe sont suffisants pour respecter la liberté individuelle[1]. Quitte à nous répéter, l'impossibilité de nouer des liens, de

---

[1] Les « points de nucléation » perturbent un flux linéaire et produisent des effets turbulents à l'image d'une petite bosse dans le fond d'une casserole : des résidus adhérents se forment à son contour.

[2] Qui, à notre sens, visait davantage des changements sociétaux que le changement de société.

[3] Alors que la vitesse réclame de courts délais sur de longues distances.

[1] Les messages échangés sont l'objet d'exploitations sémantiques (textes et chiffres en attendant les analyses d'images et sons) et donnent lieu à des sollicitations publicitaires ciblées sur leurs auteurs. Avec les dernières applications de Google, Google Analytics, Gmail, géolocalisation des smartphones. C. Ducourtieux, *L'Autorité met en cause l'exploitation des données privées par le groupe américain*, Le Monde, 18.10.2012. *Vertigineux « big data »*, Le Monde, 26.12.2012.

rendre les individus esseulés par l'intoxication mentale de l'individualisme, ne ménager aucune pause critique, inaugurer sans cesse des dispositifs « modernes » ou nouveaux qui ne laissent aucune prise sur la puissance financière… tel est le résultat de la structure soigneusement entretenue par le monde libéral.

Ce seul sujet mériterait à lui seul — si elles n'ont pas déjà été réalisées — de longues analyses. L'enjeu est de taille. Frédéric Lordon le pointe à sa manière : « Que la division du travail soit soumise à un processus incessant de restructuration — par l'arrivée constante de nouveaux produits, de nouveaux procédés et de nouveaux concurrents —, soit ! Mais c'est au capital lui-même que revient d'en supporter les coûts sociaux »[1], surtout s'il faut tout privatiser. Il faut effectivement dire les choses en prenant garde de ne pas verser dans la sémantique des communicants en associant compétitivité et flexibilité. Puisque le rapport de forces s'établit entre les investisseurs et les producteurs (y compris les salariés), et que les premiers rappellent que ce sont eux qui créent les emplois, il revient aux seconds de s'ériger en force et de se mettre en mouvement. Ils ne le sont pas encore : les investisseurs bénéficient de l'extraterritorialité alors que les producteurs restent localisés et divisés. Pour le dire autrement, les premiers sont mondialisés — ils sont citoyens de nulle part et ce n'est pas leur souci —, les seconds n'ont pour champ d'application et d'implication que l'espace de l'État auquel ils appartiennent. Par conséquent, c'est sur lui qu'ils peuvent peser en tant que citoyen, chacun cherchant à sauver sa peau, en tant que chef d'entreprise, en tant que salarié. Contrairement à l'époque hellénique où le citoyen n'est pas producteur, le monde contemporain doit inaugurer le producteur-citoyen. On n'échappe pas au schéma de Marx.

Aux espaces privilégiés, choisis, sécurisés et stables s'oppose l'espace public, contraint et dissuasif de toute violence par le mouvement. Cette réflexion s'inspire d'une analyse conduite par Max Rousseau[2]. Elle montre que, en fait et en droit, tout concourt pour qu'« aucun élément [ne permette] au passant de stationner dans l'espace public » de manière à constituer des « flux perpétuels » tels que le parvis de la Défense, « mais aussi les terminaux d'aéroport, les gares, les pôles d'interconnexion, voire les rocades routières, les boulevards et les galeries marchandes ». En droit, l'auteur se réfère à la loi pour la sécurité intérieure de mars 2003, qui « crée de nouveaux délits et de nouvelles sanctions pour le racolage, les rassemblements dans les halls d'immeubles, le squat, la mendicité. », tous

[1] Peugeot, choc social et point de bascule, Le Monde diplomatique, août 2012.

2 *Le mouvement des immobiles*, article précité. Son analyse reprend les observations de Zygmunt Bauman sur le quartier de la Défense, notamment son parvis.

ces comportements qui favorisent une immobilité physique à l'intérieur des villes. À cet égard, le chercheur note le contraste avec la démocratie athénienne où l'agora, lieu de marché et de délibération, est un espace public, physiquement délimité, conçu de manière à favoriser la communication[1] — *cum moenia* —, la rencontre et l'échange. À ce lieu défini, où le mouvement est libre, s'oppose un lieu d'écoulement en mouvements perpétuels contraints, ce qui « complique très concrètement les pratiques de sociabilité, notamment populaires ». La fluidité du mouvement est contrariée par l'élément qui ne suit pas le mouvement d'ensemble. Il faut donc éviter le point de stagnation qui provoque des effets turbulents et l'accrétion des autres particules. Nous retrouvons le mouvement des atomes du chaos épicuriens, mouvement uniforme et parallèle de particules qui ne se rencontrent pas.

Pour des motifs de productivité, les mouvements des employés sont comptés. Afin de réduire les coûts et les délais, les déplacements sont limités et compensés par les liaisons téléphoniques ou informatiques (y compris les visioconférences). La concentration des activités économiques a entraîné l'urbanisation et renforcé la sédentarité[2]. S'il bouge, l'homme moderne ne se déplace plus, il est transporté. Pourtant, il est habité par le mouvement : d'abord parce que la vie est mouvement, ensuite parce que les choses changent et tournent autour de lui. Les conséquences sont encore peu analysées qu'il s'agisse d'attention et de capacités mentales, car le mode de vie a changé brutalement. Nous manquons de recul et de moyens de comparaison.

L'individu se trouve capturé par le mouvement général et captivé par la mobilité des flux communicationnels. Il vibrionne sur place d'émotions et intériorise toujours davantage son mouvement propre.

Le domaine des loisirs nous permet d'illustrer notre propos. Les dépenses et le temps réservés aux loisirs augmentent[3]. On note en particulier que le premier poste de dépenses concerne les spectacles et abonnements audiovisuels et que la télévision reste de loin le principal loisir des Français (2010). Si le réel du quotidien épuise, stresse et fatigue, il faut le compenser par un autre « réel » qui distraie de l'activité laborieuse. L'offre médiatique et la demande de virtuel se rejoignent. Il n'est pas admis que l'on puisse se reposer[1], attendre, s'ennuyer. Du coup s'abolit la distinction du réel : où est le vrai ? Je me sens exister, je me sens chez moi, dans le réel fictif du loisir et celui du travail me paraît irréel

---

[1] Ainsi que nous l'avons rappelé L. I, titre 2, chap. 2, *Des individus en contact*.
[2] Avec les problèmes de santé qui en découlent.
[3] Enquêtes INSEE 2010 sur les loisirs, *Conditions de vie des ménages*, www.insee.fr.
[1] On dort moins la nuit qu'il y a 25 ans « principalement parce que la personne se divertit », *Vacances — Loisirs*, INSEE, 2010.

parce qu'il m'use. Tout doucement, le psychisme glisse le principe de réalité vers le monde fictif, celui des loisirs, du télévisuel, des jeux électroniques, là où « je m'explose ». Progressivement, le sujet abandonne la réalité du quotidien pour un monde fabriqué où tout est imaginable, un monde qui ne lui oppose aucun « non ». Nous dirions, en reprenant l'observation d'Hannah Arendt sur les masses, que les individus font confiance à l'objet imaginaire qu'on leur donne[1]. La confiance est un préalable, un sentiment individuel qui ôte toute considération critique, mais un sentiment contagieux puisqu'il se renforce et s'incrémente par les nombres en jeu, par l'effet masse qui le crédite.

Le rapport de l'individu au réel concret, le sien, celui du quotidien, est brouillé par les images qu'il reçoit *via* l'interface médiatique de sorte que le réel qu'il voit, qu'il sent et qu'il entend est bien éloigné de celui que tout le monde voit et entend au point que ce dernier devient le réel de référence. Il n'a plus affaire qu'à des paroles et des images sur les faits. Il doute du réel qu'il expérimente ou même de sa réalité propre qui lui apparaissent bien particuliers. À ses yeux, il n'est pas vrai au sens où il n'est pas celui de tous face à cet autre cas particulier massivement communiqué. Il doute de lui : il lui faut exister au regard des autres. La distinction entre universel et général s'efface : le cas particulier médiatisé reste un cas particulier et la généralisation est attachée à l'outil de diffusion. Comme tout cas particulier, il n'a jamais valeur d'universel. Or, le vrai, la vérité, a valeur d'universel et ne peut être apporté que par le discours, un concept, une idée, une théorie ; dans le cadre médiatique, le cas particulier illustre, « donne à voir », et parfois laisse croire à une idée qui n'est pas dite. Notre homme doute de lui-même et ne donne crédit qu'à ce qui lui est rapporté puisqu'il ne dispose pas d'une *expérience* authentique. Il oublie que ce qui est donné à voir est toujours une scène dans la mesure où ce qui lui est donné est l'objet d'une sélection formatée pour répondre aux contraintes de l'outil (d'un montage) et aux besoins de l'audience (des attentes du récepteur). Ce qui lui est donné à voir est une représentation dont il ne peut avoir l'expérience. Il se construit à l'épreuve d'un monde interposé.

D'ailleurs, on l'a suffisamment dit, l'émetteur déploie tout le savoir et le savoir-faire de la communication pour *toucher* le spectateur, faire en sorte qu'il ne se contente pas de *voir,* mais de *regarder*. « Ce qui est donné à voir » est insuffisant s'il ne touche pas le spectateur. Regarder n'est pas la même chose que voir. Regarder est un toucher à distance comme l'avait

---

[1] Les masses modernes « ne croient pas à rien de visible, à la réalité de leur propre expérience ; elles ne font confiance ni à leurs yeux ni à leurs oreilles, mais à leur seule imagination, qui se laisse séduire par tout ce qui est à la fois universel et cohérent par soi-même. », *Les Origines du totalitarisme : le système totalitaire*, op. cit., p. 78.

compris Aristote[1]. Je vois les autres, le monde, parce que je les effleure du regard et non parce qu'ils me touchent[2]. On comprend alors qu'il soit nécessaire de mettre en spectacle « ce qui est donné à voir » de telle sorte qu'il soit effectivement remarqué, qu'il touche le spectateur et déclenche en lui un mouvement, un trouble, une émotion et, aujourd'hui, une interaction[3]. L'art de la communication revient donc à savoir mettre en scène[4] une situation créée de toute pièce, et pourtant bien réelle, de manière à susciter une émotion particulière de joie ou de tristesse, de désir ou de crainte. En un mot, la communication-spectacle force — même inconsciemment — l'activité du spectateur et l'implique dans la scène : il la regarde, il se prête au jeu, il participe de loin sans bouger, mais en s'émouvant. La communication moderne interactive tente de restituer la proximité entre des hommes sans contact physique. Comment faire pour que la médiation de l'outil parvienne à restituer le toucher indispensable pour que des liens humains s'établissent durablement ? Sans ce contact physique, il ne peut y avoir de foule, de corps social pensant, sentant et agissant[5]. Les réseaux sociaux, les échanges informatiques, favorisent les informations entre individus, mais promeuvent-ils un corps social vivant pour autant, une entité dotée d'une force, d'une volonté, d'une ambition ? Il suffit de regarder autour de soi et même chez soi, en famille : l'utilisateur d'un Smartphone échappe au groupe qui l'entoure pour foncer, tête baissée et pouces agités, sur son écran, quittant le lien social réel pour le réseau virtuel. À croire qu'il n'est pas satisfait du groupe réel ou qu'il n'existe pas pour ce groupe. Juxtaposés les uns aux autres autour d'une table « conviviale », les abonnés aux réseaux sociaux sont ailleurs. Pour la plupart, ils capitalisent les messages, comptent leurs « followers » (« partisans »), leurs amis ou engrangent leurs « like » (« J'aime »). Ils se prêtent ainsi à l'égosurenchère sur le marché relationnel libéral (payant) quitte à s'enjoliver, à mentir, et à estimer leur existence au nombre de « clics » à leur adresse. Nous sommes loin de penser que se construit ainsi le lien social voire même l'existence personnelle. Au contraire : les échanges anonymes par pseudos et messages formatés, parfois truqués, décomposent le lien social et dissipent la personnalité.

---

[1] *Traité de l'âme*, II, 7. À la différence près que, pour Aristote, voir un objet est un acte de la vue qui rend visible l'objet. En termes modernes, on dirait que voir les choses est en puissance de les voir et que les regarder est un acte de l'œil, le résultat de l'œil en acte.

[2] C'est l'expérience authentique agissante et non une connaissance intellectuelle. Le « voir » du spectateur serait plutôt de type platonicien.

[3] À l'aide d'applications informatiques sur les Smartphones et tablettes numériques, il est possible au téléspectateur de commenter l'émission « en direct ».

[4] C'est tout autant un *savoir* partant de l'expérience ou des données scientifiques apportées par les neurosciences qu'un *savoir-faire* épaulé par les technologies modernes (prises de vue, montage, traitement d'images, son…).

[5] Voir L. I, titre 2, chap. 2, *Une société de masse*.

La solitude est une souffrance, elle ne relève pas simplement du fait d'être isolé, mais d'abord du sentiment de n'être considéré par personne. Les réseaux sociaux laissent croire que l'on compte pour les autres parce que l'on compte ces autres qui nous contactent[1], symptomatique de la société libérale où seules n'ont de prix que les vertus quantifiables. Mobilisé par son mobile, chacun cherche à échapper à sa solitude dans la masse en écoulement incessant. La puissance du mouvement interdit tout arrêt. Tout contact est un obstacle. Ne demeure que le toucher à distance pour assurer la sociabilité.

Dans un monde instable, dérégulé, les hommes sont en attente d'un langage vrai qui les rassure. Or, les grands groupes économiques attribuent moins de ressources à leurs projets à long terme et les marchés financiers entretiennent un climat instable selon leur humeur. La pression financière à court terme limite l'horizon, la Bourse affole. Dire aux gens que la crise qu'ils traversent est abyssale, cataclysmique est incroyable en raison du niveau de richesse et de protection d'un monde sans guerre que la quasi-totalité de la population a toujours connu en Europe occidentale. Les responsables politiques savent qu'il est électoralement suicidaire de développer un tel discours de vérité auprès d'une population angoissée, en attente de la sécurité vécue il y a encore peu de temps. Ils savent également qu'ils n'obtiendront jamais le soutien financier de ceux qu'ils combattent et dont ils ont besoin pour se rendre médiatiquement « audibles ». Ils savent enfin que la dramatisation pourrait déclencher des mouvements passionnels incontrôlables y compris par eux-mêmes malgré leur qualité de chef. Et pourtant, tout en même temps, l'opinion est méfiante à l'égard des annonces politiques rassurantes, tout en même temps elle attend la promesse de résultats immédiats. « La société est certes plus pacifiée qu'autrefois, mais elle ne veut pas entrer dans la réflexion politique approfondie et a une demande très forte de résultats immédiats. Dans le contexte actuel, c'est un défi formidable. »[2] Une société dispersée dans un réseau de communication mondial, fragilisée par la mobilité même des connexions établies entre des individus peu ou mal identifiés, affaiblie par la peur du déclassement et de la contamination par les plus démunis, minée par le sentiment de la dette, méfiante à l'égard du voisinage de faits divers violents, intoxiquée par l'individualisme, une telle société n'a plus de force collective et ne peut résister aux structures coalisées de la finance.

[1] L. I, titre 2, chap. 2, Des individus en contact : communication et information.
[2] M. Gaucher, entretien, Le Monde, 9.09.2012.

Les sciences économiques

« Il n'est que de vivre pour se convaincre que les événements vécus sont la clé des événements observés... »[1].

Si on admet la distinction entre sciences par leur objet d'étude[2] et non par leur méthode comme il a été proposé plus haut, alors les sciences économiques font partie des sciences humaines en tant qu'elles ont affaire à des réalisations spécifiquement humaines. Étant entendu que les mathématiques, comme les arts, produisent seules leur objet. Si on admet que les sciences « dures » adoptent une méthode pessimiste de confrontation de leurs hypothèses à des tests sévères qui visent à les réfuter — la nature doit rendre compte de la théorie —, alors les sciences économiques, partant d'observations empiriques, doivent être admises au titre de sciences molles dans la mesure où les hypothèses tentent de justifier les faits collectés : cette fois, la théorie doit rendre compte des observations. Quant aux mathématiques, elles échappent toujours à ces classifications puisqu'elles ne rencontrent pas leur objet, mais le produisent et qu'elles ne sont pas tenues par le critère de vérité en rapport au réel, mais à celui de cohérence par rapport aux énoncés (axiomes, hypothèses, postulats, théorèmes).

D'un autre point de vue, « les sciences dites exactes et les sciences dites humaines ont évolué en sens exactement inverse »[3] dans la mesure où les hommes qui s'appliquent dans les premières ne sont pas impliqués comme dans les secondes. L'astrophysicien se distingue des constellations qu'il observe, mais le sociologue, le psychologue, l'ethnologue ou l'économiste est solidaire de ce qu'il observe. Nous dirions que l'homme des sciences exactes perturbe son objet d'étude ne serait-ce que par le dispositif instrumental qu'il utilise. Celui des sciences humaines le modifie (lui donne une manière d'exister, une visibilité) par la méthode à laquelle il a recours pour le faire apparaître (par exemple les statistiques, l'étude documentaire...), mais aussi par le regard qu'il porte sur son objet d'étude à commencer par le choix de cet objet et l'intérêt qu'il lui porte[4]. Comme le souligne encore Germaine Tillon, à propos de l'ethnologie, son domaine de compétence, « C'est d'abord la remise en question, de fond en comble, de celui qui s'y consacre »[5]. Il n'est pas sûr que nos économistes libéraux, attelés aux réponses, se posent cette question fondamentale : ma vie se résume-t-elle à l'économie et à l'argent qui me fait vivre ?

---

[1] G. Tillon, *Vivre pour comprendre,* Le Monde diplomatique, avril 2009.

[2] Sciences naturelles (physique, biologie...) et sciences humaines (sociologie, psychologie...).

[3] G. Tillon, ibid.

[4] On retrouve ici deux manières de voir : un « voir » intellectuel distancié (celui de Platon), un « voir » engagé (celui d'Aristote).

[5] Vivre pour comprendre, op. cit.

Sous un autre angle encore, l'adjonction de la psychologie comportementale enrichit les structures déterminées par les sciences économiques grâce aux régularités comportementales érigées en normes de décision des acteurs économiques. Les régularités constatées s'établissent à partir d'une échelle de fréquence des choix comportementaux observés. Elles servent de normes ou de cibles à renforcer dans un cas, à contourner dans l'autre selon qu'elles correspondent ou contrarient les structures établies par les sciences économiques classiques. Outre les problèmes déjà soulevés de la validité d'une méthode empirique[1], se pose la question d'une science qui entend changer la manière d'être et d'agir des gens. Une double rationalité travaille la réalité : une rationalité *a priori* qui cherche sa validité dans les faits, une rationalité *a posteriori* qui postule sa vérité par les faits.

L'histoire des sciences nous apprend qu'elles progressent par rectification ou révision de leurs concepts fondateurs[2]. À moins de se laisser attraper comme la poule qui persiste sur sa trajectoire dans le grillage, une science confrontée à un obstacle épistémologique n'a d'autre choix que de reprendre son point de départ, reconsidérer ses principes fondamentaux et reprendre son élan sur de nouvelles bases. Comme chaque fois que les choses ne vont plus de soi, on s'interroge[3]. En ce sens, toute crise offre la possibilité d'une réflexion. Jusque là, la science se développait sur des présupposés théoriques, une métaphysique, sans le savoir. C'est d'autant plus vrai lorsque les concepts originels sont étroitement liés aux conditions sociohistoriques qui leur ont donné naissance[4]. Toute science ne peut faire l'économie d'une réflexion philosophique à la fois pour armer ses concepts fournisseurs d'hypothèses, conférer une certaine identité à son activité et la distinguer d'autres sciences proches, à la fois pour prendre conscience de ses impensés et, comme on l'a évoqué, être en mesure des les rectifier afin d'assurer son propre développement.

Enfin, nous l'avons évoqué à plusieurs reprises, l'observation des êtres, des choses, ne répond pas à la question du devoir être. Ce que je sais ne me

---

[1] Dès notre introduction. La fréquence d'apparition d'un phénomène n'en fait pas une règle universelle. C'est parce que les individus cherchent à accroître leurs propres gains qu'ils ne savent pas se montrer coopératifs ou altruistes dans des moments décisifs. Comme le rappelle D. Kahneman, « La théorie du prospect s'applique uniquement à des situations de choix » qui porte sur des probabilités. Elle ne prétend nullement avoir une valeur complète et universelle. Entretien, *« La psychologie peut éclairer l'économie »*, La Recherche, 1.06.2003, www.larecherche.fr.

[2] Modèles, principes, paradigmes, voir G. Bachelard, E. Morin, Th. Kuhn, M. Foucault, pour ne citer qu'eux.

[3] « C'est poussé par l'inquiétude que l'homme se met en route vers la philosophie », E. Weil, *Philosophie morale*, Vrin, 1969, p. 12.

[4] L'anthropologie, par exemple, démarre à partir de l'histoire naturelle de l'homme (Buffon) suite aux colonisations.

dit pas ce que je dois faire. L'observation ne conduit pas à une prescription. Les sciences économiques cèdent à l'hégémonie positiviste lorsqu'elles affirment que l'organisation de la société relève de calculs pourtant élaborés à partir de prémisses indémontrables. Il n'est alors pas surprenant que le recours à la confiance soit largement utilisé dans leurs discours puisqu'elle fonde la croyance que l'on accorde à ces prémisses. La diversité de théories économiques, parfois radicalement opposées, conforte l'idée même d'une option initiale qui ne relève pas du simple calcul rationnel. Les principes ne sont pas de l'ordre de la démonstration. Finalement, l'exigence de rationalité portée par les sciences économiques a montré ses limites en réintroduisant le facteur humain et l'irrationalité. Faute d'obtenir une validation irréfutable de leurs modèles, les sciences économiques évoluent en modulant les paradigmes qui les produisent, sans les remettre en cause. Soucieuse de montrer sa spécificité, à partir d'une réalité en-soi et pour-soi[1] de par son activité scientifique, la science économique se coupe de conditions qui lui paraissent étrangères et qui parasitent son objet. Ainsi en va-t-il des idées, des idéaux politiques, des conditions sociales, de l'histoire, bref, de ce qui lui apparaît être des polluants idéologiques. Par là même, elle prétend se dispenser de toute réflexion épistémologique qui l'amènerait à considérer ses principes et à reconsidérer les positions idéologiques qu'embarque toute compréhension des activités humaines.

Les sciences économiques n'intégraient pas dans leur calcul, jusqu'il y a encore peu de temps, les matières premières, les ressources naturelles, qu'elles considéraient comme éléments extérieurs. C'est sans doute pourquoi les différents traités internationaux relatifs à la protection de l'environnement n'ont pas atteint leurs objectifs[2]. Maintenant, la nature est titrisée, découpée en lots dont la valeur est déterminée par le risque d'extinction de leur support[3]. Ces certificats d'achat de parts naturelles cautionnent une privatisation de fait de la planète et se prêtent à échanges boursiers. Les plus-values financières augmentent selon la rareté du support. Naïvement ou par résignation à la pression financière ou par impuissance à installer des règles contraignantes, les instances internationales trouvent, dans cette formule d'achat du droit à polluer ou à détruire l'environnement, une formule qui devrait « mécaniquement »

[1] En bref, *en-soi*, une chose donnée, déjà-là ; *pour-soi*, un fait conscient, une chose pour une conscience.

[2]Le protocole de Kyoto (1997) prévoyait une réduction des gaz à effet de serre de 6 % entre 1990 et 2012. En réalité l'émission de ces gaz a augmenté, voir les études de Price Waterhouse Coopers, http://www.pwc.fr. Ajoutons que le Canada s'est retiré du traité fin 2011afin de faciliter l'exploitation de sables bitumineux.

[3] Voir le film documentaire *Nature, le nouvel Elodrado de la finance* cité au chap. 1 de ce titre.

ralentir l'exténuation des espèces et des sols compte tenu des coûts qui risquent de devenir, à leurs yeux, prohibitifs. Dans le même temps, les acheteurs spéculent précisément sur ces prix hors de prix pour en tirer le jackpot. Il faut donc croire que l'argent est plus efficace que la loi, que le marché remplace utilement les instances politiques et que notre planète est réservée au bénéfice de quelques-uns.

Comme les ressources naturelles ne sont plus inépuisables — ou négligeables au regard de l'économie puisqu'elles constituaient un puits sans fonds — et que, en plus, elles se dégradent sous l'effet de l'activité humaine, elles ont donc été réintroduites dans le calcul économique comme capital naturel doté de valeurs quantifiables et monnayables[1]. Du même coup, la nature est intégrée dans la somme capital économique en complément du capital financier, du capital humain et du capital social. Chaque capital se partageant en parts, c'est-à-dire en titres de propriétés financières privées.

Pour un économiste, la nature n'avait pas de prix : elle était hors du marché des biens et services. Maintenant, sous la pression financière, la nature n'a pas de prix, car il ne peut être fixé *a priori*, il s'établit au cours des échanges des titres cotés ou non en bourse. Pour un écologiste, la nature n'a pas non plus de prix, mais dans un tout autre sens : elle est trop estimable pour qu'un prix en soit fixé. Pour le politique, la nature n'a pas non plus de prix, car, bien public, elle n'est pas à vendre. Le libéralisme est parvenu, par l'outil financier à conquérir le marché de la nature en exhibant sa puissance monétaire et mondiale pour assurer la défense de l'environnement face à l'incapacité des instances internationales à la garantir. Seulement, il ne faut pas aller bien loin dans l'analyse pour voir que l'argent est versatile et contradictoire : recto, gain et profit — verso, crédit et dettes. Preuve en est dans ce combat pour la nature : le prix de la nature monte lorsque la dette à son égard augmente.

Reste à espérer que le monde reste au politique alors qu'il est encore soumis à la politique faute d'avoir de nos jours une puissance publique attribuée à un État mondial, une organisation semblable à l'ONU dotée d'un pouvoir de sanctions financières[2].

---

[1] Comme le font la Banque mondiale, le Programme des Nations unies pour l'environnement (PNUE), etc. pour traduire les pertes ou profits impliqués par la gestion de l'environnement naturel, les économies vertes…

2 Au titre du chapitre VII de la Charte des Nations Unies notamment l'art. 41.

Titre 2 : L'individu est un mode

Jusqu'ici, nous avons accompagné le cheminement du libéralisme et collecté ses implications dans notre vie, pas toutes, cela va de soi, mais suffisamment pour mettre en évidence la formation d'un système dominant, toujours en cours d'extension. Par endroits, nous avons esquissé des critiques, le plus souvent sous forme interrogative.

Nous reprendrons maintenant le concept fondateur du libéralisme de manière à cerner plus précisément l'articulation théorique des implications et, simultanément, ouvrir des perspectives capables de réorganiser le système libéral voire de le révolutionner compte tenu d'une prise de position originellement différente.

Faut-il le rappeler ? Quitte à contrarier la dialectique hégélienne de l'Idée, la généalogie conceptuelle à laquelle s'attache la philosophie ne prétend pas révéler le déroulement historique ou le reconstituer. Œuvre de la pensée, la réflexion philosophique s'interroge sur ses conditions de possibilité, sur la validité des concepts et les principes originaires qui les fondent. L'explication n'est pas un compte-rendu historique et pourtant elle doit en rendre compte par la compréhension qu'elle revendique.

La critique du principe libéral — l'individu souverain — est somme toute facile. Premier dans l'ordre du discours, l'individu est éminemment principe. En tant que souverain, il apporte toutes les déterminations. Il se détermine dans ses propos et dans ses actes. Il est cause de soi. En cela, il apparaît correspondre à l'essence de la substance telle qu'elle est définie par Spinoza, « ce qui est en soi et est conçu par soi »[1]. À la différence près — et elle est abyssale — que la nature de l'individu, son autonomie, n'implique pas son existence d'individu. Souverain, il ne détermine pas son existence de souverain à la différence de la Substance dont l'essence entraîne nécessairement l'existence. Il n'en demeure pas moins que l'individu souverain se place au principe de la pensée libérale et en constitue sa substance.

Compte tenu des limites de notre sujet, nous nous en tiendrons aux arguments qui l'intéressent. Évidemment, nous proposerons une lecture des écrits de Spinoza, c'est-à-dire une interprétation de sa philosophie, de ce qu'elle dit et sur ce qu'elle ne dit pas, c'est-à-dire encore une réflexion

---

[1] *Ethique* I, définition III. Par économie, nous ne citerons plus Spinoza lorsque nous ferons référence à ses ouvrages.

philosophique qui, comme toute philosophie, ne part pas de nulle part. Ne partant pas de nulle part, il nous reste quand même la liberté de penser sans paraphraser la philosophie d'origine. Lorsque nous emprunterons, au cours de notre cheminement, des concepts élaborés par le philosophe, nous renverrons en note les références à l'auteur, du moins celles qui nous ont paru cruciales

Chapitre 1
L'individu n'existe ni ne se définit en lui-même et par lui-même

Le changement de statut ontologique

À la différence de la Substance, l'individu, selon Spinoza, ne détient pas en lui-même sa puissance d'exister, de penser et d'agir[1]. En tant que mode, il est l'une des expressions de la substance, une manière d'être, de ce sous-jacent[2]. L'individu tire son existence et sa manière d'être non pas en ou de lui, comme la substance, mais d'autres choses, d'une infinité d'autres choses qui, considérées absolument, forment la substance, Dieu ou la nature[3]. L'homme est le résultat d'une multiplicité de causes qui le déterminent, l'ensemble de ces causes exprime la Nature infinie. L'individu n'est pas *in se* (causalité absolue), mais *in alio* (causalité relative).

Partant de la causalité relative du mode, l'individu est à la fois effet et cause. Les modes interagissent dans une nature naturée[4]. Par conséquent, dans ce monde ouvert, chacun est affecté d'une certaine manière par les autres selon sa constitution et affecte les autres de diverses manières selon leur constitution[5]. C'est dire qu'avant de comprendre par la raison rationnelle, nous sentons l'effet des choses et des autres et nous agissons le plus souvent sans avoir conscience des causes qui nous font agir.

Le monde dans lequel nous vivons s'inscrit à la suite d'une autogenèse de la Substance et suit lui-même un mode de développement ontogénétique immanent. Le recours à la transcendance tente de pallier la méconnaissance de l'enchaînement des causes, une sorte de saut hors du monde dans l'abstraction ou l'imagination pour relier des choses entre elles faute de pouvoir comprendre qu'une chose est un moment d'interactions. L'individu souverain, cause de soi, dans ce contexte, serait un mutant ontologique.

---

[1] « L'être de la substance n'appartient pas à l'essence de l'homme, autrement dit ce n'est pas une substance qui constitue la forme de l'homme. », *Ethique* II, prop. X.

[2] *Sub stare*, à l'origine du terme substance, ce qui demeure en dessous.

[3] Ils seront ici interchangeables alors qu'ils relèvent de domaines d'explication différents : respectivement métaphysique, théologique, physique

[4] Le monde des objets, des êtres et choses que nous rencontrons à la différence de la nature naturante, cause première et cause d'elle-même, c.-à-d. la substance, *Court Traité*, chap. VIII et IX.

[5] « Des hommes divers peuvent être affectés de diverses manières par un seul et même objet, et un seul et même homme peut être affecté par un seul et même objet de diverses manières en divers temps. », *Ethique* III, prop. LI.

Substance, cause, action

Il suit également du principe universel de causalité que chaque réalité (pensée ou corps) étant cause, elle est du même coup agissante. Que serait une cause sans la puissance nécessaire pour produire un effet ? Elle dispose donc d'une certaine puissance qui lui permet d'agir, de persévérer dans son être[1] et de provoquer des effets parmi les autres réalités tant qu'elle existe. Toutefois, la véritable cause étant seule cause de soi, les effets particuliers qu'enveloppe la substance sont essentiellement des déclinaisons de la substance. Les modes sont des effets de la substance. La caractéristique essentielle d'un mode est donc d'être affecté. C'est pourquoi les affections sont les propriétés premières des modes[2], dont les hommes, et s'ils sont cause d'affections, s'ils modifient à leur tour d'autres modes, ils ne le sont que par la conséquence de la cause première. En résumé, les affections de la substance sont purement actives, les affections des modes sont actives et passives. C'est pourquoi les modes vivent selon des affects à la fois ressentis et réactifs.

La Nature et l'homme.

On l'a évoqué un peu plus tôt, la philosophie de Spinoza s'accommode de lectures selon la croyance de chacun : le religieux y trouve Dieu et l'athée la Nature. Pour notre part, nous voyons que les énoncés sur Dieu ne procèdent à aucune connaissance théologique au point que Dieu (sa nature, ses intentions, ses commandements…) devient une hypothèse superflue[3], et même encombrante. Elle évite de détourner la compréhension des hommes dans le rapport qu'ils entretiennent avec la nature. Ils ont assez à faire avec le monde dans lequel ils vivent. Il est inutile de compliquer la pensée en plaçant un Tiers dans ce rapport de l'homme au monde, ce Tiers qu'il faut bien évidemment comprendre et intégrer dans cette relation compte tenu du poids de la religion dans la société. Comment des hommes finis peuvent-ils comprendre cet Être infini à moins de parler à sa place ? L'équivalence des termes Dieu ou la Nature[4] replace la question philosophique dans ses dimensions humaines et évite des polémiques théologiques inutiles[5].

Par là même, l'argument de l'équilibre ou de l'harmonie se trouve vacillant. Rien ne permet d'affirmer, en considérant les rapports de forces

[1] *Ethique* III, prop. VI, déjà cité.
[2] Car ils sont eux-mêmes des affections de la substance, *Ethique* I, définition V, donc à double titre : en tant qu'effets de la substance et en tant que cause et effets dans la concaténation des modes.
[3] Bien évidemment, ce n'est pas ce que dit Spinoza, mais plutôt Laplace en réponse à Napoléon, sans pour autant l'impliquer comme un propos d'athée. La Nature débarrasse *la place* de Dieu !
[4] *Ethique* V, préface.
[5] Par lesquelles les débatteurs espèrent accroître leur puissance en ayant recours à Dieu, en se l'appropriant en quelque sorte pour renforcer leur position dogmatique.

qu'entretiennent les modes, que la régularité que nous constatons dans les choses est éternelle, universelle et infinie, et qu'un seul genre ou espèce de mode actuel subsistera. Aucun mode n'est substance, aucun n'est permanent puisqu'il ne peut être cause de lui-même. L'homme n'est pas un être auto-entretenu dans la nature. D'ailleurs, écrit Spinoza, « (...) la puissance de l'homme est extrêmement limitée et infiniment surpassée par celle des causes extérieures ; nous n'avons donc pas un pouvoir absolu d'adapter à notre usage les choses extérieures. »[1] Dans ce contexte, en intégrant même Dieu ou la Nature naturante, nous ne savons rien de leur dessein. Bien et mal ne sont que des définitions humaines et si nous pensons que Dieu ne peut vouloir le mal, nous lui conférons seulement notre intérêt. La nature naturée, celle à laquelle nous avons affaire, notre monde, représente l'un des modes d'être de la Nature naturante.

Le corps et la pensée.

« L'ordre et la connexion des idées sont les mêmes que l'ordre et la connexion des choses »[2] étant donné que les modes, idées et corps, découlent d'une même substance ou de la Nature. Il s'établit ainsi une correspondance entre les idées et les choses[3]. Par ailleurs, l'âme — disons, la pensée, notre état mental — est une représentation du corps[4], de notre état corporel. Par conséquent, toute affection traduit un effet corporel et mental provoqué par une autre chose. En tant qu'effet, l'affection ne trouve sa raison et ne se définit que dans son interaction entre notre corps et la cause extérieure, entre notre mental et une idée ou sensation nouvelle. L'affection est un effet sur notre corps par les autres corps et l'idée qui s'en dégage — un certain degré d'idée, une idée confuse, une sensation —, est elle-même la conjonction entre une idée extérieure et notre état mental[5].

Poursuivons l'examen de ce mode singulier qu'est l'homme. Comme cause, il détient une puissance d'exister puisqu'il existe. Par l'action, il affecte les autres et il est lui-même affecté de joie lorsque son action accroît sa puissance d'exister, de tristesse lorsque son action rencontre une résistance qui la limite. Comme effet soumis aux autres modes — dont ses semblables —, il est affecté de la même manière : de joie lorsqu'il reçoit

---

[1] *Ethique* IV, chap. XXIII.

[2] *Ethique* II, prop. VII.

[3] *Ethique* V, prop. I, démonstration. Correspondance qui n'est pas biunivoque : pensée et étendue disposent de puissances propres, l'une n'est pas copie conforme à l'autre. Par suite, la méthode expérimentale serait, de ce point de vue, un test de correspondance entre les idées et les choses.

[4] « L'objet de l'idée constituant l'Âme humaine est le Corps, c'est-à-dire un certain mode de l'étendue existant en acte et n'est rien d'autre », *Ethique* II, prop. XIII.

[5] La passion enveloppe « la nature du Corps humain et en même temps celle du corps extérieur. » *Ethique* II, prop. XVI. Précisons que le mental, sous notre plume, ne se réduit pas au cérébral.

un surplus de puissance, de tristesse face aux forces contraires ou contraignantes qu'il subit. En tant que cause-effet, selon le couple action-réaction, d'effet retour de l'action de la cause sur elle-même (rétroaction), l'homme est animé de passions, de volitions, de désirs, bref, de toutes espèces d'affections. À cette dualité indissociable entre les termes de la causalité correspond une ambivalence des sentiments : les relations comprennent toujours une part de joie et de tristesse. En clair, lorsque nous agissons nous faisons preuve d'une force (joie) qui demande un effort au regard de la résistance des êtres et des choses qui limitent notre puissance d'agir (tristesse). Lorsque nous subissons, nous éprouvons une tristesse qui n'est pas sans réaction (joie) allant de l'évitement — sauver notre puissance d'exister — à l'affrontement — supprimer la cause de notre tristesse —, à moins de mourir, ce qui supprime toute affection[1].

Au regard du critère de propriété, l'homme se présente comme doté d'un corps et d'un esprit, des modes des attributs Étendue et Pensée de la Nature-Substance. Chacune de ces qualités est dotée d'une puissance propre, mais correspondante : puissance physique et puissance de penser. Le *conatus* spinoziste désigne la force d'exister de chacune et leur correspondance dans ce mode singulier qu'est l'homme doté de la puissance de connaître les conditions des choses, dont son corps, en déterminations-idées[2]. Le corps est une chose vivante, comme beaucoup d'autres choses, mais il est également une chose vécue, perçue, conçue. Les lois physiques rapportent les déterminations des choses, c'est-à-dire les conditions d'existence et propriétés de persévérer des choses attribuées par la pensée. Si ces déterminations sont exactes ou complètes, elles sont ces choses mêmes, exprimées par la pensée. Le corps exprime la force d'exister, la tendance à s'exprimer ou à agir sous forme d'appétits, mais aussi l'effort de persévérer dans son être au milieu des rapports de forces inhérents à la nature.

Le *conatus*, comme la libido freudienne, ne trouve de réalité existentielle qu'en saisissant un objet comme but, objet qui lui donne sens et consistance et dont il fera, dans un premier temps, la cause de son désir : la chose provoque le désir et affecte le sujet du désir. Ensuite, le désir comme affection prend corps par les affects. Il en va ainsi de tous « les modes du penser » tels que l'entendement, la volonté, le désir, l'amour,

---

[1] Il nous faut simplifier. Mais, partant de là, le bonheur est une illusion : tout existant se confronte au monde et notre vie quotidienne est un continuum de dosages des termes du couple joie-tristesse. Vision aussi stoïcienne que spinoziste de notre vie qui se conclut par la mort, qui n'est rien pour nous étant donné qu'elle nous prive de toute affection. Par contre, imaginer la mort, notre mort, ce n'est pas rien

[2] Le *conatus* est dérivé du principe de causalité et de la définition du mode. C'est pourquoi il n'est cité que dans le livre III (prop. VI) de l'*Ethique*. S'il n'apparaît pas nécessairement fondé, comme la substance par exemple, il n'en demeure pas moins la meilleure hypothèse qui rende compte de la causalité du mode fini qu'est le genre humain.

etc.[1] Il en va de même des modes de penser collectifs, comme l'opinion publique, que l'on peut ranger dans la catégorie des « affects communs » qui, lorsqu'ils sont dominants, conditionnent les règles sociales et politiques.

L'affection est sans doute le concept pivot de l'anthropologie spinoziste en ce qu'il solidarise les couples corps-pensée, action-passion, inné-acquis, individu-société, homme et environnement. Il est le mieux à même de désigner le point de convergence entre la pensée et l'étendue, de révéler autant un effet du corps que de l'esprit accessible par le sens commun, partout et par tous. L'affection est semblable au curseur qui se déplace du plus au moins sur l'échelle de la puissance de vivre du sujet, entre le zéro et l'infini sans atteindre ces limites. Lorsque le curseur se déplace vers le plus, l'affection est action. Lorsqu'il glisse vers le moins, l'affection est passion[2]. Pour faire court, l'affection l'emporte en positivité : l'action, la vie, l'emporte sur la passion, la mort[3]. Si la vie persiste et se développe, ce ne peut être que parce que l'affection vie est plus forte que l'affection mort[4], d'autant que la destruction du corps nous fait perdre « l'aptitude à être affecté de plusieurs manières »[5]. La mort, un mode mort, n'est rien, ni cause, ni effet : *ex nihilo, nihil*[6].

Si nous pensons que le corps subit une infinité de déterminations et si c'est certainement lui qui demeure le plus ouvert sur le monde, son infinie étendue, c'est parce que, peut-être, notre pensée n'est pas à la mesure de ce que vivent les corps. Elle n'aurait pas suffisamment développé sa puissance d'agir ou, ce qui revient au même, elle resterait occupée par des idées aléatoires (l'expérience), principalement importées de l'extérieur sans y mettre bon ordre. En tant que modes, c'est-à-dire des réalités qui trouvent leur constitution *in alio*, « ailleurs » et en tant qu'idée ou pensée, l'homme n'a pas une conscience complète de lui-même — il n'est pas *causa sui*. Plus précisément, nous sommes sans doute mieux capables de percevoir et de comprendre les déterminations des choses qui nous sont extérieures que celles qui occupent notre esprit. La manière dont nous

---

[1] *Ethique* I, prop. XXXI, démonstration.

[2] « J'entends par Affections les affections du Corps par lesquelles la puissance d'agir de ce Corps est accrue ou diminuée, secondée ou réduite, et en même temps les idées de ces affections. Quand nous pouvons être la cause adéquate de quelqu'une de ces affections, j'entends donc par affection une action ; dans les autres cas, une passion. », *Ethique* III, définition 3.

[3] « Un homme libre ne pense à aucune chose moins qu'à la mort, et sa sagesse est une méditation non de la mort, mais de la vie. », *Ethique* IV, prop. XLVII.

[4] « Une affection ne peut être réduite ni ôtée sinon par une affection contraire, et plus forte que l'affection à réduire. », *Ethique* IV, prop. VII.

[5] *Ethique* IV, prop. XXXIX, démonstration. La mort n'est rien, comme le néant, elle ne peut nous affecter. Seule une représentation de la mort, qui ne peut qu'être fausse, nous affecte comme image, produit de l'imagination.

[6] De rien, il ne sort rien. Pas de cause, pas d'effet.

concevons notre corps, les corps, est la même que celle avec laquelle nous comprenons notre esprit[1]. La conscience est un retour de la pensée sur la vie mentale, une idée « miroir »[2], le résultat d'un effort qui ne peut s'exécuter qu'en marquant une pause sur fond de mouvement continu de notre vie mentale. L'affect — le ressenti — revêt une double implication à l'exemple du chatouillement qui concerne le corps contacté et l'esprit sous forme de sentiment de plaisir[3]. Seule la substance saisit et détermine simultanément la pensée et l'étendue puisqu'ils sont l'expression de son être-substance.

La puissance de vie, le *conatus*, s'accompagne de la tendance à produire des effets tant dans le domaine des choses que dans celui des idées. L'appétit désigne cet effort d'exister, de trouver sa place dans le monde, de la garder et de l'étendre. Le désir est l'appétit avec conscience de lui-même[4]. Relativement à la pensée, plus on remonte dans l'ordre des causes, des synthèses dirions-nous, plus les idées sont universelles, d'autant elles gagnent en force. C'est donc dans le traitement des représentations mentales, à l'aide d'idées extérieures et de la puissance de penser, que la pensée agissante ou l'appétit de comprendre précise ses représentations dans la remontée des causes ou des raisons. Les représentations ainsi transformées gagnent en puissance, en pertinence[5]. De la même façon, la réflexion est un effort de la pensée pour comprendre ses idées, la manière dont elles s'élaborent et collaborent entre elles[6].

L'affect, le point de rencontre des affections ou des puissances, premier degré psychophysique de la conscience, comprend dès lors des causes diverses et des effets composites que chacun, selon sa complexion, hiérarchise en degrés attribués plutôt du côté du corps, de son corps, de la

---

[1] Les neurosciences diraient que notre fonctionnement cérébral est séquencé alors que la vie psychique est un continuum. C'est peut-être le meilleur exemple de la correspondance corps-esprit tout en conservant leurs différences essentielles en tant que modes d'attributs distincts.

[2] Une idée qui se dédouble et s'identifie.

[3] La gaieté, *Ethique* III, prop. XI, scolie et IV, prop. XLIII. Plaisir, tant que le chatouillement ne devienne pas hors de proportion et n'envahisse tout le corps au détriment des autres affections au point d'engendrer la douleur.

[4] *Ethique* III, prop. IX, scolie, la volonté est l'effort « quand on le rapporte à l'âme », l'appétit est le conatus « quand on le rapporte à la fois à l'âme et au corps ».

[5] Ce qui correspond aux trois genres des connaissances, Éthique II, prop. XL et sq.

[6] « L'idée de l'âme, c'est-à-dire l'idée de l'idée, n'est rien d'autre que la forme de l'idée, en tant que celle-ci est considérée comme un mode du penser sans relation avec l'objet », *Ethique* II, prop. XXI, scolie.

subjectivité, plutôt du côté de la pensée, des idées, de l'objectivité[1]. Partant de là, aucune idée n'est pure, complète ou absolue ; à moins d'être la cause d'elle-même, elle sera toujours dans la série des effets, même si elle s'impose comme idée forte. Existante, mais insuffisante, toute idée s'accompagne d'un affect plaisir-douleur qu'il soit passion croyance, certitude, conviction, etc. Affect qui implique également le corps, un mode de l'étendue, puisque toute idée s'énonce, se dit, s'entend, s'écrit, se décrit. L'idée s'adjoint le geste et la parole. Au rebours, tout affect est producteur d'idées partant de la vue, de l'audition, du toucher, de l'état général de notre corps, bref, des perceptions traduites par notre complexion propre qui n'est pas qu'individuelle mais aussi sociale. À la nuance près que l'intuition, connaissance immédiate, qui donc ne souffre pas de médiations, se prête le moins à l'expression corporelle, s'établit dans le silence et l'immobilité, même si ce plus haut degré de connaissance procure la plus grande joie[2].

Notre constitution mentale implique toujours notre corps. Il n'est pas d'idée sans corps et réciproquement. Pour ce qui nous intéresse ici, nous relevons la puissance des choses extérieures (environnement, expérience, relations sociales) dans la constitution mentale individuelle : les manières de parler, de s'exprimer, de vivre construisent nos schèmes mentaux que l'on appelle culture, éducation ou habitus. Nous relevons également qu'il n'est pas de corps sans idée. Cela est évident pour le scientifique (les lois physiques sont les idées des corps), pour le sociologue (les choses emportent avec elles une valeur symbolique) et pour l'homme dans son quotidien qui attribue toujours une idée aux choses (un but utilitaire le plus souvent). Corollaire : un même corps se prête à des interprétations différentes selon l'*ingenium* — la complexion — ou l'idiosyncrasie[3] individuels, mais également selon l'appartenance de chacun à un groupe social qui témoigne de schèmes analogues extraits d'expériences semblables.

L'individualisme

Du point de vue de la description des choses ou des modes, chaque homme est désigné comme individu, un mode parmi d'autres. Du point de vue de la compréhension, de son essence, l'homme se distingue des autres

---

[1] *Ethique* III, prop. LI, déjà cité. À la diversité de l'affecté il faut ajouter la diversité de l'affectant : selon les affects, le corps ou l'esprit sont plus ou moins impliqués. Une piqûre de guêpe ne se ressent pas de la même manière qu'un propos blessant, tous deux impliquent le corps et l'esprit.

[2] *Ethique*, V, prop. XXXII, démonstration. Une joie sans passion : la sérénité.

[3] Du grecἰδιοσυγκρασία, « tempérament particulier », façon d'agir et de réagir d'un individu face aux influences diverses d'agents extérieurs.

choses par le *conatus-désir*[1], c'est-à-dire celui de comprendre les déterminations qui le poussent à agir et, par conséquent, de lui permettre de moduler leur puissance, tant que faire se peut[2], de manière à non seulement conserver, mais développer sa puissance d'agir. Par suite, les hommes sont particuliers au sens où ils représentent une certaine « complexion », une combinaison et un arrangement originaux des affects en réponse à des situations elles-mêmes particulières qui leur confèrent un caractère propre. Par suite encore, chacun agit selon la nécessité de sa complexion. Au rebours, le *conatus*, suivant sa nature commune à toutes choses, implique une structure d'ensemble : force et effort, activité qui nécessite une affection préalable, affection qui engendre, mobilise et oriente le désir.

En clair, l'individu est sujet particulier en raison de sa complexion et homme comme un autre par suite de son essence, commune à tous les autres hommes par définition. Le désir recouvre à la fois les dispositions innées ou acquises, à la fois les fonctions de l'homme (impulsions, appétits, volition)[3].

L'individualisme consiste à cultiver l'image d'un homme *singulier* relativement à l'état de nature, de par son *ingenium*, ses dispositions innées et acquises, et à distinguer un homme *particulier*, doté de caractéristiques propres, relativement à ses semblables. Cette singularité de la nature suffit à faire de l'homme une *super-chose* souveraine et à justifier la primauté de l'individu sur le reste du monde avec tous ses constituants : instincts, sentiments, raison rationnelle. L'égocentrisme, la conscience avivée de cette singularité fantastique, ajoute à la primauté de l'individu sur les choses ou les causes extérieures, l'appropriation de la nature, l'homme maître du monde. Dit autrement, l'égocentrisme assigne un désir à l'image de sa singularité, celui d'un monde fait pour lui, un désir de souveraineté.

Conclusions

À la différence des autres êtres vivants, les affects humains bénéficient d'un traitement mental plus élaboré : le vécu n'est pas seulement perçu, il peut être conçu. Cela veut dire que l'affect est traduit en idées, en schèmes mentaux. Et pour peu que ces schèmes persistent dans la pensée, ils

---

[1] La puissance de persévérer dans son être est commune aux choses et aux êtres vivants animés par l'appétit « qui sert à sa conservation », *Ethique* III, prop. IX, scolie. Mais l'homme bénéficie d'un conatus spécifique, réflectif, doté du désir : « le Désir se rapporte généralement aux hommes, en tant qu'ils ont conscience de leurs appétits et peut, pour cette raison, se définir ainsi : le Désir est l'Appétit avec conscience de lui-même. », ibid.

[2] « Chacun a le pouvoir de se connaître lui-même et de connaître ses affections, sinon absolument, du moins en partie, clairement et distinctement et de faire en conséquence qu'il ait moins à en pâtir. », *Ethique* V, prop. IV, scolie.

[3] *Ethique* III, Définition des affections, I, explication.

constituent un mode de pensée, une manière de penser et d'exister. Mais ils ne persistent que s'ils sont dotés d'une puissance suffisante pour résister aux autres idées portant sur le même objet, puissance entretenue de diverses manières : renforcement par les affects individuels ou communs, puissance d'imaginer du sujet, capacité de coordonner et de renforcer les idées entre elles, etc.

L'individu souverain, pilier du libéralisme, se ramène au terme de notre analyse à un sujet, assujetti (*subjectum*) à l'interconnexion des corps-objets et des idées environnantes. L'être humain est avant tout un être en relations. À l'opposé de l'individu souverain, l'être humain est une manière d'être de la nature, relié à elle et déterminé par elle. Bien loin du libéralisme qui considère l'individu comme une entité parfaitement autonome et susceptible d'exprimer en toutes circonstances des choix rationnels résultant du calcul de ce qu'il juge être son propre intérêt. Précisément, le concept d'intérêt (*inter-esse*, « être entre ») est aussi essentiel à l'individu libéral qu'à l'être humain spinoziste seulement il est porteur de sens différents : pour le premier, l'intérêt désigne la différence entre ce que je suis et ce que je veux être de manière à développer ma puissance d'exister dans un contexte concurrentiel ; pour le second, il marque la reconnaissance de la particularité individuelle au milieu d'autres êtres humains particuliers ; je suis un parmi d'autres et mon désir d'exister ne peut être joyeux que s'il s'accompagne de relations concourantes avec les autres[1].

Plus au fond s'opposent deux conceptions de la liberté : l'une fondée sur l'indépendance et l'autonomie de l'individu, l'autre sur la capacité de la raison à comprendre les nécessités qui poussent le sujet à agir[2]. L'une est une valeur préétablie, objet d'une ambition existentielle, celle d'exister sans contraintes autres que celles que l'individu se donne ; l'autre est une reconnaissance réfléchie du sujet sur la condition humaine. Par conséquent, « L'homme qui est dirigé par la Raison, est plus libre dans la Cité où il vit selon le décret commun, que dans la solitude où il n'obéit qu'à lui-même. »[3]

---

[1] « (…) les hommes qui sont gouvernés par la Raison, c'est-à-dire ceux qui cherchent ce qui leur est utile sous la conduite de la Raison, n'appètent rien pour eux-mêmes qu'ils ne désirent aussi pour les autres hommes, et sont ainsi justes, de bonne foi et honnêtes. », *Ethique* IV, scolie prop. XVIII.

[2] « Un homme libre, c'est-à-dire qui vit suivant le seul commandement de la Raison… », *Ethique* IV, prop. LXVII, démonstration.

[3] *Ethique* IV, Prop. LXXIII.

Chapitre 2
Avant de se définir, l'homme existe par les autres et avec les autres

L'affect commun est semblable à l'*habitus* relevé chez Pierre Bourdieu, une correspondance de schèmes mentaux « générateurs de pratiques », des dispositions individuelles assorties entre elles (goûts, éthique commune, manière de voir et de considérer les choses et les êtres...), des puissances d'agir apparentées qui s'actualisent dans des comportements propres à chacun. La force de l'*habitus* ne s'établit pas seulement par la puissance du nombre de ceux qui le partagent, pas seulement non plus par sa résistance aux *habitus* opposés, mais aussi parce qu'il nourrit subrepticement d'autres pensées ou idées : « une révolution symbolique bouleverse des structures cognitives et parfois, dans une certaine mesure, des structures sociales. Elle impose, dès lors qu'elle réussit, de nouvelles structures cognitives qui, du fait qu'elles se généralisent, qu'elles se diffusent, qu'elles habitent l'ensemble des sujets percevants d'un univers social, deviennent imperceptibles. »[1] Nous ne sommes pas intégralement le sujet de nos actions.

Les affects communs

L'affect commun est intrinsèquement lié au *conatus* : la puissance d'exister et d'agir de l'homme dépend des autres *conatus* encore faut-il que l'ensemble, comme tout affect, apporte à tout le moins le sentiment de sécurité, celui de pouvoir persévérer individuellement dans son être. L'affect commun est lui-même un composé d'affects divers suivant les rencontres avec les autres — et non pas une confusion qui ne permettrait aucune composition. De même que les choses ou modes sont interagissants, l'affection commune résulte d'une interaffection entre les hommes, non pas une dispersion, mais une contagion de ressentis fondée sur le principe de l'imitation des sentiments d'autrui posé à la racine des relations interhumaines[2]. De la multiplicité et de la diversité des rencontres émerge une affection dominante, majoritaire, plus forte que les autres, objet d'un consensus, d'une convergence des sentiments ou des opinions par similitude. Pour simplifier, l'affect commun est le premier degré de la conscience du vivre ensemble : un mélange de ressentis éprouvés

---

[1] P. Bourdieu, Manet, une révolution symbolique, Cours au Collège de France (1998-2000), suivis d'un manuscrit inachevé de Pierre et Marie-Claire Bourdieu. Seuil, Raisons d'agir, 2013.

[2] « Si nous imaginons qu'une chose semblable à nous et à l'égard de laquelle nous n'éprouvons d'affection d'aucune sorte éprouve quelque affection, nous éprouvons par cela même une affection semblable. », Ethique III, prop. XXVII et A. Matheron, *Individu et communauté chez Spinoza*, Les Editions de Minuit, 1969, p. 154.

collectivement et d'idées confuses doté de la force du nombre, mais aussi de la puissance délivrée par l'intensité, l'homogénéité des ressentis et des représentations imaginaires. L'affect commun ne se décrète pas : il est, il se rencontre, il s'élabore par assimilations successives. Pour autant, l'affect commun n'est pas qu'un sentiment commun et encore moins une émotion labile, il se construit, s'entretient, s'organise, se structure comme toute puissance. Et il n'existe que s'il continue d'exister, encore faut-il que l'affect se maintienne dans des rapports de forces internes et externes, par la cohésion et l'entretien de l'affect commun et par son rapport — et donc son degré — de convenance ou de discordance aux autres affects communs. De petites discordances internes sont susceptibles de conduire, à terme, à la fragmentation de l'affect commun en affects particuliers constitutifs des sous-groupes[1]. Inversement, la solidarité de sous-affects particuliers des associations civiles contribue à la composition ou au renforcement d'un affect universel. Dit autrement, la sécurité — maintenir son existence — cimente l'affect commun et la vertu (la force raisonnée) de l'État est de la garantir[2].

Partant de là, rien n'est jamais joué. Même « la raison » — est-elle une sur le plan modal ? — ne peut parvenir, à elle seule, à modifier la puissance des affects. En politique, il ne s'agit pas d'avoir raison, mais de convaincre. Le libéral ne devrait rien trouver à redire sur ce marché commun des affects s'il concède que l'affect est d'abord un composé spécifique qui ne peut être le résultat d'une compétition entre appétits ou désirs individuels[3]. L'affect commun prend corps dans le pouvoir politique, le souverain, c'est-à-dire une affection commune qui l'emporte sur les autres, une représentation par les individus des interaffections dont ils sont la source et dont ils font la cause de leur affect. Remarquons tout de suite que le pouvoir est fondamentalement instable, fragile et précaire du fait de son lien de subordination à l'affect commun. La plus grande menace pour la souveraineté vient du dedans[4]. Nous verrons toutefois que si elle se structure à l'aide d'institutions, de normes, elle accroît sa puissance de persévérer en tant que pouvoir sur le collectif.

Par ailleurs, si la puissance collective de l'affect commun est nettement supérieure, en termes d'universalité et de force, à l'affect individuel, rien

---

[1] Étymologiquement, ὀλιγαρχία, oligarkhía, petit segment de la société, petit groupe. Voir L. I.

[2] « (...) la vertu nécessaire à l'État est la sécurité. », *Traité Politique* II, § 21,

[3] Car la compétition implique des affects opposés, incapables de former un affect commun. Par contre, l'émulation, « le Désir d'une chose engendré en nous de ce que nous imaginons que d'autres êtres semblables à nous en ont le Désir » forme le premier temps de l'affect commun (*Ethique* III, prop. XXVII, scolie). C'est ensuite que chacun, selon sa complexion, prendra position sur la chose désirée par ses semblables.

[4] « Il est certain en outre que les périls menaçant la Cité ont pour cause toujours les citoyens plus que les ennemis du dehors (...) », Spinoza, *Traité Politique*, VI, § 6.

ne permet d'affirmer que les contributions successives obtenues par mimétisme — chacun y mettant du sien — conserveront l'intégrité de l'affect commun originel d'autant que, en tant que tel, l'affect est un sentiment et n'obtient donc d'adhésion que sur une image, un ressenti, un écho partagé : c'est souligner ici la force des symboles. Il n'est donc pas démontré que lorsque la puissance de l'affect commun sera dominante, l'individu retrouva, dans cette force collective, les mobiles de son engagement initial. Autre conséquence, l'affect commun est doté d'une puissance spécifique qui s'impose aux individus coordonnés entre eux, en position d'interaffection. En termes contemporains : sa puissance dépend du degré de communication entre eux et sa spécificité résulte de l'information qu'il diffuse. Une autre encore, en tant qu'affect, il implique le corps et l'esprit, c'est-à-dire qu'il affecte autant la pensée que le corps, qu'il ne se réduit pas à une simple influence et qu'il produit des effets bien concrets[1].

En tout cas, vouloir construire une entité politique à coup de mesures, de règlements et autres dispositions économiques en espérant inscrire dans l'histoire une union d'intérêts est une illusion sans l'assentiment commun. Il faut laisser aux peuples le temps de se composer un affect commun[2].

Le pouvoir politique

Dès lors est légitime ce qui est l'objet d'un accord, d'un consensus qui rassemble au moins la majorité des opinions en un affect commun dominant et qui permet à cet ensemble d'être dans l'action, dans l'expression de son être (la joie), les autres restant dans la tristesse de la passion, de limitation de leur puissance d'exister. Le légitime est le résultat d'une puissance collective de l'affect commun qui se perpétue tant qu'il n'a pas rencontré une autre affection collective plus puissante ou consistante, étant entendu que la consistance d'un affect dépend d'un apport mutuel du vital, du sentiment et de la raison selon une alchimie encore énigmatique : quelle dose de survie, d'affectif, de rationnel s'établit dans cet affect commun ? Le comportement de l'homme politique expérimenté apporte une réponse existentielle. Doté de discernement, c'est-à-dire d'une intuition (idée adéquate) il est capable de distinguer les composés de l'affect commun, de les hiérarchiser selon leur prégnance, et d'agir en conséquence avec habileté : il sait « comment s'y prendre » pour organiser, modifier, affaiblir ou renforcer cet affect commun, bref pour

---

[1] Voir par exemple, E. Durkheim, Le Suicide, ou M. Mauss, Effet physique chez l'individu de l'idée de mort suggérée par la collectivité.

[2] « Il faut prendre les choses comme elles sont. On ne fait pas de politique autrement que sur des réalités. » Il ne suffit pas de dire « l'Europe, l'Europe, l'Europe, mais ça n'aboutit à rien », Ch. De Gaulle, *Entretien avec M. Droit*, 14.12.1965.

établir un rapport de forces en sa faveur, de le neutraliser en encourageant d'autres affects communs, de le rendre « furtif » aux attaques de l'adversaire qui le rendrait perceptible.

La seule manière de savoir ce que « valent » ces affects communs, c'est-à-dire de connaître leur puissance et leur consistance, est de les mesurer à l'étalon de la joie et de la tristesse qu'ils procurent, synonymes de la puissance d'exister de l'affection commune dominante pour la première, de l'impuissance à dépasser les affects concurrents pour la seconde. Les polémiques argumentées ne changent pas grand-chose sur la ligne de front. L'affection commune, ainsi que l'*habitus*, ont des attaches collectives viscérales et historiques. Pour emporter le pouvoir, il suffit d'assurer une plus grande joie que celle que peut procurer l'adversaire. À l'inverse, la faiblesse d'action — maintenir le pouvoir — conduit à inspirer la tristesse, un climat de crainte entretenu à coups d'images de crises, chômage, perte du pouvoir d'achat, catastrophes et faiblesses de toutes sortes distillées par ceux qui sont capables d'intervenir dans l'affect commun.

Machiavel avait déjà radicalisé la chose politique, partant des humeurs (*umori*) sociales, en deux clans[1]. Loin du consensus, l'État n'existe et ne vit que grâce à des rapports de forces. Pour lui, l'État « ne peut s'appuyer que sur l'institution de la discorde civile entre les élites et la plèbe, autrement dit sur la reconnaissance politique du conflit inhérent à la cité »[2]. Ainsi, « les dissensions sont un aspect élémentaire de la liberté »[3]. Sans lutte, sans contraintes de forces opposées, sans appétit, sans joie et sans tristesse, il n'est pas de vie politique voire de vie tout court. Bien loin de subordonner la politique à la morale, l'art de gouverner obéit à des règles spécifiques liées à l'instabilité des relations humaines (les hommes suivent leurs intérêts et leurs passions, dont l'ambition), ainsi qu'à l'irrationalité de l'histoire. Tout dirigeant doit connaître ces règles s'il veut « se préserver » et « se maintenir »[4]. La politique est présentée comme un champ d'action et de réflexion autonome sur lequel la morale n'a pas prise. Toutefois « Il faut toujours confier [le dépôt de la liberté] à ceux qui ont le moins le désir de la violer. »[5] La liberté, au fondement même de la réflexion morale, se retrouve principe du choix politique. Laissons ici le débat sur ce retour de

---

[1] « Dans tous les pays, en effet, on trouve deux dispositions d'esprit opposées [dua umori diversi] : d'une part, le peuple ne veut être ni commandé ni opprimé par les grands ; de l'autre, les grands désirent de commander et opprimer le peuple », *Le Prince,* chap. IX. Et ce n'est pas un hasard si Spinoza cite le « très pénétrant Machiavel » dans le *Traité politique*, fin du chapitre V et début du chapitre X.

[2] O. Pironet, *Machiavel contre le machiavélisme*, Le Monde diplomatique, novembre 2013.

[3] Machiavel, Discours sur la première décade de Tite-Live, titre du chap. IV.

[4] Machiavel, *Le Prince*, respectivement chap. XIV et début du chap. II.

[5] Id., chap. V.

la morale. Nonobstant, l'observation des comportements politiques montre que la corruption se tient aux aguets de tous.

Nous savons maintenant qu'il ne suffit pas d'une bonne idée ou d'un discours charpenté et cohérent pour construire un affect commun. Reste la question de la condition suffisante qui fait concrètement l'histoire, cet imperceptible qui fait l'affect commun dans un environnement donné.

Le souverain et l'*obsequium*

Le souverain capte les désirs au sens où il figure la composition des puissances individuelles investies en un seul. Il n'est rien sans l'affect commun ou puissance de la multitude[1]. Il fait porter sur lui la différence de potentiel entre sa capacité personnelle et l'affect commun. L'*obsequium*[2], en retour, est justement cette composition ressentie et reconnue par les individus puisqu'ils en sont la cause, un affect universellement partagé par la présence effective du souverain. Par l'*obsequium*, le souverain se maintient en tant que tel. De nos jours, nous dirions que l'*obsequium* est une attitude positive, bien plus qu'une posture ou attitude affectée. Le souverain produit une soumission et une obéissance consenties dans la mesure où le sujet y trouve, pêle-mêle, une assurance à son existence, une contribution à sa puissance, une justification rationnelle de ses désirs. De ce point de vue, il n'est aucunement besoin de faire appel à l'artefact d'un contrat social.

La souveraineté est une force et un droit, ce qui revient au même. Le droit n'est rien sans la force et cette force provient de la composition des forces ou droits individuels au profit du souverain[3]. Dès lors, ce dernier n'exercera sa souveraineté et ne conservera son pouvoir « qu'aussi longtemps qu'il conservera la puissance d'exécuter tout ce qu'il voudra »[4]. Ceci signifie que le pouvoir politique est non seulement dépositaire de la puissance individuelle et collective,[5] mais encore et surtout que le souverain en fait ce qu'il veut. En tant que composition organisée, ou institution, le souverain confisque la puissance collective qui lui est

---

[1] « Le droit de celui qui a le pouvoir public, c'est-à-dire du souverain, n'est autre chose que le droit de nature, lequel se définit par la puissance non de chacun des citoyens, pris à part, mais de la masse conduite en quelque sorte par une même pensée. », *Traité Politique*, chap. III, § 2.

[2] Étymologiquement, une soumission complaisante, acceptée.

[3] « ... tout être dans la nature tient de la nature autant de droit qu'il a de puissance pour exister et agir », *Traité Politique*, chap. II, § 3.

[4] Traité Théologico-politique, chap. XVI, § 7.

[5] Comme dans la plupart des théories du contrat politique initial.

attribuée par ses sujets[1], du moins — et la réserve est essentielle — tant qu'il bénéficie du support de l'affect commun. Au fond, les institutions ou structures collectives disposent d'une force transitive dont l'affect commun est la source. En terme d'action, « gouverner c'est affecter »[2], c'est dire que l'essentiel du pouvoir ne contient aucune réalité s'il n'est pas accompagné d'une manière de faire, d'une manière de façonner l'affect commun, de l'entretenir, de le développer par la joie ou de le réduire par la tristesse. Le rôle de la communication en politique ne date pas d'aujourd'hui.

Nous l'avons évoqué, l'affect commun, comme toute force, s'entretient dans le temps et dans l'espace, par et dans l'action. Plus il est conservé dans le temps, plus il s'épaissit, plus il gagne en profondeur, d'autant il résiste aux forces adverses ; plus il envahit l'espace, plus il se diffuse, d'autant il gagne en puissance.

L'aliénation[3]

L'aliénation est naturelle — elle est le mode d'exister de toute chose — à partir du moment où l'existant est *in alio*[4]. On vient de voir que l'affect commun se construit et se renforce par les affects individuels et que les institutions bénéficient d'une force autrement plus puissante que les efforts individuels. Si le pouvoir politique s'arroge cette puissance pour la retourner contre les citoyens et réduire leur puissance d'agir, alors, à terme, il affaiblit l'affect commun qui le porte et progressivement il décompose la Cité en conatus désolidarisés, où chacun vivra selon sa complexion. L'État politique se déconstruit et revient à l'état de nature[5].

Le pouvoir politique, représentant l'affect commun, peut donc s'approprier l'affection des citoyens en l'orientant vers des objets imaginaires (symboles ou fictions) de sorte qu'il conserve sa puissance d'agir tout en modifiant l'affect commun non pas par la raison, mais par

---

[1] « Le pouvoir politique est la confiscation par les dirigeants de la puissance collective de leurs sujets », A. Matheron, *Individu et communauté chez Spinoza*, éd. 1988, cité par F. Lordon, *Derrière l'idéologie de la légitimité, la puissance de la multitude*, 2006.

[2] F. Lordon, *La société des affects*, Seuil, 2013, p. 228.

[3] Sur ce sujet, nous renvoyons le lecteur à l'ouvrage précité de F. Lordon. Ouvrage remarquable, puissant et pénétrant, qui nous a fortement inspiré.

[4] D'ailleurs, il suffit de changer d'*alius*, personne, environnement physique ou culture, pour s'apercevoir de sa propre aliénation tout en tombant dans la nouvelle. De même, il suffit de considérer l'*alius*, l'autre, pour l'estimer déterminé par des conditions extérieures (son mode de vie, les influences qu'il subit, etc.) en contraste avec nos propres habitudes, sans voir dans ces dernières nos propres subordinations.

[5] Que de fait chacun vit comme il l'entend ou que l'État accorde ce droit, le résultat est le même : « Si enfin elle donne ce pouvoir à chacun d'entre les citoyens, elle se détruit elle-même ; la Cité n'existe plus et l'on revient à l'état de nature. », *Traité Politique*. III, § 3.

l'imagination[1], sans qu'il lui soit besoin de recourir à la violence. Cette méthode douce de substitution progressive du contenu de l'affect commun par une idée captivante, séduisante, assure la vitalité de l'idéologie libérale. La force du libéralisme consiste précisément à alimenter l'affect commun en stimulant les appétits individuels dans une configuration de désir. Il aspire ces appétits et les organise en désirs de consommation canalisés en mouvements collectifs toujours fluides[2]. Entendons par là qu'il encourage la puissance d'exister de chacun par les offres qu'il propose en leur montrant l'intérêt de suivre ses orientations : l'appétit individuel ainsi cautionné par l'idéologie ambiante trouve, clé en main, la bonne conscience qui justifie son désir. Le désir est orienté sur un bon objet avec de bons motifs. Il confère une « bonne conscience » qui n'est d'ailleurs qu'une idée inadéquate — au fond, une mauvaise idée — puisqu'elle n'est qu'une affection enveloppant une idée imposée de l'extérieur. Plus précisément, en tant qu'imposée de l'extérieur et affection, l'idée ne donne pas son mode d'élaboration qui contient, en elle, une autre idée, celle forgée par la puissance politique, la manière de penser de cette instance et la manière dont elle est reçue par le citoyen[3]. *A contrario*, une idée vraie comprend en elle non seulement un objet qui lui correspond adéquatement, mais aussi sa cause[4]. Autrement dit, si le citoyen avait une idée vraie de l'*objet* communément invoqué par l'idéologie libérale, il en saisirait la vérité idéologique[5], il le comprendrait comme *objectif*, c'est-à-dire comme idée conçue par un autre et idée comprise par lui.

Fasciné par le projet libéral, le citoyen joyeux se voit ainsi plus fort que la nature, capable de tout, de satisfaire son désir à portée de main à crédit (en augmentant son pouvoir d'achat sans argent, en épuisant les ressources naturelles), d'avoir une bonne image de soi au travers de la reconnaissance sociale, d'être le meilleur en toutes circonstances… Il n'éprouve qu'une crainte, celle de se retrouver privé de ce bon objet, donc sans désir, privé de tout. La crainte de ne plus pouvoir emprunter ce que la société lui offre, la peur de se voir sombrer au milieu de cas isolés tombés dans le malheur du sans-rien auxquels on le confronte par messages médiatiques

[1] L'imagination est une manière de parler de l'esprit, de désigner cette faculté mentale par laquelle la pensée associe des affections d'idées et des affections des corps en une représentation corporelle, une image, un affect, un impact mental et physique, un objet tout comme s'il était présent. « Une imagination est une idée par laquelle nous considérons une chose comme présente », *Ethique* IV, prop. IX, démonstration.

[2] À l'image des bancs de sardines et des bandes d'étourneaux.

[3] *Ethique* II, prop. XXI, scolie.

[4] L'âme humaine. « L'idée de l'idée d'une affection quelconque du Corps humain n'enveloppe pas la connaissance adéquate de l'Âme humaine. », *Ethique* II, prop. XXIX.

[5] Une manipulation mentale, renvoyant non seulement à la manière de penser de l'autre, mais aussi à sa propre manière de penser.

récurrents[1]. Il s'agite d'autant plus dans l'action joyeuse de la consommation que le nœud coulant de la dette se resserre à chacun de ses sursauts en augmentant ses craintes.

Du côté de la puissance politique, ce détournement d'un affect collectif vécu par une affection construite, s'accompagne d'une crainte, celle de voir se réduire sa puissance d'agir[2] par le fait même que l'individu poursuivant son intérêt cautionné par la puissance publique ne se réjouit pas pour autant (comme on l'a vu ci-dessus), d'autant plus qu'il s'imagine que les autres développent leur propre puissance d'exister indépendamment de la sienne, voire contre la sienne dans un rapport concurrentiel : il ne peut plus les mimer.

La somme des intérêts individuels n'a jamais construit un intérêt collectif. La puissance publique, imprégnée de libéralisme, se voit elle-même comme un assemblage d'affects individuels : elle promeut cette image et en diffuse sa promotion. Concurrence et compétition, les maîtres mots des pouvoirs en place, vident le contenu de l'affect commun tout en leur accordant une valeur formelle collective. L'État renvoie la figure d'une puissance garantissant le désir individuel, à commencer par celui de ceux qui le représentent. Quant au citoyen, il attend de l'État la satisfaction de ses désirs indépendamment de ceux des autres. En vain. On ne peut mieux être étymologiquement frustré [3] : on ne peut vouloir être son propre maître, ne rien attendre des autres, et espérer que l'État, structure de l'affect commun, complète notre impuissance. L'individu souverain, en tant que tel, n'a rien à faire de et dans l'État. Il s'en désintéresse s'il ne lui est pas hostile. L'affect commun se rétrécit et se fragmente en sous-affects partisans. La puissance publique suit le même processus d'amenuisement et de dispersion. Entretenir l'affect commun à coups d'images d'intérêts singuliers nécessite un effort constant, croissant d'autant qu'il lui faut contrarier des forces qu'il a lui-même créées : forces centripètes délivrées par les représentations attachées à l'individu, force centrifuge inhérente à l'entretien d'un affect commun artificiel. En épuisant sa puissance d'agir au milieu de forces contraires, le pouvoir politique éprouve les sentiments « négatifs » de tristesse[4] et diffuse le sentiment qu'il n'est pas en mesure d'assurer la sécurité individuelle, le désir minimal de maintenir son existence.

---

[1] « (...) la Peur n'est donc autre chose que la crainte en tant qu'elle dispose un homme à éviter un mal qu'il juge devoir venir par un mal moindre », *Ethique* III, prop. XXXVIII, scolie.

[2] La crainte, une forme de tristesse, est la marque d'une affection qui « diminue ou réduit la puissance d'agir de l'homme », *Ethique* III, prop. XXXIX, démonstration.

[3] *Frustra*, en vain.

[4] Sentiments de peur, d'arrogance (faire preuve d'autorité), de secret, d'incertitude voire d'affolement, une suite de sentiments et d'actes contraires.

En conséquence de quoi, le libéralisme distille la crainte, malgré ses annonces joyeuses, et voue un certain degré de haine du peuple, seul capable de menacer l'affect commun qu'il promeut. Effectivement, il essaie de l'écarter en réduisant la puissance des États par des réformes, d'éviter le recours au suffrage populaire et de l'éliminer en douceur : « il vaut mieux que vous mourriez parce que ça va coûter trop d'argent pour vous soigner »[1]. En érigeant la vie et la puissance individuelles en modèle collectif, en exhortant l'envie de « s'affirmer comme sujet singulier »[2], l'État libéral non seulement vide de sa substance le sentiment d'une commune appartenance, mais encore laisse le citoyen imaginer son impuissance et s'installer en lui la mésestime de soi[3] face au modèle du sujet souverain, de l'homme « entrepreneur de lui-même »[4] : ce dernier ne peut jamais atteindre l'image que le pouvoir politique donne de lui, l'image d'un sujet singulier autonome, parfait (riche, en bonne santé, aux désirs satisfaits, travailleur flexible et infatigable, assumant ses risques de santé...). Nous retrouvons ici l'originalité collective, ce stéréotype qui impulse chacun à rechercher sa singularité (sa « personnalité ») définie par d'autres placés aux commandes de la communication de masse. L'originalité collective présente la caractéristique de laisser croire que ce qui est désiré par tous est un signe distinctif d'originalité individuelle, encore faut-il être dans les premiers à l'acquérir, pour montrer sa différence[5], avant qu'il ne devienne quelconque. L'originalité collective nécessite un renouvellement constant d'objets à désirer sur fond de compétition entre les sujets pour les obtenir. Finalement, l'objet que je désire n'est pas le mien, c'est celui que j'imagine désiré par les autres.

---

[1] D. Brabel, consultant chez Arthur D. Little International, *La grande manipulation de l'industrie du tabac*, Cash investigation, France 2, 07.10.2014. Une étude conduite par Arthur D. Little International pour le compte du cigarettier Philip Morris montre que les effets financiers négatifs du tabagisme (comme l'augmentation des coûts des soins de santé) sont plus que compensés par les effets positifs (comme la taxe d'accise et TVA collectées sur les produits du tabac) : il vaut mieux donc laisser partir en fumée les individus plutôt que de réduire le tabagisme, davantage de morts précoces réduisent les coûts pour l'État tchèque, Rapport du 28.11.2000.
Http://edition.cnn.com/2001/BUSINESS/07/16/czech.morris/study.doc. Des morts discrets, sans coups, et pas trop chers, sans coûts. Réduire les dépenses de santé et d'enseignement (la promotion du peuple).

[2] Et cela, dès le plus jeune âge : la mission principale de l'école maternelle « est de donner envie aux enfants d'aller à l'école pour apprendre, grandir et s'affirmer comme sujet singulier. » *Projet de programme de l'école maternelle*, 3 juillet 2014, p. 2. À la différence d'« apprendre à vivre ensemble », l'un des principaux objectifs de l'école maternelle (programmes de 2002).

[3] *Ethique* III, définition des affects, XXVIII, explication.

[4] A. Corsani, *Intermittence : Inventons un contre-modèle*, 25.06.2014, www.cip-idf.org.

[5] Être *cool*, c'est être différent. *Think different*, le slogan d'Apple. La force d'Apple est d'avoir fait d'un produit (objet) une marque (affect).

On comprend mieux maintenant le paradoxe, sur le plan théorique, et la manipulation, sur le plan pratique, de l'idéologie libérale. Sur le premier, il consiste à utiliser et objectiver la puissance du peuple en lui donnant des buts, des objets particuliers, singuliers en ce qu'ils appellent des fins personnelles, des désirs donc, qui fragmentent la force collective par l'effet de leurs singularités. La domination consiste à produire socialement des affects. Seulement, pratiquement, ces objets sont imaginaires et laissent croire que la puissance d'exister de chacun est augmentée par des images qui développent les singularités (individualités) grâce à une sorte de miroir collectif, l'individu souverain. L'autonomie, être soi-même, se suffire à soi-même, forment la trame des messages envoyés par l'idéologie libérale. L'État encourage les affects individuels sans entretenir l'affect commun, son essence même. Il dissout le lien social et la sécurité, le liant social. Le mécanisme politique libéral dissocie l'affection de l'affect : il suppose qu'en encourageant les désirs individuels par un objet de masse (cause extérieure), il va créer un affect commun. Cet objet de masse qui relève du domaine économique dominé par la finance est supposé engager un sentiment collectif suffisant pour entretenir la vie politique. Et pourtant, si l'affection n'est qu'individuelle, il n'est pas d'affect commun, pas de communauté politique. L'État n'a alors aucun sens, il est sans objet de désir. Or, l'État, le politique, les institutions existent et sont bien utiles pour affirmer le pouvoir libéral. Il faut donc essayer de donner au peuple le sentiment, l'affect commun, qu'il existe et que tout est fait pour qu'il continue d'exister sous l'image d'*homme-moyen* : intermédiaire entre l'individu et le collectif, ni individu singulier, ni homme social (celui de la classe moyenne[1]), mais un homme qui présente l'avantage d'être créé de toutes pièces par l'idéologie libérale, l'individu le plus répandu.

En tant que souveraine, la puissance politique est bien supérieure à la puissance individuelle, c'est évident[2]. Ce qui l'est moins — et c'est le type même de la manipulation — c'est que le pouvoir politique ne comprend plus en lui-même l'affect commun tout en voulant conserver la puissance du nombre, le pouvoir public[3]. Le pouvoir libéral entretient un simulacre d'affect commun par un affect collectif, déterminé statistiquement comme représentatif de l'opinion des citoyens : l'opinion commune étant l'opinion la plus fréquente en réponse à des critères prédéfinis par les quelques-uns au pouvoir[4].

[1] La classe sociale est un concept étranger au libéralisme.

[2] « La force et la croissance d'une passion quelconque, et sa persévérance à exister, ne se définissent point par la puissance avec laquelle nous persévérons dans l'existence, mais par la puissance de la cause extérieure comparée à la nôtre. », *Éthique* IV, prop. V.

[3] « Ce droit que définit la puissance du nombre, on a coutume de l'appeler pouvoir public », *Traité Politique*, II, § 17.

[4] ὀλίγος — *olígos* — quelques-uns, peu nombreux.

Par essence, l'idéologie libérale ne peut encourager un affect commun, source de désir d'égalité entre les sujets, de désir partagé avec les autres, de plus grande joie que celle obtenue par la recherche de la satisfaction personnelle[1]. Or, si l'on peut admettre que la puissance du nombre forme l'affect commun, celui-ci, par nature, ne peut être prédéfini : un agrégat de complexions individuelles constitue un agrégat collectif, mais ne suffit pas pour composer un affect commun. Une double extériorité renforce l'affection de faiblesse (la passion) des citoyens : l'affect individuel n'est plus impliqué dans l'affect commun puisqu'il n'en est plus cause partielle ou partie prenante ; le pouvoir politique confisqué par la pression concomitante des oligarchies libérales détermine les objets de désir du peuple qui doivent — en tant que référence et norme comportementale — assurer le *contentement* de chaque citoyen, partant d'une moyenne statistique. Étant entendu que le *contentement* se définit comme ajustement du désir individuel à l'offre[2]. Les oligarques confisquent la puissance collective additionnelle apportée par l'électorat.

L'œuvre de mystification libérale repose donc en ceci : détourner l'affect commun en moyenne des affects individuels, substituer au but commun des objets imaginaires et confus sur lesquels se règlent les affects individuels. Les sujets adhèrent à cette image que le pouvoir leur renvoie : le tout est de savoir comment formuler des messages qui s'imposent aux yeux du public tout en leur donnant le sentiment qu'ils sont libres[3]. Ils deviennent flottants, indécis, contrariés, déterminés à l'indétermination, mais heureux débonnaires quand même puisque leur *conatus* a un but formel — la liberté — et une affection imaginaire — une croyance — construite par le libéralisme. « L'espoir fait vivre » dit le proverbe et suffit à contenter le citoyen heureux de vivre dans une société libérale qui lui garantit qu'il est son propre maître sans lui faire ressentir les contraintes qui limitent sa puissance d'agir[4].

---

[1] Sous la conduite de la raison, de la réflexion, l'appétence de l'utile pour un individu n'est satisfaisante que si elle est aussi celle des autres, *Ethique* IV, scolie prop. XVIII, cité précédemment.

[2] À la différence de la satisfaction obtenue par une offre correspondant à la demande.

[3] « Il faut mener les hommes de telle façon qu'ils ne croient pas être menés, mais vivre selon leur libre décret et conformément à leur complexion propre ; il faut donc les tenir par le seul amour de la liberté, le désir d'accroître leur fortune et l'espoir de s'élever aux honneurs. », *Traité Politique*, X, § 8.

[4] « Sur une population libre l'espoir exerce plus d'influence que la crainte ; sur une population soumise par la force au contraire, c'est la crainte qui est le grand mobile, non l'espérance. De la première on peut dire qu'elle a le culte de la vie, de la seconde qu'elle cherche seulement à échapper à la mort : celle-là, dis-je, s'efforce à vivre par elle-même, celle-ci reçoit par contrainte la loi du vainqueur. », *Traité Politique*, V, 6.

Concluons : le pouvoir politique libéral entretient le désir d'être individuel plutôt que le désir d'être ensemble. Or, on l'a vu, le désir d'être individuel ne peut être défini puisqu'il n'a pas d'objets et, lorsqu'il en a un, il révèle immédiatement la diversité des affects individuels[1]. L'illusion consiste à laisser imaginer que ce désir d'être est partagé par tous (une moyenne aux contours indéfinis) et que, par effet de miroir synthétique — au sens d'artificiel et de global —, le pouvoir politique renvoie une image d'un désir commun.

[1] *Ethique* III, prop. LI, déjà cité.

Chapitre 3
Du bruit de la révolte au silence de la terreur

De la souveraineté monétaire

Reprenons ce que nous avons écrit sur l'argent[1] et regardons d'abord ce qu'en dit Spinoza. L'argent détient essentiellement le pouvoir d'assurer notre existence, c'est-à-dire de contribuer à l'exercice de notre *conatus*. Il « est devenu l'instrument par lequel on se procure vraiment toutes choses »[2]. Il recouvre trois pouvoirs : celui d'acquérir des biens, celui de les échanger et enfin celui de leur donner une valeur (« le résumé des richesses »). Ces fonctions vitales et sociétales assurent le mieux notre *conatus*. C'est pourquoi « son image occupe d'ordinaire plus qu'aucune chose l'Âme du vulgaire »[3] et nous procure la plus grande joie. L'objet argent répond à notre effort de vivre et suscite l'*avaritia*, l'avidité, une « passion universelle et constante » empreinte de considération sociale[4].

C'est pour ces raisons que l'argent, désir universel[5], est le mieux à même de fonder l'affect commun. L'argent représente l'objet transitionnel par excellence, le meilleur médiateur entre l'affect individuel et l'affect commun[6]. L'argent institué en monnaie, frappée par l'État qui y apporte son sceau, transforme une idée confuse, une image, en objet concret porteur des affects individuels liés nécessairement à l'affect commun : il n'est pas d'argent sans monnaie, il n'est pas de satisfaction du besoin d'argent sans recours à l'instrument collectif, il n'est pas de valeur de la monnaie sans la garantie du souverain. « Souverain monétaire et souverain politique ne font qu'un »[7]. On ne s'étendra pas ici sur les déclinaisons particulières de l'affect commun qui le maintiennent (l'*obsequium*, respect, soumission…), le renforcent (dévotion, adoration, conviction…), ou en dérivent (confiance, peur, haine…). Retenons le sentiment de confiance qui solidarise l'affect argent individuel et l'affect collectif de monnaie. L'objet monnaie assure la transition du désir individuel en désir commun et, en retour, soumet celui-là à celui-ci en transitant par le souverain. À l'évidence, le souverain peut profiter de ce détournement pour son propre

---

[1] À plusieurs reprises, dès le L. I, titre 1, chap. 1, *L'individu propriétaire*.

[2] « Pour se procurer ce nécessaire, les forces de chacun ne suffiraient guère si les hommes ne se rendaient de mutuels services. L'argent est devenu l'instrument par lequel on se procure vraiment toutes choses et le résumé des richesses », *Ethique* IV, appendice, chap. XXVIII.

[3] *Ethique* IV, ibid.

[4] Traité Politique, X, § 6.

[5] L'objet du désir devient le désir lui-même.

[6] Le désir d'une chose qui est en nous et que nous imaginons être le désir d'autres que nous, *Ethique* III, prop. XXVII déjà cité.

[7] F. Lordon, *La société des affects*, op.cit., p. 189.

compte et introduire de la sorte une rupture de lien, de confiance, entre le désir d'argent du citoyen et l'objet monnaie commun qui devrait lui apporter la satisfaction.

Le risque « monnaie » accapare la puissance politique[1]. Poursuivons : la monnaie a évolué en titres financiers divers détenus par des individus, groupes, cartels, trusts, fondations, disposant d'une souveraineté de fait mal identifiée. « Mal identifiée », parce que ces pouvoirs oligarchiques désignent une nébuleuse et qu'ils ne correspondent pas à la souveraineté porteuse de l'affect commun. Une souveraineté sans nom. Avec la prise en main de la monnaie par les marchés, à laquelle s'ajoute un dérivé (les produits financiers), la finance accapare l'argent. Plus fondamentalement la monnaie, maintenant l'actif financier, se charge symboliquement de l'affect commun d'autant plus facilement qu'il a emprunté le chemin politique : il nous vient à l'esprit que les produits financiers sont bien des dérivés de crédit de l'affect commun. Il engrange les énergies passionnelles des hommes fondées sur l'image de l'argent. Il tire également sa force d'imposition par les structures hautement complexes qu'il a bâties au fil du temps. Faisons court : la finance, par dérivations successives de l'argent, devient la vraie cause du bien commun et fait des miracles. À l'inverse, lorsque la finance ne parvient plus à augmenter la monnaie ou faire illusion, elle provoque la crise, une crise de confiance, partagée par tous sans remettre en cause la mystification opérée sur la monnaie. Le sens commun, s'il y trouve un gain ou un avantage, « préfère ignorer les causes naturelles des choses et ne veut entendre parler que de ce qu'il ignore le plus et par suite admire le plus. »[2]

Les états de l'opinion

« Sur une population libre l'espoir exerce plus d'influence que la crainte ; sur une population soumise par la force au contraire, c'est la crainte qui est le grand mobile, non l'espérance. »[3] Dans le premier cas, la population (peuple ou nation) trouve dans les institutions et le climat politique, la persévérance de sa puissance d'exister. Dans le second, la population est soucieuse d'assurer sa conservation et de sauver son existence. Quant aux situations extrêmes de l'une et de l'autre, elles provoquent séditions et guerres. Séditions, lorsque le régime ne parvient pas ou plus à faire appliquer les lois et « où chacun, au plus grand péril de sa vie, agit selon sa complexion propre »[4]. Guerre lorsque, à l'inverse, le pouvoir en place use de sa force pour faire appliquer les lois et assurer son

---

[1] Ne serait-ce qu'en sauvant les établissements financiers au bord de la faillite.
[2] Traité Théologico-politique, chap. VI, § 1.
[3] Traité Politique, V, § 6.
[4] Traité Politique, V, § 2.

existence en embarquant la crainte de la population. En termes contemporains, l'indignation est un sentiment individuel de tristesse face à des comportements humains qui menacent ou détériorent la représentation que chacun se fait de l'humanité comme affect commun. L'indigné a peu à voir avec le rebelle animé par la phobie du conformisme et uniquement préoccupé de soi, comme les autres[1]. La révolte est une action collective (affect commun) inspirée par une idée plus radicale qui menace l'existence ou la puissance d'exister de la population : elle solidarise les efforts.

On l'a dit plus haut, l'affect construit par le libéralisme nécessite un doublement de l'effort de la part de la puissance politique. Il s'efforce de contrebalancer la tendance à l'individuation assignée au contenu même de l'affect par la nécessité de maintenir formellement un affect commun en multipliant les objets censés répondre aux désirs de l'homme-moyen représentatif de la masse. Maintenir la souveraineté dans ces conditions est épuisant et épuise de fait la puissance publique, ambition affichée du libéralisme, accompagnée du sentiment de tristesse. Il s'ensuit également la crainte de voir le pouvoir politique s'effondrer sur lui-même doublée par celle d'affronter une opinion frustrée par la promotion de l'individu souverain, responsable de lui-même, sans pouvoir. L'image construite par le pouvoir en place s'effondre lorsqu'elle est instruite par le plus grand nombre. L'indignation précède la révolte.

On vient de voir que l'argent, le résumé des richesses qui occupe l'âme du plus grand nombre, a subi sous l'influence politique le désir de monnaie et, sous l'emprise libérale, la création d'une série d'objets financiers qui devraient aligner le désir commun sur celui du monde de la finance, propriété de quelques-uns. La force financière escompte focaliser l'appétit individuel d'argent sur l'objet finance et entamer ainsi une mutation de l'affect commun. S'établit ainsi une double tyrannie en douceur : celle du tyran-usurpateur qui emprunte avec habileté la puissance de l'affect commun, celle du tyran-dictateur avec sa prétention de créer l'affect commun. Tout se passe comme si, dans ce contexte, la société civile libérale empruntait le premier chemin et le pouvoir politique libéral, le second[2]. Le démiurge libéral entend définir ce qu'est l'homme et ce qui est bon pour lui. Mais ces objets convoités sont hors de portée du plus grand nombre et ne provoquent d'autre affect que celui de tristesse, la conscience de l'impossibilité d'acquérir des richesses et la mauvaise conscience de son impuissance.

---

[1] « (...) la phobie constitutive de l'individu contemporain, c'est le conformisme », M. Gauchet, *La seule attitude, c'est le silence et le mépris par rapport à une agression sans motif plausible*, Le Monde.fr, 06.10.2014.

[2] La crise de l'Europe exprime son péché originel : avoir construit un commerce avant d'avoir constitué une Cité.

Le pouvoir politique libéral — à moins de renoncer à son dogme ou à son trône — imaginera le dissident, voire le peuple, comme cause de sa crainte, et il « s'efforcera de l'écarter ou de le détruire »[1]. Écarter est une puissance défensive, réactive faible, de neutralisation. La haine est une puissance agressive, réactive forte, d'élimination.

Triste masse et silence de la terreur

La masse, originellement, n'est pas indifférente selon Spinoza. Elle figure le premier moment de l'affect commun fondé sur l'imitation. Passionnelle, par sa constitution native, organisée ensuite par la composition des conatus[2] et structurée enfin en établissant les lois et institutions propres à édifier l'État représentatif de « l'union des âmes »[3].

L'affect commun, lorsqu'il perd « l'union des âmes » qui en assure son essence et sa puissance, engendre un sentiment symétrique de crainte : crainte de la masse vis-à-vis du pouvoir, crainte du pouvoir face à la masse[4], l'un parce qu'il y perd son âme, l'autre parce qu'il y perd en force. D'un côté, « la foule est redoutable lorsqu'elle est sans crainte »[5], de l'autre « Plus le prince a de sujets de crainte, plus il y a de causes propres à faire de lui un tyran »[6]. La question n'est pas de trouver un régime politique idéal qui serait une superstition de plus, mais, pratiquement, de trouver un équilibre juste (une *adæquatio*) entre la masse et le pouvoir, une idée vraie de la vie politique.

De quelle crainte s'agit-il ? Nous savons que le désir, action ou passion[7], vise un objet présent ou possible qui oriente l'appétit. Sur le plan des affects, que l'objet soit réel ou imaginé importe peu, seul compte l'effet produit sur notre état passionnel qui l'investit. En ce sens, l'objet désiré est un symbole, la forme a parfois peu à voir avec le contenu. Il comprend en lui l'espoir d'éprouver la joie ou celui d'éviter la tristesse. Lorsqu'on parle de désir ou d'objet, il vaudrait mieux les désigner par

---

[1] *Ethique* III, prop. XXXIX, démonstration.

[2] « Ce n'est pas par raison que les hommes se solidarisent pour maintenir et accroître leur puissance d'exister, mais par composition de leur effort, de tout leur être. », *Traité Politique*, II, § 13.

[3] « Le droit de la Cité en effet est défini par la puissance de la masse qui est conduite en quelque sorte par une même pensée, et cette union des âmes ne peut se concevoir en aucune façon si la Cité ne tend éminemment au but que la saine raison enseigne à tous les hommes qu'il leur est utile d'atteindre. », *Traité Politique*, III, § 7.

[4] La crainte qu'il faut inspirer aux masses pour les maîtriser et la crainte du pouvoir politique face aux masses lorsqu'elles ne craignent plus rien, E. Balibar, *La crainte des masses*, Galilée, 1997.

[5] *Ethique* IV, prop. LIV, scolie.

[6] Traité politique, V, 7.

[7] De trouver ou d'éviter, de développer ou de maintenir notre puissance d'exister.

« objet désiré », car ce n'est pas n'importe quel désir dont il s'agit ni d'un objet en tant que tel, mais d'un affect déterminé par un objet imaginé comme apportant une réponse au désir. Ce n'est pas la chose en elle-même que nous visons, mais la réponse à notre désir au travers de cette chose[1]. C'est pourquoi nous jugeons la chose bonne ou mauvaise pour nous, partant de nous. Notre état passionnel est en prise directe avec l'imagination.

Le désir (actif) s'accompagne alors de sous-affects (réactifs)[2], espoir et inquiétude relativement à l'issue de l'entreprise du désir : sera-t-elle couronnée de succès ? Nous l'espérons sur fond de crainte, d'incertitude, d'appréhension (*timor*) attachées à la composition même de l'affect « objet-désiré ». Pour peu que l'on veuille y réfléchir — la crainte nous pousse davantage à la réflexion que la joie —, nous pressentons que notre imagination mêle deux plans : celui de la puissance de notre appétit, celui de l'histoire. Le premier parce qu'il est impératif, il s'impose à nous, sans bien savoir ce que nous désirons ; le second parce que l'imagination nous présente un objet futur (ou passé) tout comme s'il était présent[3] et qu'il faut bien attendre que les choses se fassent ou que l'objet se présente (ou se représente). Le désir est connoté de crainte du fait de l'incertitude qui l'entoure à la fois sur son origine et sur sa fin : ai-je bien ciblé mon désir, la cible sera-t-elle atteinte ?[4]

Dès lors, chacun, selon sa complexion et son expérience (vécue, perçue, conçue), régule ses objets-désirés selon la représentation qu'il a de lui-même et du monde. Il n'en reste pas moins que la crainte demeure le bruit de fond de tous nos affects tant parce qu'elle manifeste l'instabilité de nos désirs — et de nos appétits dont ils sont la source —, que parce qu'elle révèle l'illusion de l'objet-désiré. Traduit en termes existentiels ou opérationnels, la peur est plus forte que le désir, l'inconscient sur le conscient, le réactif sur l'actif, la passion sur l'action, le reptilien sur le limbique et celui-ci sur le cortical, la sécurité sur le risque, bref, persévérer dans son existence l'emporte sur l'augmentation de sa puissance d'agir. C'est très exactement le problème posé par la prise de risque et la peur de l'aventure.

Conclusions de tout ceci : la crainte est la plus puissante des passions. Elle suit le désir comme son ombre. Elle fait preuve de plasticité dans la mesure où elle est susceptible de changer ses objets-cibles ou de se fixer

---

[1] « … nous ne nous efforçons à rien, ne voulons, n'appétons ni ne désirons aucune chose, parce que nous la jugeons bonne ; mais, au contraire, nous jugeons qu'une chose est bonne parce que nous nous efforçons vers elle, la voulons, appétons et désirons. », *Ethique* III, prop. IX, scolie.

[2] Qu'il ne faut pas confondre avec les affects communs éprouvés par les associations ou groupes.

[3] *Ethique* IV, prop. IX, démonstration, déjà cité. À l'origine de l'angoisse, *timor*.

[4] L'objet-désir correspond-il à mon désir, m'apportera-t-il plus de joie que de tristesse… ?

sur un objet imaginaire. La peur est le désir d'éviter un mal plus grand qui risque de nous arriver[1]. Le couple désir-crainte accompagné par l'imagination justifie l'instabilité de l'affect, des sentiments, oscillant entre le désir sans retenue à la terreur, peur énorme, en passant par le flottement de sentiments confus.

La convergence entre l'état de la masse et la tyrannie compose une situation critique, heureusement exceptionnelle, mais bien réelle dans l'histoire. Le mécanisme pourrait être le suivant : l'imposition par la société civile d'objets du désir conduit l'individu à un désir sans conscience, un désir sans effort. Comme dans l'originalité collective, l'objet désir n'est pas authentiquement le sien et l'individu se demande d'ailleurs toujours qui il est : il boite du *conatus*, il est privé pour partie de l'effort de persévérer dans son être. Il en résulte une insatisfaction constante qui devient même une habitude à laquelle s'ajoute la crainte du déclassement, celle de ne plus faire partie de la société civile, d'être excommunié par ceux qui ont accès aux biens, les seuls qui sont *intéressants*[2]. Il s'ensuit une tristesse silencieuse.

Du côté du pouvoir souverain, on le sait, le sujet n'y trouve pas son compte, cette union des âmes qui renforce sa puissance d'exister. Le pouvoir souverain le renvoie à lui-même en exaltant l'individu tout en lui adressant — en guise d'affect commun — des messages de tristesse de nature à lui inspirer la peur : déficit, réduction, austérité, crise, chômage, corruption, pollution... un monde et une puissance publique épuisés. La peur qui gîte dans les affects envahit sa sensibilité et son état mental. Le libéralisme parvient à renouer les vieilles ficelles de la superstition : elle fait fuir le mal — le politique — pour orienter le désir vers le bien, les biens, l'économie. Elle utilise la tristesse pour amener à la joie (possible) offerte par la société civile. Et ceux qui la diffusent — les politiques — « sont tristes et malheureux, ils veulent que les autres les imitent et assoient leur autorité sur la crainte. »[3] Le politique est triste, la société civile est joyeuse.

L'affect commun se désagrège en singularités individuelles. La masse se définit en tant que multitude décoordonnée, sans affect commun, sans puissance. « Une Cité, faut-il dire encore, où la paix est un effet de l'inertie des sujets conduits comme un troupeau, et formés uniquement à la

[1] « (...) la Peur n'est donc autre chose que la crainte en tant qu'elle dispose un homme à éviter un mal qu'il juge devoir venir par un mal moindre. », *Ethique* III, prop. XXXIX, scolie.

[2] À la fois intéressés comme membres d'un groupe en position dominante et fournisseurs de biens.

[3] J.M. Vaysse, *Spinoza et le problème de la peur : « metus » et « timor »*, Philosorbonne, 2012, p 143, http://philonsorbonne.revues.org/410.

servitude, mérite le nom de solitude plutôt que celui de Cité. »[1] Une masse flottante, indécise[2] qui n'a d'autre solution que de se fixer individuellement sur l'acquisition de richesses diffusée par la société civile, seule source de joie.

Les pouvoirs en place, tant celui de la société civile que celui de l'État, n'ont, en somme, qu'une seule et même crainte : que la masse change d'état, retrouve le lien social, l'affect commun, son mouvement, sa puissance et se revendique comme peuple[3].

Se trouvent alors placées en synergies deux formes de crainte correspondant à deux sources différentes, comme on l'a dit[4]. L'angoisse éprouvée par la masse et la peur des pouvoirs en place. Une forme passive et une forme active de crainte. Rien de mieux pour créer des phénomènes turbulents. Nous vivons dans un climat bizarre[5], entre le silence de la masse, les manœuvres structurelles à pas feutrés des puissances financières de la société civile et le tapage médiatique public. Sans doute faut-il « se méfier de l'eau qui dort » ou « du calme qui précède la tempête ».

À l'affrontement hurlant toujours possible, on peut opposer l'asservissement en douceur, par à-coups, mais structuré de la masse. Elle s'y prête et elle y est prête. La société civile libérale, la seule à éprouver la joie du désir, renforce sa puissance d'exister, bénéficiant du crédit que lui accorde la masse — il n'est pas d'autre solution pour elle — et de la peur du politique. Il ne lui reste plus qu'à lui faire pénétrer plus avant la conformité à son image d'individu souverain, l'individualisme, pour neutraliser tout effort collectif et valoriser la concurrence entre les hommes. L'un et l'autre sont sources de haine : éliminer le collectif, éliminer l'adversaire. Faute de les neutraliser, il faudra les éliminer si l'idéologie libérale veut survivre.

---

[1] *Traité Politique*, chap. V, § 4.

[2] « Mais comme les hommes sont soumis à des affections (...) qui surpassent de beaucoup leur puissance ou l'humaine vertu (...), ils sont traînés en divers sens (...) et sont contraires les uns aux autres (...), alors qu'ils ont besoin d'un secours mutuel (...). » *Ethique* IV, prop. XXXVII, scolie II.

[3] La crainte de la puissance publique se cristallise au sujet du référendum : éviter que le peuple ne choisisse un objectif structurel qui ne soit pas celui du pouvoir libéral, mais aussi redouter que l'abstention exprime clairement le vide de l'affect commun. Spinoza qualifie cette crainte de consternation : « le Désir d'éviter un mal futur est réduit par la Peur d'un autre mal, de façon qu'on ne sache plus ce qu'on veut, alors la crainte s'appelle Consternation », *Ethique* III, prop. XXXIX, scolie.

[4] Crainte du pouvoir, crainte par le pouvoir, chapitre précédent. L'angoisse du mal imaginé, de ce qui peut arriver, la peur face à une réalité présente.

[5] Du moins dans les communautés occidentales.

Titre 3 : le Prince des ténèbres

Le vieux monde se meurt, le nouveau monde tarde à apparaître, et dans ce clair-obscur surgissent les monstres.[1]

Au point où nous sommes, l'homme, par nature et donc comme la nature, n'est ni bon ni méchant. En termes contemporains, « les pulsions biologiques peuvent être tout autant bénéfiques et nuisibles »[2] ce qui convient à l'inconscient freudien.

Bien et mal ne s'apprécieraient que par retour de la pratique du sujet sur son milieu sous la forme d'un ressenti positif ou négatif de son acte. Un sentiment de plaisir ou de douleur, d'amour ou de haine, de joie ou de tristesse l'envahit selon que sa vie a progressé ou s'est trouvée menacée par la réponse de l'environnement. Plus d'une fois, il nous est apparu plus facile de discerner la douleur que le plaisir, les émotions négatives que positives ; la survie est plus importante émotionnellement que la continuation tranquille de la vie.

Bien et mal seraient jugés — décidés tels — par raison et érigés en principes, règles ou lois qui n'en restent pas moins révisables compte tenu de l'évolution de la vie tant individuelle que collective. À cet égard, la prédominance des mœurs sur les doctrines laisse entendre que les comportements évoluent plutôt par mimétisme que par application consciente de règles explicites. Il n'empêche que le raisonnement, en tant que représentation mentale, est susceptible, en retour, d'influencer les ressentis à venir et de modifier nos comportements. Dans quelle mesure ? Là est l'enjeu.

---

[1] A. Gramsci, cité par S. Venturini, *Éclats d'une poétique de l'inaccompli*, l'Harmattan, 2010, p. 12.

[2] A. R. Damasio, *L'erreur de Descartes*, op. cit., p. 249.

Chapitre 1
La mauvaiseté de l'homme

Il faut « supposer d'avance les hommes méchants, et toujours prêts à montrer leur méchanceté toutes les fois qu'ils en trouveront l'occasion. » [1]

Généalogie de la morale

Il ne peut être question d'inaugurer, comme l'a réalisé Nietzsche, une méthode historique des transformations de la morale[2] partant de l'interprétation de l'histoire humaine. Nous nous contenterons de tracer les moments d'élaboration de la morale, une sorte d'ontogenèse du concept partant du présupposé de l'individu souverain.

La loi morale[3] ne survient pas *ex nihilo* dans la conscience, soit par une sorte d'introspection sur les motifs de nos actes, soit à la suite d'une culture de facultés morales innées afin de mieux identifier le bien et le mal. Elle n'est ni donnée dans la nature ni innée.

Reprenons autrement ce que nous avons écrit dans le livre I[4]. Les règles de nos conduites s'édifient à partir d'un dessein utilitaire : trouver les moyens propres à assurer notre survie. Parmi eux, nos semblables apparaissent utiles, voire indispensables à la réalisation de nos fins, et nous ne pouvons que commercer avec eux. Au même titre que tout apprentissage, l'éthique s'élabore par tâtonnements, à la suite de réponses affirmatives ou négatives du monde environnant aux sollicitations du sujet. Tandis que les premières le conduisent à persévérer dans son être sous la mesure du plaisir, les secondes le renseignent sur les limites de sa puissance ou de sa volonté à l'échelle de la douleur. Au fur et à mesure de ses expériences de vie, le sujet construit une sorte de code de conduite : est bon ce qui me procure du plaisir, est mauvais ce qui provoque de la douleur. De là s'élaborent des règles de prudence en particulier avec les autres hommes avec qui l'on commerce : il est de l'intérêt de tous de tirer profit des échanges et d'éviter les conflits contre-productifs susceptibles de dégénérer au point de menacer la vie qu'il s'agisse de la sienne ou de celle

---

[1] Si ce conseil s'applique « à celui qui établit la forme d'un État et qui lui donne des lois », il peut être étendu à chaque homme puisqu'il implique tous les hommes (y compris soi-même, dirigeant ou non), Machiavel, *Discours sur la première décade de Tite-Live,* L. I, Chap. III, Pléiade, pp.388-389.

[2] « (...) une véritable histoire de la morale », F. Nietzsche, *Généalogie de la morale*, Avant-propos, §7,

[3] Compte tenu des limites de notre étude, nous utiliserons indifféremment les expressions de « loi morale », « humanité » et « liberté ».

[4] Chap. 2, notamment Coopération et collaboration.

des autres dont j'ai besoin. Les codes d'éthiques n'ont d'autre fonction que d'éviter tout préjudice, d'assurer les échanges et la sécurité. Au cours de ces rencontres avec d'autres, l'homme découvre que l'un et l'autre ne sont pas qu'intéressés, mais intéressants. Ils sont capables de trouver un intérêt commun et de fonder une association afin de le sauvegarder et, par la discussion avec les uns et les autres, de comprendre l'intérêt de tous. À ce stade, l'intelligence est suffisante pour ajuster et sélectionner les moyens nécessaires au vivre et au bien-vivre. Elle parvient même à définir un algorithme des bonnes conduites sous forme de codes sociaux et à les formaliser par des règles éthiques destinées à inspirer et juger les comportements admissibles pour négocier.

L'homme mauvais n'est pas mal

Partant de là, la méchanceté serait l'effet d'un mauvais calcul du sujet soit en faisant mal à l'autre sans le savoir — une erreur de jugement sur sa force ou sa sensibilité — soit, en le sachant et donc en le voulant, pour conforter sa propre puissance d'exister au détriment des autres ou des normes éthiques. Dans tous les cas, il en éprouvera du plaisir — du moins dans un premier temps — avec le risque de déclencher des conflits en série et un climat de crainte.

Peut-on dire alors que « nul n'est méchant volontairement »[1] ? Si l'individu savait ce qu'est le mal, la douleur et la souffrance qui l'accompagnent, aucun individu ne l'appliquerait puisqu'il ne commencerait pas par se l'appliquer — c'est le raisonnement platonicien — : il ne peut nuire à lui-même puisqu'il fuit la douleur. Socrate porte ainsi une valeur hors l'homme qui ne peut se retourner contre l'homme et n'envisage pas que l'homme puisse jouir de la douleur. Lorsque l'homme ne considère que lui-même, il s'aperçoit qu'il ne se maîtrise pas à chaque instant et qu'il est des actes spontanés qui lui échappent : sa raison ne commande pas tout son existant et bien des conditions le déterminent sans qu'il ne les maîtrise : le mal serait donc hors de lui, un effet indépendant de sa volonté lucide[2]. Le mal n'existerait alors que pour une raison absolue, connaissant toutes les conditions du monde, capable de les déterminer, mais qui ne voudrait pas se déterminer à faire le mal en connaissance de cause, ce qui serait absurde. Or, la valeur est en l'homme et c'est lui qui la définit en fonction de ce qu'il est capable de supporter et de faire : est bon ce qui conforte ma puissance d'être, de vie, d'exister, y compris la souffrance en ce qu'elle est intimement liée à la vie. Non seulement le mal ne se réduit pas à la douleur, à la souffrance, mais il est le signe de mon impuissance : mon vouloir excède mon pouvoir et c'est parce que je veux au-delà de ce que je peux, de ce que je connais, que je

[1] *Lois* IX, 860d, *Protagoras* 345e, *Ménon* 77d et 78b, *Gorgias* 468c et 520e
[2] Le sadomasochisme relève de l'inconscient qui n'existe pas dans ce contexte.

suis cause du mal. Le mal revient en l'homme. Ce que je veux et les actes qui s'ensuivent se fondent sur une idée fausse, une méconnaissance des causes, une croyance. Auquel cas, je fais mal à l'autre par ignorance y compris de sa sensibilité.

Si nul n'est méchant volontairement, « nul n'est juste de son plein gré »[1]. Ce contre-point nous permet utilement de préciser la dimension abstraite du mal sur fond de pensée métaphysique d'un monde harmonieux. La justice est éminemment politique et, dans le *Gorgias*, commettre l'injustice est rattaché au malheur de l'âme y compris après la mort, et la justice entraîne le bonheur intégral, tous deux bien plus profonds que le couple plaisir-douleur. La justice est un savoir, *noûs*, qui engage tout notre être — pas seulement la connaissance, *logistikon* — sous l'évidence du vrai. Elle implique tout autant l'*épithumia* (nos instincts vitaux) que le *thumos* (nos sentiments) et donc nos actes. L'injustice est le désaccord entre la partie rationnelle et les parties irrationnelles de l'âme, elle rompt l'harmonie et l'équilibre que nous suggèrent indirectement les réalités sensibles. L'opinion erratique est l'ignorance qui s'ignore elle-même. Son évidence, c'est-à-dire sa vérité, lui reste en partie opaque, du fait de l'obstacle corporel. En d'autres termes : le mal comme le bien sont des idées pures qui ne trouvent pas d'applications intrinsèques dans la réalité embrumée par l'existence de la matière corporelle et les impulsions affectives. L'idée même de liberté, le tropisme de la liberté comme celui d'égalité, ne font pas partie des préoccupations de l'esprit hellénique, du moins de la philosophie platonicienne. L'homme est inscrit dans un cosmos, un univers qui tourne plus ou moins rond en apparence, mais dont il sera en tout cas toujours dépendant. Même au-delà des apparences, le cosmos est présupposé un monde bien fait, fini, ordonné, intelligible, qui ne laisse pas de place à la liberté et à l'égalité, sources de hasard, de désordre et d'erreur. Dans ces conditions, le mal n'a pas de sens, il est chaos, vide, non-être, néant ; il ne peut avoir d'existence, il est « a-logos », indicible et inintelligible. Par conséquent, l'homme peut être mauvais au sens où il peut faire de mauvais choix par ignorance, mais le mal en soi n'a pas de réalité. Le cosmos n'a pas de volonté, il est le meilleur possible dira Leibnitz, il ne peut vouloir autre chose que lui-même. La raison absolue ne peut vouloir le mal. Elle n'a aucune morale.

Que l'on se place du point de vue subjectif-particulier ou cosmos-universel, le mal n'a pas de sens jusqu'ici : ignorance d'un côté, non-être de l'autre. De même, la morale se présente comme un calcul plus ou moins judicieux conduit par l'individu pour assurer sa vie et conforter sa puissance d'exister. C'est banal, la conclusion ne présente aucune originalité.

---

[1] Platon, *République*, 358c, 359b, 366d.

Si l'on ne se contente pas des conclusions et que l'on revient sur le processus qui les a conduites, on relèvera que, déjà, le fait même du calcul humain marque un écart par rapport aux déterminations des choses et qu'il n'est pas bâti sur le schéma du réflexe ou du mécanisme aveugle qui n'admet que l'immédiat, sans la médiation du calcul. On remarquera également que le décalage initial n'est pas donné une fois pour toutes et qu'il est entretenu — cela demande quand même un effort, celui de « persévérer dans son être », une volonté propre qui n'entend pas être uniquement façonnée par les pulsions, instincts ou autres causes qui la déterminent à agir. Enfin, on observera que les conclusions logiques et cohérentes ne sont pas satisfaisantes, car rien n'explique la distance initiale spontanée qui a laissé à l'intelligence une marge de manœuvre (le libre arbitre). Bien plus, l'intelligence, experte dans l'analyse des causes, ne trouve là rien à dire sur cette origine incausée sinon pour la désigner sous le nom de « raison » ou de conscience : « l'intellect comprend tout juste assez pour se rendre compte que pour l'intellect elle est — *absolument inintelligible.* »[1] Tout se passe comme si l'intelligence était elle-même l'effet de cette « raison », comme si elle était indispensable, mais pas essentielle, comme si elle était capable de comprendre les différences, mais pas la sienne.

Résumons : les hommes cherchent l'équilibre, l'harmonie, susceptibles de les conduire au bonheur sous l'unité réconciliée des constituants individuels (les instances de l'âme) ou collectifs (les instances politiques). Encore faut-il les connaître. Dans un monde prédéterminé, si l'homme veut trouver le bonheur, il ne peut que se conformer à ses déterminations et le mal est plutôt une mauvaise solution, le résultat d'une ignorance et d'une méconnaissance des ressorts inconscients qui l'animent. Les hommes ne peuvent alors que fonder des codes de bonne conduite, approximatifs et provisoires, destinés à garantir des comportements sans dommage, sans préjudice, des guides éthiques ajustés aux nécessités telles qu'elles sont conçues et évaluées par l'intelligence au travers de l'expérience. Pour peu que l'homme reprenne, par la réflexion, le processus d'élaboration du consensus auquel il est parvenu au travers des codes, règles et normes, il reconnaît leur fragilité et la nécessité de revoir inlassablement ce consensus afin de maintenir leur actualité. À l'origine du processus, il place la conscience, une échappée théorique de la causalité qui, pour

[1] Nietzsche, id., *Troisième dissertation,* § 12. Dans le texte, l'intelligence prend acte de ses limites face à « la complexion des choses ». Dans le contexte, Nietzsche, reprenant Kant, souligne les limites de l'entendement qui introduit une division de la raison dont certains « ascètes » s'emparent pour opposer la raison contre la raison.

autant, ne se définit pas elle-même et, pourtant, n'est pas elle-même sans effets.

La raison de la liberté et du mal

À partir du moment où la réflexion de l'homme l'amène à envisager la possibilité qui lui est offerte de produire des effets en se déterminant lui-même, partant du constat qu'il est capable de prendre conscience de ce qui le détermine, il se conçoit comme être doué de liberté. Peu importe à ce moment que la marge soit grande ou petite : elle existe. Autrement dit, s'il est des déterminations, il n'est pas de déterminisme qui supprimerait toute conscience, toute autonomie de la volonté, l'acte même de la pensée qui se voit déterminée et déterminante. Quand bien même nous souscririons au déterminisme spinoziste — la liberté est l'ignorance des causes qui nous font agir[1] —, il resterait que la constitution psychique du sujet comprise en tant que rapports de puissances entre idées[2] qui fait notre être, dont nous sommes la résultante, demeure originale et singulière. Elle demeure originale non seulement parce qu'elle est le produit de composition de forces dont le résultat n'est pas prédéterminé partant exclusivement des causes extérieures, mais encore parce que les idées rationnelles, celles qui nous permettent de comprendre et de réfléchir, possèdent une force — comme toute idée, y compris celles de nos affections sensibles ou émotionnelles —, notamment celle de nous affecter, c'est-à-dire d'infléchir dans un sens ou dans un autre les rapports de forces affectives entre nos représentations. Pour peu que la conscience[3] s'exerce, chacun fait preuve d'une force d'âme singulière suivant son *ingenium* — complexion. Si l'homme n'est pas l'auteur de son *ingenium*, il peut le connaître et l'infléchir dans une certaine mesure sous la force de la conscience de l'idée vraie. « Dans une certaine mesure », car il est déjà bien difficile de connaître tout ce qui nous détermine, et de distinguer l'*ingenium* donné (les dispositions naturelles) de l'*ingenium* construit à force de faire persévérer certaines idées dans notre être. « Dans une certaine mesure » encore à propos de l'action qui fait appel à la force d'âme, aux dispositions mentales propres du sujet, mais aussi aux conditions extérieures, au moment où elles se présentent, selon leur degré de composition ou d'opposition avec notre résolution.

Ce n'est pas parce que le sujet est conditionné qu'il n'a pas de conscience ou la possibilité d'avoir des idées d'idées, des sortes d'idées « miroirs » dans lesquelles il se retrouve. Et ce n'est pas parce que le sujet dispose d'une force d'interprétation, par l'organisation des idées dans la

---

[1] Faute de Savoir Absolu, le mode est déterminé à être libre.

[2] Ou entre instances cérébrales primaires, secondaires et supérieures elles-mêmes sources de représentations

[3] L'âme, l'idée de l'idée du corps.

pensée, qu'il est totalement libre. D'abord parce qu'il n'est pas l'auteur de toutes ses idées, beaucoup lui parviennent construites et adoptées telles quelles. Ensuite, parce que les synthèses qu'il opère partent d'hypothèses imaginées dont il faut encore montrer, démontrer, l'adéquation avec la réalité objective des faits, des corps. S'il est un déterminisme absolu du point de vue de Dieu, de la Substance[1], il n'est que des déterminations pour l'homme : sur ce point, la conception de Kant n'apparaît pas opposée à celle de Spinoza. Selon celui-là, la liberté n'est pas indéterminée, elle est une détermination supplémentaire par rapport aux nécessités sensibles, une loi ou idée que le sujet s'applique à lui-même (autonomie) contre sa sensibilité ou d'autres idées sensibles. Mais cela ne veut pas dire que la raison l'emporte ou l'emportera sur les passions dans l'histoire. La loi morale, l'idée de l'idée obtenue par la réflexion, entre dans le jeu de la pensée, de la complexion mentale, et est capable de modifier à la fois la pensée elle-même et les déterminations (jugements et décisions) de l'homme dans son action. De notre point de vue, Kant pousse les exigences de la raison, Spinoza suit simplement les commandements de la raison.

Notre personnalité ne dépend pas de nous, mais, pour autant, elle ne nous dispense pas de cette forme de connaissance qu'est la conscience[2], ni de cultiver la puissance de nous affecter par la pensée. Dans le monde des conditions, la conscience ouvre la voie à la possibilité de s'autoconditionner sans avoir pour autant celle de s'autodéterminer. On le voit bien à l'expérience : il ne suffit pas de vouloir, il faut encore se placer dans des conditions qui permettent de réaliser ce que l'on veut. Il faut du temps, adopter une stratégie convergente des changements *in alio* avant de parvenir au changement *in se*. La conscience de soi est d'abord conscience des conditions qui nous déterminent. Par exemple, chacun peut modifier dans une certaine mesure son environnement et les affects qui s'ensuivent (ses conditions de vie, sommeil, nourriture, fréquentations, etc.) de façon à accompagner et renforcer l'idée d'une vie saine qu'il se fait et le choix qui l'engage dans une vie moins subie, moins triste.

La liberté est synonyme de puissance d'exister, de persévérer dans son être. Cette puissance est elle-même déterminée par la connaissance des causes qui nous déterminent à penser, sentir, agir. Dans la mesure où nous les connaissons et où nous connaissons notre force de penser, il nous est alors possible d'infléchir, de moduler, de hiérarchiser nos déterminations autant « externes » qu'« internes » par le biais de nos affects, baromètres de notre complexion (états d'âme) et indicateurs de l'influence des choses extérieures sur notre constitution physique et mentale.

---

[1] *Causa sui*, de se déterminer soi-même par la seule nécessité de sa nature.

[2] « Forme de connaissance » puisque l'entendement appréhende les phénomènes psychiques — la sensibilité et l'imagination — comme objet.

Maintenant, l'homme conduit sa réflexion sur le fond de la liberté reconnue à tout homme en droit et en fait. En droit, car il n'est pas pensable que la liberté dont je fais preuve par la réflexion ne soit pas accordée à tout homme pensant, comme moi. En fait, parce que l'expérience de l'échange m'a montré la réciprocité dans l'altérité : la liberté est humaine parvient à produire du consensus. Fondamentalement, la morale consiste à se penser « soi-même comme un autre »[1] non seulement parce que sa source — la liberté — est reconnue immédiatement à l'autre, mais encore parce que sa première opération — la réflexion — consiste à se distancier de soi[2] et enfin parce que son premier objet est l'autre qui, par effet miroir, renvoie le processus de penser de l'autre conforme au mien puisqu'il se construit à partir de la liberté en étant autre que ce que je suis[3].

La liberté n'entre pas dans la catégorie du quantitatif, du plus ou du moins comme les « valeurs » financières. Elle est ou elle n'est pas, plus exactement elle est ou elle n'est pas reconnue en tant que valeur posée par la réflexion morale. Par là même, la liberté de l'autre est équivalente à la mienne. L'égalité n'admet pas non plus de degrés. Ce n'est qu'en tant que valeurs attachées à chaque Homme que liberté et égalité se trouvent réconciliées.

Le mal, comme le bien, se laisse maintenant comprendre comme le résultat d'une volonté libre qui ne se juge pas sous la norme du savoir et ne se réduit pas à son pouvoir. Le mal est *possible*, il peut être pensé, voulu, agi. Le sujet peut invoquer les conditions qui le déterminent à agir, mais elles ne suffiront jamais à justifier son acte : d'une part parce que l'explication analytique des causes conduit à une régression infinie qui l'éloigne de son sujet, d'autre part parce que l'explication rationnelle ne suit pas la même méthode ni les mêmes objets que la réflexion raisonnable centrée sur le sujet, enfin parce que la justification suppose une loi universelle, partagée et reconnue par tous, y compris de lui-même, mais pas seulement par lui-même. Il nous faut être bref : le mal se définit comme une atteinte à la liberté ou à l'autre, au fondement même de la morale. Le mal n'a de sens qu'au regard de la morale ainsi définie. S'il *peut* être radical[1], comme la liberté, il n'est pas absolu parce qu'il ne s'impose pas, pas plus que la liberté. Il faut une volonté diabolique, celle

---

[1] Titre de l'ouvrage de P. Ricœur, Seuil, 1990. « L'Autre n'est pas seulement la contrepartie du Même, mais appartient à la constitution intime de son sens », p.380.

[2] Quitte à ce que la raison se dédouble comme on l'a noté quelques lignes plus haut.

[3] « (...) la conscience est un être pour lequel il est dans son être question de son être en tant que cet être implique un être autre que lui », Sartre, *L'être et le néant*, Gallimard, 1988, p. 29.

[1] Sur cette question voir Kant, *La religion dans les limites de la simple raison*, Première partie, en particulier § III. J Nabert, *Essai sur le mal*, (2e édition), Aubier, 1970.

qui voudrait supprimer la liberté, sa possibilité même, pour que le mal absolu trouve une réalité. Le mal *est* même radical puisqu'il est intrinsèquement lié à la liberté, mais l'homme n'est pas tenu de cultiver les fleurs du mal. Hélas, par sa dimension universelle, collective, le mal peut gagner la terre humaine : la réalité de la terreur en est un exemple historique. Le mal suprême trouve sa raison dans une raison qui a perdu la raison : un être déchu, envahi par le mal radical.

La tragédie : le prix de la liberté

L'épaisseur humaine de la tradition nous l'enseigne : l'homme vit une tragédie. Nous avons souvent présenté le monde de la Grèce antique comme un lieu où « tout tourne rond », suivant une sorte d'harmonie préétablie avant la lettre, alors que la vérité crève les yeux et déchire la circularité[1]. La tragédie met en scène ce qui est horrible, insupportable, le *fatum* (la nécessité, la fatalité, la nature des choses, nos instincts) contre le *logos* (le raisonnable qui se dit), ce qui ne dépend pas de nous et ce que nous voulons. La vérité est tragique : nous sommes des animaux prédateurs évolués, c'est-à-dire que nous vivons sur le dos de la nature et de notre prochain, et nous sommes tout en même temps animés de compassion : nous aimons la nature et nous aimons les autres, du moins certains autres. Nous sommes *capables* d'aimer alors que nous avons besoin de la mort de ce qui nous environne pour vivre[2]. La sublimation revient à se négliger au profit de ses passions et de ses idées : « Je vous aime beaucoup moins que mon Dieu, mais bien plus que moi-même »[3]. Cela aussi c'est l'Homme. Nous sommes des bêtes, on le sait, Pascal l'a dit avant nous[4]. L'histoire ancienne en témoigne, l'histoire récente du nazisme, du communisme et autres est encore là pour nous le rappeler[1]. Les événements quotidiens sordides profitent aux médias, mais ils existent, et chacun vit entre ces deux mondes, amour — haine, sans toujours se l'avouer. Le tragique déchire le voile.

---

[1] « On vit encore sous cette image atroce de la Grèce pays de la mesure, de la lumière, des l'harmonie des formes, etc. Tout ça, c'est une ânerie absolument sans fond. La Grèce, c'est le pays du meurtre, c'est le pays de l'inceste, c'est le pays où Œdipe pour découvrir la vérité doit crever ses yeux. Si les gens ne comprennent pas des symboles aussi parlants que peut-on faire ? Le moment où Œdipe découvre la vérité, c'est le moment où il se crève les yeux. Et c'est quoi la vérité ? C'est qu'il a tué son père et couché avec sa mère. Et c'est ça, la vraie conception ? » C. Castoriadis, *entretien de 1989*, Mediapart, 8.08.2012.

[2] Il faut bien couper des poireaux pour faire la soupe, tuer le cochon pour y mettre du lard et obliger les travailleurs à apporter les deux à l'agroalimentaire qui nous apporte la soupe.

[3] Corneille, *Polyeucte*, Acte IV, scène III.

[4] « L'homme n'est ni ange ni bête, et le malheur veut que qui veut faire l'ange fait la bête », *Pensées*, édition Brunschwig n° 678.

[1] Au total environ 231 millions d'êtres humains ont été tués à la suite d'une décision d'origine humaine au cours du XXe siècle selon l'étude de Milton Leitenberg de l'institut néerlandais de relations internationales Clingendael Institute, http://polymedia.skynetblogs.be.

Œdipe a bien tué son père, mais savait-il ce qu'il faisait ? C'est toujours l'homme qui pose un acte visible, mais l'acteur est-il pour autant l'auteur de son geste ? Ne sommes-nous pas, « nous tous qui vivons ici, rien de plus que des fantômes ou que des ombres légères »[1] ? L'homme n'est-il pas emporté par une histoire qui le dépasse ? En nous replaçant sous l'angle du libéralisme, l'individu est bien acteur, mais est-il véritablement souverain au point d'être auteur de ses actes ? Le moi conscient, indépendant de toute hégémonie hors de lui-même, est un idéal, une fiction.

Il en va tout autrement si l'on considère que le sujet se construit en interaction avec son environnement matériel et humain.

Comprendre n'est pas seulement parler, mais aussi agir. Ceci veut dire qu'un homme et d'autres sont capables d'agir pour préserver l'humanité dont chacun est dépositaire, cette humanité jamais définie, toujours en discussion, toujours soumise à la réflexion : c'est le travail même de la morale sous la conduite de la liberté. À ce stade, il ne s'agit plus seulement d'établir entre les personnes de justes relations de réciprocité, d'échange, mais de promouvoir une loi d'unité, la valeur humaine, enveloppant un renoncement effectif à la primauté du moi, voire à tous les intérêts attachés au moi. L'éthique échappe à cette ambition n'étant qu'un code social défini à un moment donné, dans des circonstances historiques particulières, afin d'assurer les relations collectives et une organisation de la société. La loi morale n'est pas autre chose que le respect que j'éprouve à l'égard des autres, de l'humanité que chacun porte en soi, de considérer que l'intérêt de moi, que j'ai en moi, est aussi l'intérêt des autres, qu'ils portent en eux : ils sont comme moi. S'ils sont « comme moi », je ne peux les tuer. C'est pourquoi le premier impératif catégorique se résume en : « Tu ne tueras pas », tu ne peux que respecter l'humanité ou la liberté d'autrui parce que tu les portes en toi. Si tu ne les considères pas « comme moi », parce que tu t'estimes ni libre, ni humain, alors tu peux te tuer, mais toi seul.

Le mal : la mort de l'autre et de la liberté

Examinons les principales conséquences de ce qui précède : l'individu souverain ne peut, sauf pour faire diversion ou s'ériger en « surhomme », revendiquer l'*imperium* — pouvoir et commandement — sur ses instincts et encore moins l'*imperium* de ses instincts laissant croire, sans contradiction, qu'il est souverainement déterminé par ce qui ne dépend pas de lui.

Revendiquer *sa* liberté n'a aucun sens puisqu'elle est déjà là, tout au plus peut-on revendiquer son exercice et encore en ce cas, faudrait-il ne s'en prendre qu'à soi-même. Placer la liberté en tant qu'objet de

[1] Ulysse confronté à la folie d'Ajax au début de la tragédie de Sophocle.

revendication n'a de sens que lorsqu'elle est sous-tendue par les « libertés publiques » en dénonçant les contraintes politiques qui brident l'exercice de la liberté de chacun et donc de tous.

Si la liberté n'a pas de prix, son exercice représente un coût en rapport à l'investissement personnel et au respect des autres, coût d'autant plus élevé si le profit pour soi n'est pas le but premier. Si nous ne partageons pas le destin assigné à notre société, combien sommes-nous à payer de notre personne pour en modifier la trajectoire ?

En privilégiant l'individu, le libéralisme exacerbe une préférence de soi, un amour de soi et ultimement une préférence de soi à l'humanité au sein du « nous »[1]. Que l'homme, par instinct, veille à la conservation de soi est une chose ; qu'il se soumette à cette force irrépressible par passion au point de faire triompher son intérêt en toutes circonstances, à faire jouer sa supériorité immanquablement au détriment des autres, est autre chose. L'égoïsme, « se préférer à tout »[2], est une caractéristique anthropologique qui relève de la nature humaine par son origine et de la morale par ses choix.

Après tout, la liberté n'a pas de place dans une idéologie, quelle qu'elle soit, puisqu'une idéologie dépend de l'idée originaire posée en principe. La liberté ne peut dépendre d'une seule idée ni d'une idée fixe.

Il n'y a rien de plus contraire à la morale, à la réflexion morale. L'égoïsme nie l'intérêt porté à l'humanité, à la définir et à la construire au travers de son expérience et de celle des autres. Il rejette l'idée d'autres consciences, de quelque chose d'autre que soi, aussi sensé que le moi : n'est-ce pas lui l'insensé ? Cette attitude ruine le fondement de la morale, la communication et la reconnaissance de consciences[3], le patient travail de la liberté dans l'émergence de l'idée d'une humanité *une* au-delà de la diversité des manières d'exister[4]. Tout ce cheminement qui s'est élaboré par les autres qui nous ont précédés et par les autres avec lesquels nous vivons, le « moi » souverain en tue la dynamique. L'égoïsme ne laisse pas *reconnaître* les pulsions innées, il y cède. Il ne reconnaît pas davantage les valeurs acquises si elles ne lui sont pas utiles. Il renie l'exercice de la liberté qui assume ses dépendances empiriques et rationnelles. Il recourt à l'autodétermination pour justifier l'inconscience comme un trait de sa personnalité. Concrètement : dans cette perspective, personne ne peut

---

[1] Nous reprenons ici Nabert, *Essai sur le mal*, Presses Universitaires de France (PUF), 1957, pp. 57 et 110.

[2] A. de Tocqueville, *De la démocratie en Amérique*, L. II, Partie II, chap. 2.

[3] C'est dire que la morale ne s'enseigne pas, elle s'apprend par l'exercice. Voir l'excellent article de P.H. Tavoillot, *Réhabilitons l'exercice de la dispute !*, Le Monde, 25.04.2013.

[4] La redondance dans l'expression « une humanité une » veut éviter une désignation commode, nominaliste ou empirique de l'Homme. Elle désigne une unité d'un autre ordre, métaphysique. Nous tous pensons et parce que nous pensons, nous témoignons d'une faculté commune.

savoir à qui il a affaire, personne ne peut avoir confiance, rien n'est commun entre ces « boîtes noires » qui se rencontrent. Chacun ne peut se fier qu'aux indices extérieurs des comportements pour en tirer des conjectures sur les intentions de l'autre sans bien savoir si, à son tour, il ne met pas beaucoup de soi dans ses anticipations.

Plus avant, le libéralisme, au nom de la liberté de l'individu, fait l'impasse ou nie la liberté : il fait tout comme si ce fait singulier était l'œuvre de l'individu en négligeant le long travail de la conscience, des consciences vaudrait-il mieux dire, qui progressivement ont mis à jour la capacité des hommes à se déterminer autrement que par leurs propres impulsions. L'individu libéral affirme sa liberté sans pouvoir prétendre que les autres en disposent tout autant que lui : il l'affirme pour mieux défendre son indépendance. Il ne peut admettre en lui, originellement, l'être social : il refuse de concevoir un moi qui ne peut être pour soi que parce qu'il est déjà en relation avec d'autres que lui. Il ne peut reconnaître que la souveraineté est un attribut collectif. Par là même, le moi se pose en dehors de toute relation originelle et exclut la participation à l'humanité qui émerge des rencontres avec d'autres que lui.

Ce faisant, le moi s'affirme au sein de son milieu privilégié, excluant les autres de toute relation en ce qu'ils ne disposent pas des mêmes valeurs sans voir (plutôt « reconnaître ») que les autres « valeurs » — les valeurs soutenues par les autres — suivent le même processus d'élaboration. Ces « valeurs » restent particulières et leur prétention à l'universalité (partagée par tous) relève de leur volonté hégémonique en se généralisant par le prosélytisme communicatif.

Pris sans doute par l'urgence, le moi néglige le « processus d'élaboration » commun à tous les autres, y compris lui-même. Pour le dire simplement, il oublie qu'il est homme, rationnel et raisonnable comme les autres parce qu'il est pris par le souci d'affirmation de soi homologué par l'idéologie libérale régnante.

Dans cette perspective, la loi morale, la liberté, l'humanité, toutes ces valeurs nominales[1] sont défendues par des groupes fédérant des intérêts particuliers qui les érigent discursivement en intérêt général et, au-delà, en normes auxquelles doivent adhérer ceux qui veulent appartenir au groupe de référence. L'homme peut être mauvais au point d'afficher la probité[1] et de l'imposer aux autres pour satisfaire son désir pervers. La société civile construit une éthique, mais à aucun moment elle ne peut se prévaloir de « morale ». Il est d'ailleurs significatif que, dans les périodes où l'opinion s'émeut de l'improbité des hommes politiques et de conduites déviantes qui compromettent le bien commun, cette même opinion demande à l'État

[1] Qui n'ont ici de valeur que par leur nom.

[1] Les « sépulcres blanchis », voir Matthieu, 23 : 27, déjà cité.

de moraliser la société. Il ne vient à l'idée de personne de réclamer une charte d'éthique au nom de l'autorégulation de la société civile. Qui d'autre que l'État, le politique, peut parler de « morale » pour définir le bien de tous ? Revers de la médaille, qui d'autre que Lui peut incarner le mal suprême ?

Si l'humanité une est niée, oubliée, négligée, l'un et l'autre n'ont plus rien de commun, ils s'excluent du commun qui fondait leurs rapports. L'autre n'est plus perçu comme être libre ou spirituel, il est réduit à l'état d'objet. L'un et l'autre n'ont plus confiance entre eux. L'un et l'autre ne se reconnaissent plus. Les massacres qui accompagnent la terreur sont préparés par des années de stigmatisation, de dénonciations xénophobes, de marginalisation de « certains » au point d'engendrer un processus mental où prend corps une représentation de l'autre telle qu'il devient possible de violer, de torturer ou de tuer. L'imaginaire façonne une image délirante de l'autre perçu comme l'ennemi, celui qui menace la société et est la source de tous les maux. Le rapport à l'autre tourne à l'hostilité obsessionnelle alimentée par une polarisation récurrente des rumeurs et discours entre « eux » et « nous », eux qui sont de trop dans la communauté humaine, qui ne sont même pas humains et avec lesquels nous ne pouvons vivre. Le groupe ne supporte plus l'incertitude, la discussion, le débat face au sentiment de crise qui pénètre la société. Il lui faut une idée simple, pratique, radicale, susceptible d'assainir la vie collective en neutralisant les forces centrifuges. Il n'est bien sûr pas question de pensée, mais d'une idée fixe, d'une vérité alimentée par une conviction.

Le passage à l'acte s'opère lorsque l'État est effacé par la guerre, lorsque la discussion n'est plus autorisée, lorsqu'un parti s'arroge les pouvoirs publics ou des oligarques s'emparent des rênes de l'État, et que la violence prend le pas sur la force. Sans État, sans contre-pouvoirs et désaccords politiques, tout est permis. La violence est sans limite et c'est sous ces conditions hostiles que se libère la terreur.

Il est alors trop facile de dire que « nul n'est méchant volontairement » alors que nous avons vu que le mal, l'égoïsme, la méchanceté, la vanité commencent par une complaisance à l'égard de soi sans que nécessairement un acte jugé mauvais soit posé. Pour déjouer la dissimulation et le mensonge, « il vaut mieux supposer d'avance les hommes méchants »[1]. Il est tout aussi facile, mais en plus hypocrite, d'affirmer que le mal est inscrit dans la nature des choses dont l'individu fait partie : la justification par une fatalité extérieure épargne au sujet sa responsabilité indissolublement liée à la liberté. En ce sens, la tragédie

[1] Machiavel, déjà cité en sous-titre de ce chapitre.

grecque extériorise l'énigme humaine[1], celle posée par la liberté et il nous faut le dire en peu de mots relativement à notre sujet : Œdipe n'a pas réussi à dépasser la séparation d'avec l'autre, le « premier autre », sa mère. Elle n'a jamais pris une représentation humaine : elle est restée objet de son désir, objet fantasmé, ce désir qu'il accomplit au prix du meurtre de son père, d'un autre. On comprend alors Pascal : « Le moi est haïssable »[2].

Faire le mal sans le savoir

L'individualisme est un sentiment réfléchi et paisible qui dispose chaque citoyen à s'isoler de la masse de ses semblables et à se retirer à l'écart avec sa famille et ses amis ; de telle sorte que, après s'être ainsi créé une petite société à son usage, il abandonne volontiers la grande société à elle-même. (...) L'individualisme est d'origine démocratique, et il menace de se développer à mesure que les conditions s'égalisent.[3]

Mais comment le mal peut-il devenir hégémonique au sein d'une collectivité et l'entraîner dans un mal généralisé au point de devenir un mal absolu ? Après tout, que l'individu soit égoïste, qu'il assure sa vie au détriment des autres, cela ne doit pas aller bien loin concrètement et sa nuisance doit se limiter à sa sphère d'influence. Théoriquement, il faudrait admettre un mal radical, un égoïsme viscéral « génétiquement » programmé. S'il est hégémonique, la guerre de tous contre tous conduirait à un état de nature violent, à l'impossibilité de fonder une société, à un mécanisme instinctif ne laissant aucune place à la délibération entre le bien et le mal. L'égoïsme est asocial par nature et antisocial en acte.

La société est un fait établi dans la question posée. L'existence même de la société ne permet pas d'envisager le mal radical. Il faut donc examiner comment l'égoïsme — mieux, la « tendance égoïste » — s'introduit dans les relations sociales. Tocqueville nous donne partiellement la solution : l'individualisme correspond à un calcul réfléchi qui, d'une part, sélectionne « une petite société à son usage » et, d'autre part, « abandonne volontiers la grande société à elle-même »[1]. Ainsi l'individu satisfait mieux ses intérêts avec ceux qui lui conviennent ; quant aux autres, il n'en a cure. L'individualisme, de ce point de vue, se distingue de l'égoïsme en tant que phénomène social — la préférence de soi indépendamment des autres —, mais également par son caractère de « sentiment réfléchi » — la distinction de soi par rapport aux autres — bien

---

[1] Ce qui représente une tout autre interprétation du mal « fatum » qui s'abat sur le sujet comme on l'a décrit au début de ce chapitre, *L'homme mauvais n'est pas mal.*

[2] *Pensées*, éd. Brunschvicg, 597.

[3] A. de Tocqueville, *De la démocratie en Amérique*, L. II, Partie II, chap. 2.

[1] A. de Tocqueville, *De la démocratie en Amérique*, L. II, Partie II, chap. 2. Le « calcul réfléchi » a été développé dans le L. I, notamment au début du chapitre 2.

différent de l'égoïsme instinctif. Par ailleurs, l'individualisme ne peut s'établir que dans les sociétés démocratiques, un certain type de société, des sociétés pacifiées. Il définit un rapport du citoyen à la collectivité dans son ensemble. Il comporte une dimension politique. Les sociétés non démocratiques ne ménagent pas cette possibilité de choix aux individus : il est de leur intérêt bien compris de suivre les ordres tyranniques sans accorder une marge à l'individualisme.

Tocqueville, partant de l'individu, point focal du libéralisme, envisage la possibilité, pour une société démocratique, d'évoluer vers la constitution d'associations animées par l'égoïsme de ses membres sans exclure ses points extrêmes ou ses excès. Par là, Tocqueville laisse la porte ouverte — sans y entrer — à la mainmise de groupes déterminés, fanatiques ou simplement armés de la conviction d'imposer leur intérêt à l'ensemble de la collectivité. Ils peuvent le faire d'autant plus facilement que l'individualisme se désintéresse de cette même collectivité, synonyme de masse dans ce contexte.

Au fond, il y aurait deux versions de l'égoïsme auxquelles répondraient deux versions de l'individualisme, l'une, active et l'autre, passive. L'égoïste actif serait celui qui vise la domination par soi et, dans sa forme passive, il serait préservation de soi. L'individualisme actif, la séparation de soi d'avec les autres, viserait à la formation d'un groupe capable de mieux assurer sa distinction de la masse ; ces gens « entre-soi » garantiraient la sécurité de ses membres. L'individualisme passif se contenterait de se désintéresser des autres, de neutraliser ses relations à autrui par un comportement apathique, un repli sur soi.

Tocqueville observe également que les mœurs maintiennent les systèmes politiques. Les « mœurs », c'est-à-dire les coutumes, les habitudes, la culture, l'éducation, tout ce qui constitue « l'esprit général de la nation »[1], autrement dit l'essentiel pour une communauté politique. C'est dire, *in fine*, en fin d'ouvrage, que les relations sociales — et non la somme des individus — sont déterminantes dans l'histoire humaine.

L'isolement individuel, favorisé par l'égoïsme indifférent (passif) ou la différenciation individualiste (passive), dissipe la relation à l'autre et étouffe la loi morale au point que le sujet ne sait plus ce qu'il peut ou ne pas faire avec les autres. Porté à ses extrémités sous la terreur, le sujet devient tour à tour bourreau et victime : victime parce que sa vie est toujours en danger, bourreau parce qu'il exécute des ordres criminels pour la sauver. On le verra plus loin, le bourreau se présente comme un homme ordinaire[1]. Le totalitarisme parvient à ce tour de force en imposant une terreur qui s'autoalimente : chacun vit sous la terreur et grâce à elle,

[1] De la démocratie en Amérique, L. II, T. 3, chap. 22.

[1] Ci-dessous, *La souveraineté*.

chacun traîne un sentiment de culpabilité qui le réduit au silence voire à l'auto-accusation[1]. Chacun est tour à tour bourreau et victime, contraint d'exercer le pouvoir de vie et de mort et soumis à des résultats au péril de sa vie. Ceux qui signent les verdicts d'exécution sont ceux-là mêmes qui sont ensuite passés par les armes, car il en est toujours un qui sera plus pur et au regard duquel les autres passent pour des traîtres[2]. La terreur conduit les hommes à ce paradoxe insensé : le fanatisme de la pureté inscrit le mal dans leurs pratiques normales. Pour les fanatiques, il est *anormal* de ne pas dénoncer, le nuisible, l'autre qui fait mal. Pour eux, le mal n'est pas reconnu comme tel puisque le meurtre est justifié par la conservation de soi et légitimé par le comportement anormal — hors la loi — du traître qui défie les définitions mêmes de l'être humain et met en péril la raison de vivre de la masse totalitarisée. Le traître n'est plus humain et, à ce titre, son élimination n'est pas un mal, le mal ne lui pas applicable. Il n'a plus de nom, il est anormal, il est apatride.

Le mal n'est pas identifié à plus d'un titre : le meurtre est commandé par les meilleurs ; le meurtre est nécessaire à leurs propres yeux pour atteindre la perfection idéologique ; il est décidé par l'intérêt collectif sans que la décision ne soit formellement écrite ; il est appliqué dans le plus grand secret ; le mal est anonyme tant du côté des bourreaux que des victimes, les premiers revendiquent une obéissance sans faille aux ordres venus d'en haut, les secondes ne laissent aucune identification possible : leur corps n'est jamais restitué à la famille, mais agrégé dans des charniers. Puisque le mal n'est pas identifié comme corps humain, il n'intéresse personne.

N'étant pas identifié, le mal ne laisse pas de trace humaine. Les survivants s'étiolent au fil du temps. Les archives s'ouvrent à grand-peine. La mémoire historique, documentaire, distante dans le temps, ne touche pas les consciences comme la mémoire affective, en prise avec le « vécu » proche et immédiat. Plus grave, le mal est banalisé et emporte avec lui la terreur. Il ne retient pas l'attention et ne suscite pas le questionnement élémentaire suivant : si le mal a été possible à maintes reprises dans l'histoire des hommes, la terreur n'est-elle pas, là, maintenant, en cours de formation[1] ? Mal et terreur se décomposent en notions indéfinies et indéfinissables, en mythes archaïques oubliés par les privilégiés des sociétés occidentales absorbés par le présent.

---

[1] Une forme de suicide.

[2] L I, titre 2, chap. 2, *Le mouvement totalitaire*. La dénonciation des collaborateurs entre eux, à un moindre degré évidemment, mais elle utilise les mêmes dispositions psychologiques.

[1] A. Roguinski, *Une mémoire incomplète et refoulée*, Le Monde, 06.03.2013.

Le pouvoir de domination

Le pouvoir de domination, celui d'utiliser les autres à sa propre fin (faim), renferme la caution de la volonté à son instinct de vie et l'assimile en volonté de puissance. Le prédateur naturel se mue en despote. Le pouvoir de domination est un exercice politique de l'égoïsme par lequel l'homme devient hors de soi pour soi. Il ne réussit que s'il rencontre des hommes en soi contre soi, des hommes empêtrés dans leur mauvaise conscience.

La mauvaise conscience est facile à introduire parce que notre conscience n'est jamais pure. Nos décisions sont toujours élaborées par abandons ou accommodations successifs de désirs rapidement oubliés non pas seulement parce qu'ils sont inavouables, mais aussi parce qu'ils n'étaient pas suffisants et pourtant nécessaires dans la préparation de l'acte. Nos décisions comprennent toujours les traces de motifs ou d'intentions, de représentations fugaces de pulsions, de règles apprises, de sentiments, qui ont concouru à sa position dernière, l'acte définitif. La mauvaise conscience évoque confusément au sujet le trouble qui précède ses décisions, une zone d'incertitude entre les motifs subjectifs et objectifs, entre les désirs inavoués et les raisons affichées.

L'homme libéral le sait bien. Il connaît les autres sans pour autant les reconnaître comme lui. Il sait leurs forces et leurs faiblesses et il le sait d'autant mieux qu'il a rompu le lien fondamental avec l'autre au profit de soi, sans compassion. Il n'a de compte à rendre à personne et personne d'autre que lui ne *préoccupe* sa conscience.

Il ne peut y avoir démocratie hors promotion de tous à l'éveil critique, à l'éducation du jugement et à l'encouragement permanent à la participation effective de chacun à la vie publique. La *paedeia* athénienne — la culture de l'excellence humaine — avait cette ambition de former un homme qui s'interroge constamment pour savoir s'il agit en connaissance de cause plutôt qu'emporté par une passion ou par un préjugé. La possibilité de l'autonomie reconnue *en tout* homme rendait à son tour possible l'autonomie *de* tout homme si l'on prenait soin de la cultiver au travers d'expériences multiples[1], de rencontres avec d'autres que soi, dans une cité pacifiée, sans crainte. La *paedeia* n'avait pas pour but de restaurer une entité humaine — déjà donnée, présente et active, condition même de l'éducation —, mais de l'accomplir dans la vie collective, la cité, l'unité d'une pluralité d'hommes autonomes. L'éducation réussie est celle où le citoyen ne se pose pas la question de savoir si telle loi est conforme ou non

[1] Tant intellectuelles, avec l'enseignement des sciences, que physique, le sport et les jeux olympiques, qu'esthétiques, par l'éducation artistique au beau, que morale et politique, par la rhétorique, la discussion et la philosophie.

à mes options (mes aspirations et ce que je pense), mais de savoir si cette loi est conforme ou non à la volonté générale de la communauté et permet à celle-ci de subsister[1]. Pour le dire simplement, la nature humaine, condition nécessaire et suffisante de la *paedeia*, n'est pas appropriée et confisquée par l'individu.

En termes contemporains, la *paedeia* est toujours possible : l'inachèvement du cerveau peu synaptisé du nourrisson laisse place à l'épigenèse des réseaux synaptiques en interaction avec l'environnement[2]. Certes, l'apprentissage conduit à privilégier des réseaux à tonalité instinctive, émotionnelle ou cognitive, mais tout en même temps, à la différence du dressage par conditionnement, elle ménage la flexibilité initiale. La plasticité du cerveau laisse des possibilités tout au long de la vie et, pour conforter l'actualité de la *paedeia*, le *Bottom down* d'origine corticale est capable, dans une certaine mesure, de changer le *Bottom up*, la structure et les fonctions du cerveau[3].

Au fond se place la question de la reconnaissance de soi qui émerge dans le rapport aux choses (par le travail, où la conscience se retrouve dans la transformation des choses naturelles en objets humanisés) et dans le rapport aux autres. Le premier moment du rapport de l'homme aux choses et de l'homme avec les autres est un rapport de lutte médiatisé par le travail dans le premier cas et par le dialogue dans le second.

On se doit de souligner, à propos du travail et de la conscience de soi qui en découle, que l'homme moderne n'a plus autant que par le passé, à se confronter aux forces naturelles innocentes, mais aux objets techniques finalisés, issus de sa propre fabrication. Au point même que des capteurs définissent notre profil[1], que les interfaces de programmation entre

---

[1] Repris par Rousseau : « Quand on propose une loi dans rassemblée du peuple, ce qu'on leur demande n'est pas précisément s'ils approuvent la proposition ou s'ils la rejettent, mais si elle est conforme ou non à la volonté générale, qui est la leur », *Du contrat social*, L. IV, chap. 2.

[2] La formation épigénétique par « stabilisation sélective des synapses », J.P. Changeux, *L'homme neuronal*, Fayard, 1983, p. 301 et sq.

[3] Ce que nous apprennent les neurosciences et les expériences behaviouristes américaines dans le traitement des troubles mentaux (Troubles obsessionnels compulsifs — TOC —, stress post-traumatique, schizophrénie), par exemple, N. Doidge et M. Sheerin, *Les étonnants pouvoirs de transformation du cerveau*, film documentaire, F.T.P., Canada, 2010.,

[1] Soit par les renseignements que nous donnons à partir de nos comportements sur le Web (les traces *via* les cookies, par exemple), soit *via* des interfaces physiologiques ou des casques électroencéphalographiques qui captent directement nos réactions organiques, les transmettent à la banque de données exploitées par des logiciels. L'exemple le plus connu est celui de l'astrophysicien Stephen Hawking. Malgré la paralysie évolutive, il parvient à rédiger sur ordinateur grâce à des capteurs capables d'analyser les moindres mouvements de son corps et de les transformer en écriture. Tout en même temps, un synthétiseur vocal parle pour lui, lisant ce que la machine vient de taper. Source : Wikipédia.

logiciels (*Application Programming Interface* ou API) permettent de traduire et de donner des instructions à notre place. L'homme moderne agit selon l'ordinateur, se construit maintenant en interaction avec des artefacts, des objets orientés, virtuels même, des symboles, des icônes, dont on ne mesure pas les conséquences dans son activité affective, cognitive et l'élaboration de sa conscience. La plasticité du cerveau est telle que nous sommes bien incapables de prévoir la manière dont il va construire ses représentations d'autant que l'outil lui-même, l'ordinateur, est lui aussi capable de s'adapter à celles-ci.

En ce qui concerne les relations entre les hommes, nous les avons limitées à celles qui portent sur les échanges de biens et de services au fondement de l'économie. Notons en premier lieu que ces rapports humains s'établissent sur fond d'altérité et d'inégalité pour la simple raison que si les hommes étaient égaux et semblables ils n'auraient rien à échanger. Et s'ils sont inégaux, l'un est plus fort que l'autre. Qu'il s'agisse de l'émergence de la conscience de soi (domination et servitude[1]), de l'échange économique (offre et demande), du rapport des hommes au sein de la communauté politique (commandement et obéissance), tous mettent en évidence des rapports de forces, de lutte entre les individus avec, pour point de départ et comme corollaire, un dominant et un dominé. Le paradoxe veut que l'un et l'autre soient liés dans ce combat au point que le plus fort ne puisse supprimer le plus faible sous peine de ne plus exister comme le plus fort[2]. De même, le plus faible ne peut tuer le plus fort sans devenir pour autant « le plus fort ». Le rapport d'adversité est toujours relatif compte tenu de la pluralité des individus, de l'espace et du temps. Il y aura toujours un plus fort que l'autre de sorte que, d'un certain point de vue, selon les situations, le maître est toujours l'esclave d'un autre. Mais il est également provisoire eu égard à l'intérêt du plus fort de maintenir le rapport d'adversité et donc de ne pas supprimer le plus faible. D'une certaine manière, le plus fort n'est jamais suffisamment autonome pour se passer du service du plus faible. Il doit même l'entretenir et l'entretenir suffisamment pour qu'il réponde à son intérêt. Second paradoxe : le plus fort est donc « reconnu par quelqu'un qui ne le reconnaît pas »[1], l'esclave n'étant qu'une chose et non pas un autre homme que lui. Le pouvoir de domination de l'individu n'a pas de sens et il est sans fin.

S'il était possible de concevoir un processus de libération de l'esclave, grâce à son travail dans et contre la nature, travail qui le conduirait à prendre conscience de sa force au point qu'il pourrait la retourner contre le

[1] G.W.F. Hegel, *La phénoménologie de l'esprit* (1806-1807), « Conscience de soi », IV, A.
[2] On ne reprendra pas ici la dialectique du maître et de l'esclave. Voir Kojève, *Introduction à la lecture de Hegel,* Gallimard, 1971, p. 14 et sq.
[1] C'est d'ailleurs tragique, une « impasse existentielle », Id., p. 25.

maître, il est plus difficile de le concevoir dans les temps modernes pour au moins deux raisons : le travail de l'esclave a changé et le désir du maître n'a plus le même objet. Le travailleur moderne n'est plus confronté à la nature, on l'a dit, mais à l'outil, à l'objet technique, maintenant la robotique. La transformation qu'il opérait sur les choses par la fabrication d'objets lui montrait qu'il ne faisait pas seulement partie du monde des choses, de la nature. Par le travail, il existait indépendamment des choses, il prenait conscience de son autonomie, de son existence, de sa force au point de pouvoir considérer qu'il pouvait devenir autre qu'esclave. À présent, son travail consiste à savoir utiliser les machines en instruments au service de son intelligence : la fabrication d'objets n'est plus l'essentiel, l'essentiel est immatériel et se résume sous le terme générique de « produit » (un service, un concept, une nouvelle technique, une stratégie, une procédure, un processus ou un procédé de fabrication, un *business plan*, un produit financier…).

D'un autre côté, l'esclave répondait au désir du maître, à son besoin de consommer des biens que lui apportait l'esclave. Actuellement, ce dont a besoin le maître et qui constitue l'objet de son désir est lui aussi immatériel : l'argent, la monnaie capable d'engendrer un produit, y compris des produits financiers.

Le maître n'a même plus besoin de l'esclave. La capacité technologique est suffisante pour lui assurer ses revenus. L'ingéniosité financière impliquée dans les algorithmes, les échanges électroniques, la sophistication des dérivés de crédit, la dispersion incontrôlée des risques lui garantissent des profits confortables. La rivalité initiale a changé de direction : la reconnaissance attendue par chacun au travers du rapport de forces entre le dominant — entité reconnue — et le dominé — entité reconnaissante — a basculé en concurrence entre égaux. Les esclaves ne disposent plus de la force de travail sans laquelle le maître ne pouvait satisfaire ses désirs. La force de travail est inessentielle : l'outil est indispensable et réclame, de la part de l'opérateur, une habileté intellectuelle, un savoir-faire, un bon usage de l'outil-produit. Cet outil, en tant que produit, nécessite à son tour une mise de fonds, un capital, de la monnaie, tous détenus par le maître. Tout se passe comme si les rapports de domination s'exercent entre semblables, les financiers entre eux d'un côté (les placements financiers) et les salariés entre eux de l'autre (une place d'emploi) : la concurrence s'établit sur un fonds de parité, entre pairs. Les disparités entre capital et travail sont trop grandes, semble-t-il, pour donner lieu à affrontement. La dépendance du travail au capital paraît acquise, comme allant de soi, de même que celle du consommateur au producteur, de la demande à l'offre. Le désir d'acquérir des biens ou des services s'éveille en présence de ceux qui lui sont offerts.

« Que les temps sont changés ! »[1] Il est moins question dans les pays développés de satisfaire des besoins naturels et nécessaires que d'acquérir des biens ni naturels ni nécessaires. L'esclave dépendait d'un maître, la masse moderne est inscrite dans la structure de la dette, d'une dette en croissance constante au point qu'elle ne peut être soldée par une génération, mais transmise aux générations suivantes, endettées et captives dès la naissance.

Quand bien même le travailleur-salarié se retournerait contre le capital, il ne pourrait entraver la création de monnaie détenue par le capital financier. Même le travailleur-citoyen ne peut plus compter sur la force collective représentée par l'État pour rééquilibrer les rapports de forces et remettre en jeu la puissance financière.

Et puis, n'est-il pas plus facile à l'esclave de confier sa destinée aux mains du maître ? L'aliénation par facilité, par paresse, par peur de perdre ses acquis ne conduit-elle pas la plupart d'entre nous à abandonner son pouvoir et son implication à des services maîtres[2] ? N'est-il pas plus commode de donner de l'argent pour éviter de s'investir personnellement ? La liberté n'a pas de prix : tout exercice de la liberté implique un engagement personnel au point ultime de risquer sa vie. *A contrario*, si la liberté a un prix, elle est confisquée.

Et puis encore, n'est-on pas tour à tour maître et esclave dans la chaîne des relations que nous entretenons ?

En un mot, le libéralisme est parvenu à mettre en œuvre le non-dit de son idéologie : le pouvoir de domination exercé par quelques individus souverains, égaux entre eux, détenteurs d'un bien immatériel, fictif, auquel tous aspirent, mais qu'ils sont seuls à produire à la différence du capital industriel des deux siècles précédents. Cette indépendance les place en marge des rapports avec les autres hommes dont ils n'attendent rien, surtout pas la reconnaissance qui, venant de ces usagers, n'apporte pas de plus-value.

La souveraineté

Le siècle des Lumières a inauguré le libéralisme et placé l'homme comme auteur et acteur de ses pensées et de ses actes à la place de Dieu. Déjà, Descartes avait inauguré cette révolution de la pensée en plaçant le « cogito » à sa source (sans en être l'auteur) en mesurant les risques face à l'Église et en prenant bien des précautions pour ne pas troubler la

---

[1] *Athalie*, J. Racine, déjà cité, titre 2 chap. 2.

[2] « Sitôt que le service public cesse d'être la principale affaire des citoyens, et qu'ils aiment mieux servir de leur bourse que de leur personne, l'État est déjà près de sa ruine. », Rousseau, *Du contrat social*, III, 15.

religion… dominante[1]. Mais la pensée libérale n'est pas allée jusqu'au bout (en amont et en aval), il lui fallait avouer *formellement* la souveraineté, c'est-à-dire attribuer l'hégémonie, la souveraineté en acte, le pouvoir de domination, à l'Homme — idéal humain ou être social — ou à l'individu, mais pas aux deux. Les conséquences ne sont pas les mêmes et c'est bien à leur sujet que nous avons ouvert la discussion. Cette indétermination a engendré un libéralisme moderne focalisé sur l'individu, privilégiant l'hégémonie de quelques individus, mais pas de tout individu, avec son attribut formel de souveraineté. L'hégémonie est le point aveugle du libéralisme.

La souveraineté démocratique, la capacité légitime de décider pour la collectivité, détenue par le peuple et confiée aux gouvernants, apparaît confisquée par l'oligarchie. Toutes les conceptions humanistes et les discussions politiques héritées de la tradition deviennent obsolètes et ne trouvent place que dans des complaintes, lamentations et incantations[2] d'une conscience malheureuse, abandonnée à elle-même, coupée de son passé et sans perspective de sortie de sa condition.

Rien n'arrêtera la domination financière, dans toutes les composantes de l'État, des organisations internationales, sauf, peut-être, le déchirement tragique du voile de l'illusion financière.

L'opposition dialectique entre la liberté individuelle — seule liberté concevable — et la force de domination ne peut trouver de solution que dans la souveraineté, attribut d'un peuple libre. C'était la position optimiste hégélienne, partant du mouvement dialectique de la première relation d'opposition entre le maître et l'esclave[3] qui mûrit par l'effet de l'avancée historique de l'entendement (*Verstand*) et de la raison (*Vernunft*). Cette opposition duale et singulière se développe sous le moteur de l'histoire et donne lieu à la société civile où chaque personne « ne peut s'affirmer et se satisfaire que par le moyen de l'autre, donc étant en même temps médiatisée par la forme de l'universalité »[4] dans un but encore égoïste. Mais le bien-être de l'individu et sa subsistance sont étroitement liés au bien-être et au droit de tous. Ainsi le mouvement dialectique se poursuit entraînant la conservation de soi et la reconnaissance de tous dans une universalité concrète et organique : l'État. À ce moment, chacun, qu'il soit bourgeois ou non, s'approprie sa qualité

---

[1] « Larvatus prodeo », j'avance masqué, attribué à une œuvre de jeunesse, *Cogitationes Privatae*. Il suffit également de lire l'introduction aux *Méditations*.
[2] Sous forme normative : « il faut que », « il doit »…
[3] G.W.F. Hegel, *La phénoménologie de l'esprit*, B, IV, A.
[4] *Principes de la philosophie du droit*, § 182

de citoyen qui permet d'être soi avec les autres[1] ce qui, de notre point de vue, fonde la souveraineté.

Tout ceci suppose que l'Histoire aille dans le sens d'un progrès de l'esprit qui conserve et rehausse ses besoins de conservation de soi, y compris le besoin des autres, en intérêt pour soi et pour les autres. Elle suppose aussi que la personne libre décide, sous l'effort de la volonté, de sortir de la logique du besoin, de l'appétit d'avoir, de dominer, et de placer le registre de l'économie comme moment nécessaire, mais non suffisant de l'implication de sa liberté dans le politique.

Qu'est-ce que la volonté qu'elle soit individuelle ou collective ? Qu'est-ce que cette force issue de la liberté et motrice de l'action ? Elle n'est pas purement rationnelle-raisonnable, elle n'est pas non plus impulsée par les affects. Elle s'assimile, à nos yeux, à la définition du mouvement qu'en donne Aristote : à l'image du coude, un point fixe[2], le point d'appui du mouvement qui passe de l'avant à l'après qui sont tous deux hors de lui[3]. La volonté est le point d'articulation entre notre état du corps (nos sensations internes et externes), nos perceptions (la manière dont nous sommes affectés) et nos représentations mentales élaborées[4] qui, toutes trois, organisent notre action. Elle n'est pas conscience pure malgré notre ambition de faire prévaloir la conscience de ce que nous voulons alors même que nous ne connaissons pas clairement la manière dont s'est imposé l'objet de notre vouloir. Beaucoup de nos désirs imprègnent notre volonté. La volonté est une expression commode pour fixer ou désigner le mouvant-mû de notre personnalité : mouvant, parce qu'elle configure l'acte et mû, parce qu'elle intègre l'ensemble de ce qui nous anime.

Ce que nous nous imaginons être un point fixe est en perpétuel changement d'une part parce que l'individu est sollicité par des situations différentes, ensuite parce que ses états physiologiques et psychologiques évoluent[5] et enfin parce que ses analyses et réflexions se modifient. À titre d'illustration, l'expérience de Sytanley Milgram[1] met en évidence qu'un homme quelconque obéit sans réfléchir lorsqu'il est en « état agentique », c'est-à-dire lorsqu'il est soumis à l'autorité d'un professeur qu'il ne connaît pas. Une large majorité des personnes (62,5 %) soumises à

---

[1] « Bei sich sein im Anderen », « c'est *elle-même* qu'elle voit dans l'Autre », *La phénoménologie de l'esprit*, ibid., trad. J. Hyppolite, Aubier Montaigne, 1941, p. 156.

[2] Limite de l'immobile et limite du mû.

[3] Un en puissance qui devient deux en acte, *Mouvement des animaux*, V, VIII.

[4] Reprenant le schéma simplifié du cerveau triunique : le reptilien, le limbique et le cortex. Et la volonté serait, dans ce cadre, le point d'articulation entre eux trois.

[5] Ne serait-ce que par l'âge, la maladie, le traumatisme accidentel, une dérégulation hormonale…

[1] *Soumission à l'autorité,* Calmann-Lévy, 1974. Voir aussi l'expérience de Stanford conduite par Ph. Zimbardo (1971).

l'expérience infligèrent des tortures à leur victime malgré leurs suppliques. Ces expériences furent répétées des dizaines de fois avec des résultats semblables y compris devant des téléspectateurs qui s'abstinrent d'intervenir malgré un sentiment de gêne ou d'horreur[1]. Ces résultats confirment les expériences antérieures de Salomon Asch qui montraient le conformisme des sujets au point qu'ils sont un sur trois à nier l'évidence et leur propre certitude en se conformant à l'avis unanime des membres du groupe[2]. Enfin, les résultats de Milgram vont dans le sens de l'analyse d'Hannah Arendt sur le cas Eichmann. Un homme « effroyablement normal »[3] et pourtant responsable nazi des camps de concentration et d'extermination dans le cadre de « la solution finale » à la question juive (Shoah). Un fonctionnaire discipliné et obéissant à ses chefs, déclinant sa propre responsabilité, à la différence des sujets soumis aux expériences de Milgram qui se montrent, après coup, désolés ou sidérés d'avoir obéi. Nous retenons que la volonté individuelle est sensible, pour le moins, au groupe, à la norme et à la conformité.

Le cinéaste Jerry Oppenheimer, en donnant présence et parole aux anciens bourreaux des massacres perpétrés en Indonésie dans son documentaire, le confesse : « Je cherchais les monstres, les incarnations du mal qui ont tué les familles de mes amis. Mais j'ai compris qu'ils n'étaient pas des monstres. C'étaient des gens normaux, avec des vies ordinaires. »[4] Ils font le mal sans le savoir et ils s'étonnent, après coup, qu'ils aient pu le vouloir. « Avant coup », ils ne reconnaissent pas avoir mal fait puisqu'ils ne peuvent avoir d'autre référence qu'eux-mêmes et qu'ils bénéficient de la norme éthique ou de l'assentiment du groupe. Somme toute, la prise de conscience du mal s'édifie à partir d'un conflit salutaire provoqué par une force contraignante extérieure — un rappel à l'ordre des autres —, insuffisant à lui seul s'il n'est pas suivi d'une réflexion morale[1]. À l'inverse, on l'a vu, le passage à l'acte, au massacre, à la terreur, nécessite l'implication de l'individu dans un mouvement de masse impulsé par un

---

[1] R. Vincent Joule et. L. Beauvois, *Petit traité de manipulation à l'usage des honnêtes gens*, Presses Universitaires de Grenoble (PUG), 2002. Ch. Nick, *Le jeu de la mort,* film documentaire, France Télévisions et Radio télévision Suisse, 2009. Voir aussi le film de H. Verneuil, *I comme Icare*.

[2] M. Zaleska et Fr. Askevis-Leherpeux, *L'influence de l'erreur unanime du groupe sur la réponse de l'individu*, Bulletin de psychologie n° 311, Tome XXVII, 1973-1974. Notons, sans entrer dans le détail, que lorsque le « sujet naïf » n'est plus seul, l'effet du groupe unanime diminue considérablement et, à partir de deux, « on » constitue une minorité qui compte. Par ailleurs, comme l'observent les auteurs, « les sujets qui ont fourni au début la solution correcte manifestent plus de stabilité dans leurs réponses que les autres ».

[3] *Eichmann à Jérusalem,* Gallimard, Folio Histoire, 1991.

[4] Massacres qui firent près d'un million de morts en 1965. Film documentaire, *The Act of Killing*, 2012. Entretien avec I. Régnier, Le Monde, 10.04.2013

[1] Critique à l'égard des mœurs, de l'éthique, des normes collectives imposées.

groupe, un parti, une équipe de tueurs. Non pas un groupe, mais une meute devrait-on dire. Néanmoins, tout cela reste énigmatique notamment par le fait que les génocidaires Rwandais, par exemple, « ne sont marqués par rien, et si parfois ils font un effort pour se rendre humains et disent qu'ils regrettent, la seule chose qu'ils regrettent c'est d'avoir causé du tort à leur famille en allant en prison où en ayant perdu leur commerce. »[1] L'alibi, se croire victime d'une machination idéologique, ne tient pas, car « tout ce qui faisait déraper la mécanique les perturbait, ils craignaient l'humanité »[2] au point qu'un regard, une prière, une victime de leur entourage, décuplaient leur rage de tuer. Toute la force du conatus est focalisée sur la destruction de l'autre, de tout autre, une haine universelle[3].

Le pervers narcissique ou le psychopathe se présente, lui aussi, comme un homme normal à la différence qu'il ressent une jouissance à contourner la loi[4] et qu'il faut du temps pour qu'il apparaisse comme un prédateur à la recherche d'une victime pour se conforter dans l'estime de soi. Impulsée par ses instincts, dirigée par le calcul rationnel, focalisée sur la souffrance de l'autre[5], la volonté est tout entière mobilisée par le désir pour soi. Il n'est pas en l'espèce de conflit salutaire. La force contraignante extérieure marque un coup d'arrêt et ne peut se relâcher[6]. Il n'est d'autre recours contre la violence irrationnelle que la force rationnelle.

En un mot, la volonté, si elle n'est pas libre, est bien soumise aux pressions de ce qui la pousse (le besoin), de ce qui l'attire (le plaisir de la satisfaction) et de son environnement (la société). Elle est fragile et personne ne peut se dire à l'abri de sa pulsion prédatrice. Même si elle prend des formes convenables, personne ne peut se dire insensible à la jouissance de la souffrance d'autrui, et personne ne peut dire que dans certaines circonstances il n'agirait pas comme ceux qu'il condamne. Nous entendons par là que l'homme est capable de justifier des actes au nom d'une éthique que la morale réprouve[1] tout en trouvant un plaisir certain à

---

[1] J. Hatzfeld, *Comment devient-on un bourreau ?*, Le Monde, 03.04.2014.

[2] Ibid. Cette observation démonte le prétexte accusatoire par lequel on prête à l'autre la haine dont on est animé.

[3] Exactement à l'opposé de la compassion animée de bienveillance envers tous les êtres.

[4] M.F. Hirigoyen, Abus de faiblesse et autres manipulations, JC Lattès, 2012.

[5] Et non sa mort qui ôterait l'objet de son plaisir. De plus, la souffrance en soi et pour soi n'est pas la même que la souffrance infligée à autrui. Nietzsche l'avait relevé : le prêtre ascétique veut étouffer la valeur morale et créatrice de la souffrance pour soi, « la profondeur que peut atteindre la souffrance des hommes, voilà qui détermine presque la hiérarchie », *Par-delà le bien et le mal*, § 270.

[6] Incarcération, hospitalisation, « camisole chimique » à vie...

[1] Un témoignage d'un soldat ordinaire appartenant au bataillon chargé de la solution finale en Pologne en 1942-1943 : « Comme les enfants ne pouvaient survivre sans elles [leur mère], je pouvais me dire que d'une certaine façon je les délivrais en les tuant », cité dans K. Jurschick, *Le mal. Une approche scientifique (*On the Trail of Evil), film documentaire, 2012. R. Browning, *Des hommes ordinaires. Le 101e bataillon de réserve de la police allemande et la Solution finale en Pologne*, Tallandier, collection Texto, 1994.

franchir l'interdit[1] : c'est dire la puissance des forces primitives qui gîtent et agissent au fond de nous puisqu'elles parviennent à obtenir notre assentiment et à rendre rationnelles et légitimes le meurtre et la souffrance d'un autre, d'autres que nous, hommes comme nous. C'est dire aussi que la culture ne rend pas nécessairement les hommes meilleurs : l'histoire nous le montre à répétition. Elle ne les rend que plus efficaces, plus raffinés.

C'est le cas de la torture, présentée comme un mal nécessaire, lorsque la sécurité de l'État — en temps de guerre — et des citoyens — actes terroristes — est en jeu. L'interdiction de la torture est inscrite dans le droit international depuis la Convention de Genève[2]. Le progrès des sciences et techniques a favorisé le recours à des procédés qui ne causent aucune douleur physique ou angoisse mentale tout en détruisant la personnalité de la victime ou, à tout le moins, en réduisant ses capacités physiques ou mentales. La discussion sur ce sujet porte sur trois plans : les méthodes utilisées et leur efficacité, les limites juridiques et les mesures d'application du droit, et enfin la justification morale et politique. Les deux premiers, d'ordre technique et donc limités, ne seront pas évoqués ici, car ils nous feraient sortir de notre sujet[3]. La question de la justification peut être posée sous la forme du dilemme de « la bombe à retardement » : un terroriste a posé une bombe quelque part dans une grande ville, peut-être dans une gare, une école, un hôpital. Elle peut se déclencher à tout instant. Ce terroriste a été arrêté et refuse de parler. Qu'est-il juste de faire ?[4] Ce cas particulier hypothétique, simplifié, ne peut recevoir qu'une réponse hypothétique et aussi simplifiée. Car « la torture », une torture particulière, n'est pas considérée au plan où elle se pose : celui d'une pratique généralisée et donc celui de sa légitimité pour tout homme raisonnable, qui sait raison garder. La confusion du déterminant « la » ou « une », un quelconque, un parmi d'autres et un ensemble est soigneusement entretenue.

Les expériences de Milgram et assimilées, évoquées précédemment, ne posaient en aucune manière la question de leur légitimité. Les psychosociologues rationalistes invoquent les déterminations

---

[1] Tout comme le psychopathe, l'enfant soldat en République Démocratique du Congo souhaite que le meurtre des ennemis ne s'arrête pas, *Le mal. Une approche scientifique*, op. cit.

[2] 1949. Elle est suivie par nombre de conventions ou accords.

[3] Toutefois on ne peut passer sous silence le rapport du Congrès américain déclassifié en décembre 2014, selon lequel « A aucun moment les techniques d'interrogations renforcées de la CIA n'ont permis de recueillir des renseignements relatifs à des menaces imminentes », *États-Unis : un rapport accablant sur les tortures menées par la CIA »*, Le Monde.fr, 9.12.2014. La torture révèle-t-elle davantage de renseignements sur sa pratique que sur ce qu'elle cherche à obtenir ?

[4] M. Terestchenko, *Du bon usage de la torture*, La Découverte, 2008.

biophysiologiques du cerveau, les autres se posent des questions d'un autre ordre — éthique ou moral — après leur expérience. On ne peut trouver le mal parmi les causes des comportements sadiques, de même qu'on ne peut imputer le mal à la pierre qui tombe. Si celle-ci ne tombe pas sans cause, il n'en reste pas moins qu'elle tombe sans motifs.

Dans tous ces cas, c'est-à-dire dans certaines conditions rationnellement définies, l'homme perd sa liberté, autant dire son humanité. Et il ne la perd que lorsque ces conditions contraignantes ne lui laissent ni le temps ni l'espace[1] que nécessite la réflexion, l'*entéléchie*[2] de la liberté, l'actualisation de cette puissance. C'est précisément la méthode, le chemin emprunté par les régimes totalitaires. Il n'y a pas eu de philosophie dans les camps de concentration.

Aussi paradoxal que cela puisse paraître, la conscience de soi s'établit à partir de la lutte pour la vie contre les autres, qu'il s'agisse des choses, qu'il s'agisse des individus. Elle a besoin d'eux pour vivre. Dans le premier cas, la consommation de la chose et sa disparition ne prêtent pas à conséquence[3] et, si elle résiste, la force du travail en viendra à bout, à tout le moins partiellement. Dans le second, consommer l'autre ou le tuer ne présente d'intérêt que s'il représente une menace pour ma propre vie ou pour l'espèce (ennemi) ; par contre, je peux mieux vivre s'il collabore dans ma lutte contre la nature et j'en tire une satisfaction par sa reconnaissance de mon existence[4]. Toutefois, la condition de sa collaboration implique qu'il adhère à mon intérêt qui n'est pas nécessairement le sien. Dans ce cas s'engage un rapport de domination.

Tout ce qui précède implique le recours à l'intelligence (la cognition), à la raison rationnelle. Cette raison calculatrice alimente les simulations intellectuelles : comment s'y prendre, comment faire comprendre, quels sont les avantages et les risques pour parvenir à mes fins ?

Il n'est pas question, à ce point, de valeurs, d'impératifs éthiques ou moraux qui supposent une réflexion sur une fin autre que la mienne. Cette faculté de réflexion est bien différente de la première non seulement par son objet, mais également par sa méthode. Son objet n'est plus une situation concrète que je dois résoudre, mais l'énoncé de principes valables pour tout homme réfléchissant, de valeurs partagées par ceux qui veulent bien se donner la peine de revenir sur les finalités que l'on peut assigner à son existence et à son action. Quant à la méthode, il n'est plus question

---

[1] Dans un flux permanent.

[2] Voir titre 1, chap. 1, *La valeur de la monnaie*.

[3] Admettons-le pour l'instant. Le monde moderne montre à l'évidence que ce n'est pas aussi simple.

[4] En raccourci, c'est la position hégélienne que nous avons rappelée ci-dessus dans le rapport dialectique du maître et de l'esclave.

d'analyse, de développer une arborescence de type « si… alors », mais d'engager une synthèse cohérente et consistante d'idées susceptibles d'orienter mon existence. L'intelligence analytique par développement laisse place à la raison synthétique par enveloppement, par reprise des concepts produits par l'entendement sous la forme d'idées[1].

Cette activité raisonnable de la raison — la réflexion — ne surgit pas spontanément de nulle part. On peut concevoir qu'elle prenne appui sur des « semences de vérité »[2] inscrites dans notre âme depuis la création de l'homme et que ce mouvement de notre âme sur elle-même est la marque de la foi ou de la grâce divine. On peut aussi penser que cette activité s'inscrive dans le processus de la vie elle-même qui, pour se poursuivre et s'étendre, nécessite des pas de synthèses associant l'individu et son environnement, l'autre, les autres. Nous l'appelons « l'instinct de l'espèce » au sens où il pousse chaque être vivant à perpétuer son espèce humaine au même titre que l'instinct de la préservation de soi, tous deux répondants à « l'instinct de vie ». L'instinct collectif correspondrait au *conatus* du point de vue collectif. Cet instinct de perpétuation de l'espèce qui, outre la force passionnelle ou pulsionnelle qui nous pousse à la reproduction, s'attache à la constitution de groupes par l'attractivité (positive ou négative) des uns avec les autres. Le groupe nous apporte la sécurité, contribue à renforcer la force positive de chacun et, par là, économise nos forces aussi longtemps que notre *conatus* est préservé. La volonté, qu'elle soit personnelle ou générale, apparaît ainsi comme une désignation conceptuelle de l'appétit de vivre, individuel ou collectif, travaillée par la raison et déclinée en nécessités, aspirations, obligations.

Tant que le sujet conserve sa puissance d'exister, il se placera sous (*subditus*) les institutions qui le protègent et dans lesquelles il retrouve son compte. Lorsque ces mêmes institutions menacent cette puissance, elles représentent une souveraineté illégitime sous laquelle je suis contraint (*subjectus*) de me placer. Lorsqu'enfin ces institutions contrarient les affects communs, elles perdent leur « légitimité » du point de vue de la pensée abstraite — qui sépare ce qui est tout un, dira Hegel — ou, mieux, elles gagnent en fragilité du point de vue de la force politique. Elles sont combattues par la voie parlementaire, le suffrage populaire ou l'insurrection. La plus grande menace pour un régime politique vient de l'intérieur de la Cité[1].

---

[1] Il faut passer en revue les choses connues par un mouvement de pensée continu, complet et interrompu pour les « embrasser dans une énumération suffisante et méthodique », Descartes, *Règles pour la direction de l'esprit*, Règle VII.

[2] Qui parcourent la tradition religieuse chrétienne depuis les pères de l'Église (Clément d'Alexandrie) jusqu'à Descartes et Kant. Voir aussi L. I, titre 1, chap. 1, *Liberté et égalité*.

[1] Spinoza, *Traité Politique*, VI, § 6, déjà cité.

À la différence de la raison instrumentale qui considère les autres comme des moyens, la raison pratique, raisonnante et raisonnable, prend acte de la raison de l'autre. Elle ne trouve de bonnes raisons de vivre que dans la collaboration et autant de bonnes raisons de vivre ensemble afin de perpétuer l'humanité dans une communauté de destin. Quoi qu'il en soit de la source, la vie humaine semble suivre une double orientation non exclusive l'une de l'autre : préservation de soi, besoin des autres.

Dès l'introduction de notre travail, nous avons relevé l'articulation entre le besoin individuel de vivre et le besoin des autres au fondement de l'économie, mais nous avions fait dépendre le second du premier en nous inscrivant dans le courant idéologique du libéralisme avec l'individu pour seul principe. Il en va autrement si l'instinct de l'espèce ou le besoin des autres forme, avec l'individu, l'altérité de l'instinct de vie. L'autre, les autres, dans cette perspective constituent « l'alter ego », un autre moi-même tout aussi indispensable que l'ego.

Par la suite, nous avons souligné l'opposition[1] entre l'économie inscrite dans la préservation de l'individu et le politique impulsé par la nécessaire dimension sociale portée en chaque individu. L'une et l'autre manifestant leurs divergences au point qu'il semble que l'économie suive la logique individuelle et le politique la logique de l'autre.

Ceci étant, en croisant la remarque précédente au sujet de l'entendement et de la raison, toutes deux aboutissent à des conclusions semblables. Le calcul de l'entendement conduit l'économie à la domination financière et le politique à la confiscation de la souveraineté au profit d'un seul ou d'un groupe. Ce n'est que par la réflexion — le retour sur les logiques et les pratiques qui en dépendent — que l'un et l'autre, entendement et raison, considèrent que l'économie comme le politique n'ont de sens que s'ils sont partagés par tous et dans lesquels chacun y trouve son intérêt. Nous retrouvons la distinction entre le besoin « qui pousse » et l'intérêt « qui attire », le premier stimule l'intelligence à la recherche des moyens de satisfaction, le second sollicite la raison et, si l'on peut dire, poursuit l'initiative du premier, en ce qu'il s'applique à hiérarchiser les moyens sous des critères permanents.

Le développement logique de l'économie et du politique aboutit, en maintenant leur position exclusive l'une de l'autre, au même résultat : le

[1] L'opposition entretient des rapports de contrariété entre deux termes universels sans préjuger de leur valeur de vérité et non des rapports de contradiction entre un terme universel et un énoncé particulier (l'un excluant l'autre : si l'un est vrai, l'autre est nécessairement faux).

meurtre. Par la faim, pour l'un, par l'exécution physique pour l'autre avec des degrés intermédiaires, la pauvreté, le manque de soins, l'asservissement par manque d'éducation, la captation des richesses et la confiscation du pouvoir et bien d'autres.

Le totalitarisme économique est tout aussi possible que le totalitarisme politique : il lui suffit d'envahir l'État.

Chapitre 2
Un totalitarisme en douceur

Le totalitarisme étouffant ne veut pas la mort : le coma lui suffit.

Les totalitarismes historiques du XXe siècle ne constituent pas des modèles au sens où ils représenteraient une réalisation achevée d'un système politique fondé sur un parti unique et la pratique de la terreur. Ils ont bien plus servi à définir la nature et les conditions de possibilité d'émergence de phénomènes sociétaux suicidaires. « Suicidaires », parce que la société s'autodétruit non seulement en cherchant à supprimer les associations qui la constituent et la font vivre, mais également en éliminant les individus au nom de la pureté : pureté de la classe prolétarienne pour l'un et de la race arienne pour l'autre. Ils s'engagent ainsi dans un processus d'élimination sans fin, du moins jusqu'au dernier survivant : l'homme pur, la résolution finale.

La possibilité de régimes totalitaires était pressentie par Tocqueville dès 1840[1].Théoriquement, la démocratie est susceptible d'engendrer une sorte de régime d'oppression, autre que le despotisme et la tyrannie. Ces deux derniers résultent de l'égoïsme démesuré de l'un sur tous les autres et laissent la possibilité d'une domination égoïste de quelques-uns sur tous les autres. Un régime d'oppression ne peut s'inscrire dans l'histoire que par la mise en synergie des formes d'égoïsme et d'individualisme, quelles qu'elles soient[2].

L'espèce nouvelle d'oppression qu'entrevoit Tocqueville correspond à cette configuration où l'individualisme passif est généralisé et où l'individualisme actif est accaparé par un groupe dominant dont la caractéristique essentielle est de ne pas recourir à la violence. À l'image de la « puissance paternelle », il se montre bienveillant, mais ferme et capable de recourir à la force. La différence avec les totalitarismes du XXe siècle repose essentiellement sur la violence dont ont fait preuve les groupes oppressifs conjointement avec le peu d'intérêt qu'ils témoignaient à l'égard de leurs concitoyens, loin « d'assurer leur jouissance et de veiller sur leur sort ». Il en est une autre qu'entrevoyait toutefois Tocqueville : l'oppression systématique[3], c'est-à-dire l'oppression structurée, rationnelle, techniquement organisée, pénétrant jusqu'au détail de la vie commune

[1] *De la démocratie en Amérique*, L. II, part. IV, chap. 6.
[2] Voir le chapitre précédent, *Faire le mal sans le savoir*.
[3] « Pouvoir immense et tutélaire », « absolu, détaillé, régulier, prévoyant » à l'exclusion de « doux » dans ce cas, *De la démocratie en Amérique*, ibid.

caractéristique du système totalitaire. D'autres apparaîtront dans les lignes suivantes.

Finalement, le mal ne s'établit que dans et par la morale et n'existe que dans la réalité politique. Il dépend du « bon usage » que le gouvernement réserve à la liberté sous-tendue par « l'estime plus au moins grande qu'on fait des hommes »[1]. Le mal correspond au « mépris » que le gouvernement témoigne à leur égard et le mal absolu représenté par le système totalitaire tend à « rendre les hommes superflus »[2]. Se développe ainsi, subrepticement, une société d'exclusion de groupes sociaux sous forme d'« euthanasie cachée et culturelle »[3], de privation indolore de la capacité de décision dans les affaires publiques, de dislocation des forces collectives en réseaux privés.

La démocratie possède en son sein les conditions formelles d'émergence d'un tel régime à savoir une masse et un pouvoir détenu par quelques-uns. Quant aux formes de ce régime — les conditions suffisantes qui lui donneront de fait existence et puissance —, elles sont le résultat de facteurs sociohistoriques tels que les progrès technologiques, un parti unique, une idéologie structurante, une organisation de l'État en couches administratives indépendantes les unes des autres, mais chacune monopolisée par le parti, des techniques de propagande très élaborées, etc.

Les totalitarismes historiques représentent des exemples d'un modèle théorique qu'avait anticipé Tocqueville et qu'avait repris Simone Weil en 1934 sous « une forme totalitaire d'organisation sociale », à savoir « un régime où le pouvoir d'État déciderait souverainement dans tous les domaines, même et surtout dans le domaine de la pensée. »[4]

Souvenons-nous de l'histoire : les totalitarismes se sont installés progressivement[5], bénéficiant de la crise de 1929 et de la neutralisation des partis politiques traditionnels incapables de procéder aux réformes de structures et paralysés par leurs luttes intestines.

La masse

Au cours de nos travaux[6], nous nous sommes attaché à mettre en évidence les implications du libéralisme en conditions existentielles (au sens de « manières de vivre, mais aussi de penser ») des hommes de notre

[1] A. de Tocqueville, *L'ancien régime et la révolution*, Avant-propos.
[2] H. Arendt, *Les origines du totalitarisme,* troisième partie, chap. XII.
[3] Reprise d'une expression du pape François, discours du 26.07.2013 à Rio.
[4] *Réflexions sur les causes de la liberté et de l'oppression sociale*, Gallimard, Folio Essais, 1955, p. 138. (p. 90, édition électronique http://classiques.uqac.ca).
[5] Mussolini dès 1922, Hitler en 1933, le Japon, par sa politique expansionniste et nationaliste en 1931.
[6] Assemblés en trois livres, non publiés à ce jour.

époque. Il nous faut maintenant les confronter à un système d'oppression et apprécier en quoi et jusqu'où l'idéologie libérale nous conduit au risque de devenir totalitaire, d'envahir nos vies et de dominer le monde.

La masse s'ensuit logiquement du dogme libéral : l'individu souverain, un vaut un autre, implique que la masse se définit comme un conglomérat d'individus, une addition d'unités indifférenciées. Le libéralisme conçoit la masse sous forme d'« atomes sociaux » en évolution dans un marché libre, concurrents entre eux, que le laboratoire économique tente de piloter à coups d'incitations et de pressions[1]. La pensée libérale fournira de nombreux et talentueux efforts pour tenter de différencier les individus — par l'individualité — et se heurtera néanmoins au problème de ces différences qui nuisent à l'égalité pour sauver la liberté en vertu de laquelle l'un ne peut être déclaré identique à l'autre.

La « génération internet » livre avec insouciance sur le réseau et aux opérateurs informatiques toutes ces différences qui contrarient les emprises totalitaires habituées à aligner les individus par le contrôle, la torture pour obtenir l'aveu et la propagande afin de maîtriser les comportements. Le webtotalitarisme obtient les mêmes résultats sans violence affichée et, même mieux, avec le consentement enjoué du plus grand nombre. Il nous montre que la surveillance totale et le contrôle de la population sont possibles avec des moyens non violents[2]. Se profile ainsi un totalitarisme consenti. Ajoutée à cela, l'explosion de normes qui accompagne le « libre-échange » déploie une technocratie insidieuse, juridique de droit privé, de type contractuel, sans suffrage universel. Une technocratie que, pourtant, les esprits libéraux désignaient comme la caractéristique des régimes totalitaires.

Nous avons décrit, à plusieurs reprises et dès le commencement, la formation d'une masse composée d'individus à la fois isolés, dénoués des rapports sociaux fondés sur la famille, la vie locale et le travail, à la fois désolés de ne pas participer à l'aventure d'un monde qui leur échappe, reprenant par là les analyses d'Hannah Arendt[3]. Désabusé, replié sur lui-même, préoccupé de soi, l'homme moderne a tendance à se dégager des actions collectives, y compris de sa participation aux échéances électorales.

La masse se présente comme un ensemble fluide, un écoulement laminaire, dans lequel les informations circulent sans points de fixation susceptibles de créer des phénomènes turbulents. Tout se passe comme si les groupes et les individus se neutralisaient sous l'effet de la concurrence

---

[1] P. Jensen, *Simulation numérique des conflits sociaux*, Le Monde diplomatique, avril 2013.

[2] H. M. Enzensberger, *Le terrorisme publicitaire*, Le Monde, 27.10.2013 et bien d'autres.

[3] « La désolation, fonds commun de la terreur, essence du régime totalitaire (...) est étroitement liée au déracinement et à la superfluité qui ont constitué la malédiction des masses modernes depuis le commencement de la révolution industrielle », *Le système totalitaire*, Seuil, collection « Points/Essais », n° 307, 2005.

et se trouvaient dans l'incapacité de constituer des points de nucléation, de cristallisation des besoins, des désirs et des intérêts sociaux. Tout se passe comme si la dissémination de groupes et de partis sous l'effet des forces individualisantes anéantissait la possibilité de la construction de la souveraineté politique déterminée par l'unité. Sans doute faut-il également y voir l'emprise, comme on l'a dit, du mouvement incessant imposé par la société libérale depuis la flexibilité des emplois jusqu'à l'exacerbation de l'émotion, paradigme du bien-être psychologique. Ces vagues d'émotion emportent les positions réfléchies[1], celles qui discriminent des articulations entre les événements, un avant et un après, de manière à les lier et à leur donner sens. Embarquée par l'émotion, la masse perd toute sensibilité — au point de s'étourdir dans l'émotion pour éviter la souffrance de l'existence — et tout sens critique. Baladée entre les faits, d'origines diverses, elle ne parvient pas à trouver la cohérence qui lui permettrait de former au moins une opinion. La diversité fait diversion et division sans opposition. Les individus ne disposent pas d'outils intellectuels, mais surtout de temps de réflexion pour revenir sur les sujets qui se succèdent et les rassembler en une trame. À la différence des régimes totalitaires historiques, le pouvoir d'État ne décide plus souverainement dans le domaine de la pensée, comme le disait Simone Weil ; ce domaine de la pensée est progressivement vidé de tout contenu. En renvoyant à l'individu souverain le soin de se déterminer, l'idéologie libérale le laisse fluctuer au gré de ses émotions, sans affect commun. Et la rationalité de la technologie impose l'expansion du raisonnement, de l'intelligence diacritique, de la faculté de séparer et de distinguer, de la logique qui est, de surcroît, à nos yeux, la caractéristique du discours libéral.

La masse n'est pas active au sens où elle serait animée par une volonté collective dotée d'objectifs déterminés et réfléchis. Par contre, elle serait plutôt réactive, eu égard à sa *sensibilité* et elle est dangereuse à ce titre : le flux des émotions peut prendre corps et retrouver un état de violence incontrôlable. La masse est sensible à ce qui la touche et non à ce qui lui est expliqué, à l'exemple du sentiment de la dette. Elle est vivante par ses émotions — loin de l'inertie —, mais elle est incapable de décider, c'est-à-dire de choisir une raison plutôt qu'une autre de faire ou d'agir. La masse est irrationnelle même si, après coup, on s'ingénie à lui trouver des raisons.

À la différence des totalitarismes historiques, il n'est pas encore question de changer l'homme, de vouloir le rendre pur, conforme à un idéal au point que l'homme vivant devienne « superflu » et disparaisse derrière ou au profit de l'idéal. Les hommes sont *utiles*, même s'ils le sont

[1] Qui accumulent les grains de sable, voir L. I, titre 2, chap. 2, *Expliquer : décrire ce qui est.*

moins en tant que producteurs que consommateurs : les machines progressivement les remplacent, mais la production doit quand même être écoulée. Ils sont de surcroît *estimables*[1] tant qu'ils s'avèreront utiles. Là encore apparaît une autre différence avec les totalitarismes historiques : ils ont été impulsés par des pauvres, des faibles, des hommes réactifs, suicidaires, incapables de jouir du monde présent. Il n'est pas nécessaire au puissant d'aujourd'hui d'avoir recours à la brutalité : au contraire, le maître n'a plus besoin d'esclaves-travailleurs, mais de chômeurs-consommateurs aseptisés. Le puissant économique a besoin de clients, le puissant financier a besoin de l'argent de la masse qui constitue son fonds de commerce puisqu'elle apporte son tribut de contribuable lorsqu'il manque de liquidités. Les « gens » sont doublement tenus : la monnaie ne leur appartient pas, la dette les tient en otage, ils ne sont même pas propriétaires de leur épargne. Toute propriété n'a de valeur qu'en monnaie dont le propriétaire n'est pas détenteur. Là, on les tient. Nul ne peut se passer de monnaie. En un mot, le dominant de nos jours a besoin de dominés suffisamment vivants et nombreux pour consommer et conforter le rôle indispensable de la monnaie. Jusqu'au jour où la dette, financière ou naturelle, n'aura plus de bords pour la contenir.

Ce n'est pas par hasard si, dès le début de notre recherche, nous avons emprunté le domaine de la santé pour désigner — et dénoncer — les altérations du fonctionnement de l'État et la délitescence de nos élites dirigeantes[2]. Cela fut repris autrement, par un autre bout, lorsque nous avons rappelé la place éminente de la condition sanitaire des populations comme marqueur le plus pertinent du corps politique, de l'état général d'une collectivité[3] tant dans ses aspects de développement physiques et psychologiques — y compris son vieillissement — que dans ceux de sa force démocratique. On pense au pouvoir de « faire vivre et laisser mourir » de M. Foucault[4], au pouvoir d'entretenir la population par des mesures sécuritaires et sanitaires et de laisser mourir les moins résistants. Ce pouvoir se reconnaît le droit d'appliquer une mort douce, sans la provoquer. Il veille à entretenir les fonctions reptiliennes basiques[5] de la masse, juste ce qu'il faut, pour éviter la révolte du plus grand nombre. L'histoire ayant été vulgarisée et l'opinion vigilante, il n'est plus possible de discipliner et d'éliminer la masse — « faire mourir » — comme ce fut le cas au XXe siècle avec les régimes totalitaires. Il faut maintenant gérer et contrôler le plus grand nombre par des techniques plus sophistiquées,

[1] Ils représentent un coût ou une plus-value.
[2] *Le cas Servier*, une partie des trois livres non publiés à ce jour.
[3] Plus pertinent que les mesures de statistiques économiques.
[4] *Sécurité, Territoire, Population et Naissance de la biopolitique*, cours de mars 1976. « Il faut défendre la société », Gallimard Seuil, 1997, pages 213 à 235.
[5] Se nourrir, se reproduire, se sentir protégé. Voire même les fonctions limbiques, affectives et émotionnelles.

inédites, ambivalentes fondées principalement sur le concept ambigu de sécurité, protection et surveillance. Le totalitarisme étouffant ne veut pas la mort : le coma lui suffit.

En résumé, le totalitarisme que nous entrevoyons amalgame trois ingrédients : la complicité passive des individus aux groupes dominants, une idéologie qui n'apparaît pas comme telle, une solidarité fondée sur le secret de l'argent.

Si le système permet de gagner de l'argent sans les hommes, pourquoi pas, mais s'il réduit leur usage de la monnaie ? Il vaut mieux pour la pensée cynique un chômeur-consommateur accroché à sa survie par des aides que des travailleurs vindicatifs sur la qualité et le sens de leur vie — un luxe — et surtout marxistes qui, en plus, réclameraient le partage des fruits de leur travail.

L'État

Nous avons souligné comment, par quelles mystifications, les mouvements totalitaires se sont emparés de l'État. Cet ennemi qu'ils étaient censés abattre dans leur discours leur a servi de maître d'œuvre dans la construction du système totalitaire. Lorsque l'on parle d'État totalitaire, on oublie de rappeler cette mystification. L'État n'est qu'une forme d'organisation et de mise en œuvre du politique : il n'est pas totalitaire par essence, même si l'État moderne, compte tenu de sa nature rationnelle et organisatrice, est propice au développement des totalitarismes historiques. Les formes de domination despotiques relèvent de souverains sans État.

L'État n'est pas totalitaire de l'avis même des libéraux qui dénoncent sa lenteur à traiter les affaires urgentes que réclame le monde affairé des affaires. Il contrarie le mouvement, la fluidité, il contraint à la réflexion nécessaire et préalable à toute prise de décision[1]. Il vaut mieux alors l'empêcher de prendre toute décision, de se dispenser de la caution de la souveraineté du peuple et de laisser ainsi libre cours aux initiatives, quelle que soit leur valeur éthique. Il convient donc de stériliser l'action publique, de désarmer l'État de ses prérogatives, de la force et de l'intérêt publics. Comment ? En bénéficiant des pratiques cumulées pas à pas, du fait accompli au droit, des structures établies au fil du temps, de la ruine d'affects communs qui se sont effondrés sur eux-mêmes[1], du rétablissement consécutif du désir pour soi considéré comme

---

[1] « Toute espèce de structure légale ou gouvernementale ne peut être qu'un handicap pour un mouvement qui va se propageant à une vitesse croissante dans une direction déterminée », H. Arendt, chap. XII, *Le totalitarisme au pouvoir*, in *Les origines du totalitarisme*.

[1] L'appartenance au communisme par exemple.

universellement partagé, de l'évolution des sciences et des technologies qui développent le sentiment de l'homme-maître du monde ainsi que l'idée d'une meilleure adéquation des objets aux désirs, de la massification avec son alignement des désirs sous une norme générale, de relations mondialisées sans affect commun, d'une meilleure connaissance appliquée sur la relation corps-esprit capable de changer les affections humaines, de la place hégémonique de l'argent dans les désirs individuels pour le transformer en monnaie et en produits financiers.

Ces outils libéraux ont pénétré l'action collective, les pratiques, les mœurs, la société civile. Avec le temps, au fur et à mesure de leur stratification et de leur généralisation, la conformité des pratiques s'est explicitée en règles sous forme de contrats, conventions, pactes, chartes d'éthique rédigés entre-soi, mais contraignants pour les autres, pour tous les autres y compris les États avec l'appui de tribunaux d'arbitrages définis dans ces transactions privées, présumés indépendants sans garantie constitutionnelle.

Il suffit également de développer à l'extrême la logique rationnelle de l'État en dispersant les niveaux de décision dans des empilements réglementaires nébuleux. Le citoyen ne sait plus alors à quelle autorité il a affaire sur une question qu'il se pose et la masse des citoyens n'est plus capable d'identifier le niveau de décision qui la gouverne : une institution mondiale[1], le président de la République, le gouvernement, un ministre, l'Europe (le parlement ou la commission européenne), le conseil régional, le conseil général, l'agglomération de commune, le maire ? On ne sait jamais quelle autorité est placée au-dessus des autres. Qui exerce la souveraineté que le peuple a confiée par ses votes ? Qui influence les représentants du peuple : les électeurs ou les lobbies, les groupes de pression ? Bref, tous ces circuits institutionnels érigés sous le principe de subsidiarité[2] afin de répondre aux situations complexes établissent autant de courts-circuits parallèles entre les administrations locales, nationales, européennes et mondiales qui se concurrencent et qui rallongent les délais de décision. La spécificité de l'État, des États, réclamerait une formation d'ingénieurs en cette matière d'une autre nature — sans l'exclure — que le droit.

L'État est une réalité agissante comme tout ce qui relève du politique, de la volonté générale. Il ne suffit pas d'invoquer la souveraineté pour que l'État soit légitime, il faut encore que cette souveraineté soit entretenue, qu'elle s'exerce et se manifeste dans son exercice. On ne peut se contenter de présupposer la volonté générale à l'origine de l'action étatique, elle doit

---

[1] FMI, G 20, ONU, OMC… un tribunal international, y compris la Cour de justice de l'Union européenne.

[2] Selon lequel un problème doit être traité au niveau où il se pose. Voir sur la répartition des niveaux de compétence, par exemple en Europe : *Qu'est-ce que le principe de subsidiarité*, http://www.vie-publique.fr.

encore se traduire dans les actes politiques, les dispositifs, les décisions et se mesurer par des outils d'évaluation, d'expérimentation, des votes populaires, des retours sur les implications de la volonté générale dans la réalité sociohistorique.

Quand bien même le libéralisme prendrait une forme totalitaire qui détournerait les monopoles étatiques à son profit, il n'en reste pas moins que l'État survivrait. Il ne peut y avoir d'État totalitaire achevé. Tout système totalitaire a ambitionné la disparition de l'État sans y parvenir. Des civilisations se sont écroulées entraînant avec elles l'État marquant ainsi la dissolution de la vie collective[1], mais c'est autre chose. Le politique se nourrit de la diversité pour, sans cesse, maintenir une unité.

La propagande

Parmi les ressources de l'endoctrinement, nous avons relevé certaines techniques de propagande bien connues[2], en insistant sur l'acculturation par le « formatage mental » de manière à mettre en évidence les moyens propres à diffuser et infuser l'idéologie. À la terreur, essence même des totalitarismes historiques, se substitue l'infusion tenace et répétée sur les manières de se comporter et de « penser ». Cette fois, il n'est plus question de provoquer des chocs qui affolent les esprits et neutralisent les comportements, mais de cultiver la peur et l'angoisse qui révèlent et simultanément entretiennent l'impuissance des sujets.

On mesure encore assez peu l'impact de l'interface médiatique de masse — y compris Internet — dans la configuration mentale des individus. Ils ne se confrontent plus au monde réel, mais à un monde représenté, sélectionné, arrangé, scénarisé. On le sait aussi, ce monde reproduit et présenté au spectateur tient compte de son affinité afin d'assurer l'audience de l'émetteur. « On pense comme on se heurte » disait Paul Valéry, or tout est fait pour plaire au client, ne pas le heurter, mais susciter son émotion et éviter les conflits cognitifs, les paradoxes, à la source des mouvements de la pensée. Nous retrouvons ici la présentation d'un monde, ondulant peut-être, mais lisse.

On l'a évoqué, le mobinaute géolocalisé, reçoit des informations ciblées en fonction de ses comportements et de ses choix. La collecte des données et leur traitement en temps réel autorisent une surveillance étroite de la vie privée, seulement contrariée par des cadres juridiques aujourd'hui inadaptés à la mondialisation ou des chartes de bonnes pratiques non

---

[1] La culture maya de la période classique, le royaume khmer d'Angkor, la culture andine de Tiwanaku ou l'empire akkadien de Mésopotamie.

[2] Les stéréotypes, les abus des mots, les glissements sémantiques, la redondance, l'appel à la peur…

contraignantes. Mais l'innovation numérique croissante laisse augurer un suivi de plus en plus étroit des replis de notre intimité et des accompagnements en douceur de nos comportements. Progressivement, l'individu s'accoutume à ce compagnonnage virtuel qui répond à ses désirs et à ses besoins. Il se retrouve lui-même, comme on l'entend souvent, manifestant une aspiration confuse, mais réelle de l'individu à se replier par crainte du monde réel. Et c'est vrai : il est dans un système en boucle dont il est l'auteur et destinataire. Les sociétés du Web ne font que traiter les matériaux mis à disposition par les internautes. On peut dire que l'homme connecté s'enferme dans la bulle internet. Le risque d'esseulement est grand, plus grand qu'il est lui-même à la source d'une société, d'un système, qui s'impose à lui.

L'élite

Quant aux élites, nous retenons avant tout qu'elles se distinguent des partis politiques par leur discrétion. Il s'agit, pour elles, de tenir le pouvoir sans en être détenteurs. Pour plus de clarté, nous les classons en trois groupes : les maîtres à penser ou stratèges, les porte-paroles et les maîtres d'œuvre. Les premiers se retrouvent dans les cénacles[1], ces groupes restreints cultivant le secret, les seconds ont plutôt vocation à s'insérer dans le débat public (presse et conférences) et les derniers à occuper les fonctions de commande à la tête de grosses entreprises privées ou des administrations de l'État. On observera que les élites, affectées à la politique, sont les plus exposées tant par la vindicte que par le retournement populaires. Hannah Arendt l'avait noté en rapport aux totalitarismes classiques, « l'appareil gouvernemental est généralement décrit comme la façade dénuée de tout pouvoir qui dissimule et protège le pouvoir réel exercé par le parti[2] », le parti devant être traduit de nos jours par « l'élite » rattachée à la société civile.

Formée en cercles concentriques, la structure de l'oignon convient à l'organisation de l'élite à la différence qu'elle ne dispose pas d'un chef en son centre[3]. Chacune des couches n'a de contact qu'avec celle qui lui est immédiatement supérieure et inférieure. Par conséquent, plus on se rapproche du centre, d'autant on est proche de la réalité stratégique et plus on en est éloigné, d'autant on est proche de la réalité sociale et politique. Chacune d'elles remplit ainsi une double fonction : traduction des objectifs venant du centre, interprétation de la réalité vécue et rapportée par la périphérie. De la sorte, chacune se perçoit dotée d'un pouvoir réel. À la

---

[1] La Trilatérale, le forum de Davos, le groupe Bildergerg, etc.

[2] Chap. XII, Le totalitarisme au pouvoir, in Les origines du totalitarisme.

[3] « (...) l'image adéquate du gouvernement et de l'organisation totalitaire me paraît être la structure de l'oignon, au centre duquel, dans une sorte d'espace vide, est situé le chef », H. Arendt, *La crise de la culture*, Folio Essais, 1972, p. 131.

différence d'une structure hiérarchique, les ordres prennent l'allure d'appels pressants, de sollicitations, d'invitations, de recommandations, de services attendus, de retours de faveurs obtenues, au nom de liens d'amitié, de connaissances ou de réseaux communs, d'associations reconnues.... Bref, aucune injonction, mais d'amicales pressions justifiant la discrétion et la stratégie d'influence caractéristiques du fonctionnement de l'élite. D'un autre côté, l'élite se distingue de la masse et reprend le principe d'individuation (l'individualisme) chère au libéralisme : on l'a dit ailleurs, le recrutement par cooptation permet au cercle de relever ceux qui manifestent les comportements distinctifs attendus et de donner les codes d'accès sans lesquels les portes du même niveau ou des niveaux en contact ne s'ouvrent pas.

En outre, la pluralité des cercles, loin de la formation en partis politiques, neutralise l'idée d'une conspiration internationale : les théories du complot sont incapables de prendre racine faute de désigner un adversaire bien identifié. Elles tombent rapidement à court et se trouvent à leur tour accusées d'idée simpliste et populiste, aux relents de propagande des mouvements totalitaires historiques (avec les Juifs, les francs-maçons, les Roms, les apatrides...). Il n'est pas possible de désigner la main invisible sur le monde : l'élite se préserve par l'anonymat — on l'a assez dit —, sa structuration ne permet pas de discerner des points d'articulation, son fonctionnement par suggestion est illisible par les non initiés et la description du système est trop complexe pour séduire la masse.

« Le monstre doux »[4] désigne précisément, à notre sens, le totalitarisme nouveau en cours d'installation. Il s'apparente « à cette barbarie froide et glacée que les philosophes allemands Theodor Adorno (1903-1969) et Max Horkheimer (1895-1973) appelaient la raison instrumentale »[5]. Il se distingue de ses prédécesseurs, les totalitarismes historiques, par ses méthodes — nous en avons détecté quelques-unes —, mais surtout par ses finalités, en particulier celle-ci : puisqu'il n'est pas question d'humanité, de définition *a priori* sur la valeur humaine, il n'est pas nécessaire de faire disparaître les hommes comme dans les régimes totalitaires passés dont l'élimination meurtrière est érigée en attribut du système. De ce point de vue, l'humanité est une idée abstraite et, à ce titre, elle ne peut impliquer ou obliger les individus souverains. Par contre, les individus souverains se manifestent par leur intérêt et c'est de dernier qui organise pratiquement le monde. C'est donc lui, et lui seul, qu'il faut considérer. Quel est-il ? Une valeur concrète qui satisfait le besoin élémentaire de vivre : l'argent. Vivre,

---

[4] Titre du livre de R. Simone, op.cit.

[5] E. Morin, *L'autre voie*, entretien avec St. Hessel, Théâtre des idées (Avignon), 19.07.2011, www.theatre-video.net et Le Monde, 01.03.2013.

avoir les moyens de vivre. Quel est le moyen essentiel de sa satisfaction ? L'argent. Comment faire prévaloir cet intérêt face aux intérêts secondaires ou autres valeurs ? En réunissant ceux qui le partagent. Et les adversaires, ceux qui s'y opposent, doivent être neutralisés. Il revient donc à chacun de faire prévaloir son intérêt et de faire en sorte de s'en donner les moyens.

Est pourtant juste ce qui n'entame pas la liberté individuelle et injuste toute tentative d'imposer des conduites ou comportements à l'individu souverain quelles que soient les valeurs auxquelles on fait appel[1]. Cette réserve doctrinale abstraite a été balayée par l'intérêt coalisé des individus souverains.

Pratiquement, il suffit donc que la masse vive sans pour autant que des individus se sacrifient pour elle. Lorsque la colère gronde, que la révolte menace, l'intérêt bien compris du petit nombre — sa propre survie — nécessite des ajustements. En clair : il faut bien combler le manque d'argent et relâcher l'étau. Tout l'art libéral consiste à savoir doser les satisfactions de la masse en ajustant l'offre accordée par le petit nombre. On l'a vu, l'austérité s'applique jusqu'au point où elle devient insupportable ; à ce moment, l'argent revient, comme par enchantement.

Si tant est que nous soyons parvenus à établir un diagnostic de notre expérience actuelle du monde au cours de ce travail, il nous manque une pensée politique capable d'impulser une force organisatrice et de donner un sens à notre action. « Que nous est-il permis d'espérer ? » Une telle entreprise suppose une inventivité politique fondée sur une imagination raisonnée. L'une des premières conditions est de ne plus faire de compromis empiriques — aléatoires —, mais des choix réfléchis et déterminés.

[1] « Chaque personne possède une inviolabilité fondée sur la justice qui, même au nom du bien-être de l'ensemble de la société, ne peut être transgressée. Pour cette raison, la justice interdit que la perte de liberté de certains puisse être justifiée par l'obtention, par d'autres, d'un plus grand bien. Elle n'admet pas que les sacrifices imposés à un petit nombre puissent être compensés par l'augmentation des avantages dont jouit le plus grand nombre », J. Rawls, *Théorie de la justice*, Seuil, 1987, p. 29 — 30.

TABLE

Sociologie et questions de société aux éditions L'Harmattan

Dernières parutions

COUPLE (LE) RYTHMÉ PAR SES CRISES
Un regard croisé entre une sociologue et une thérapeute de famille
Bawin-Legros Bernadette, Schrod Hannelore
Ce livre entend questionner quelques grandes crises que traversent les couples aujourd'hui, de la formation du couple à la retraite, en passant par la naissance des enfants, les recompositions familiales et l'impact des nouvelles technologies. L'originalité de cette étude réside dans le double regard qui est porté : celui d'une sociologue qui s'interroge sur le couple et la famille et celui d'un thérapeute de famille d'inspiration systémique.
(Coll. Logiques sociales, 17.00 euros, 166 p.)
ISBN : 978-2-343-05046-1, ISBN EBOOK : 978-2-336-36819-1

MUTATIONS ET DÉTERMINISME CHEZ BOURDIEU
Épistémologie de la sociologie de l'art de Bourdieu
Dulmage Simon
Pierre Bourdieu serait le sociologue du déterminisme social par excellence. L'institution scolaire, écrit-il, avantage les avantagés et désavantage les désavantagés. Les possibilités de changement sont réduites. Pourtant, n'est-il pas questions dans *Les règles de l'Art* de changement et de discontinuité ? Bourdieu, un penseur déterministe ? Il est légitime d'en douter puisqu'il y a manifestement des tensions entre la logique de la conservation et la logique du changement.
(Coll. Logiques sociales, 14.00 euros, 130 p.)
ISBN : 978-2-343-04976-2, ISBN EBOOK : 978-2-336-36568-8

PARTIR À LA RETRAITE
Tassart-Lainey Micheline
Du jour au lendemain... à la maison !! Le passage à la retraite est toujours un moment brutal, une condamnation sans plaidoyer et sans appel !! L'arrêt définitif du métier renvoie la personne à elle-même. Je deviens mon propre patron. Mais aux yeux de qui ? Pour quoi faire ? Et comment ? C'est une modification totale de la vie quotidienne. Elle est d'autant plus mal ressentie qu'elle se produit à un moment où la personne ne se sent pas vieille et où d'autres ruptures viennent de se produire : départ des enfants, décès des parents...
(Coll. La gérontologie en actes, 14.50 euros, 142 p.)
ISBN : 978-2-343-04508-5, ISBN EBOOK : 978-2-336-36784-2

IDENTITÉ, ALTÉRITÉ ET REPRÉSENTATIONS
Sous la direction de Gilbert Zouyané
Cet ouvrage offre une réflexion sur les enjeux de l'affirmation des identités dans un monde à la fois globalisé et fragmenté, où l'impérialisme culturel résiste à la fécondation mutuelle des civilisations et des peuples. Comment apprécier l'expression des formes identitaires communautaires (culture, nation, race, ethnie...) où les sentiments d'appartenance sont particulièrement forts ?
(Coll. Harmattan Cameroun, 20.00 euros, 194 p.)
ISBN : 978-2-343-04992-2, ISBN EBOOK : 978-2-336-36727-9

ESSAI D'INTERPRÉTATION DES PHÉNOMÈNES CULTURELS
Du dialogue interculturel (volume 1)
Pallante Gianna - Préface de Cristiana Freni
Le développement vertigineux des communications et la surexploitation de la planète nous obligent aujourd'hui à vivre en contact permanent. Dans ce contexte, le dialogue interculturel se présente comme une possibilité pour vivre ensemble. Mais cela suppose, selon l'auteur, que les hommes ont «du commun» à partager. Sa recherche veut donc montrer qu'au-delà des différences, il existerait une nature humaine qui s'exprime dans l'histoire des hommes et se manifeste dans la diversité des cultures.
(Coll. Harmattan Cameroun, 17.00 euros, 172 p.)
ISBN : 978-2-343-03071-5, ISBN EBOOK : 978-2-336-36739-2

ESSAI D'INTERPRÉTATION DU VIVRE ENSEMBLE
Du dialogue interculturel (volume 2)
Pallante Gianna - Préface de Cristiana Freni
Aujourd'hui, le dialogue interculturel se présente comme un nouveau modèle de conception de la relation entre cultures. Dans ce livre, l'auteur soutient la thèse selon laquelle le texte d'une culture est inscrit dans la personne qui se l'approprie à travers l'éducation. Le dialogue est possible si la structure de la personne est la relation d'ouverture à l'autre et si les personnes en dialogue sont capables de dépasser leur horizon personnel et culturel pour créer une réelle solidarité.
(Coll. Harmattan Cameroun, 17.00 euros, 176 p.)
ISBN : 978-2-343-04134-6, ISBN EBOOK : 978-2-336-36740-8

INVENTION (L') DE LA VALEUR UNIVERSELLE EXCEPTIONNELLE DE L'UNESCO
Une utopie contemporaine
Sous la direction d'Alain Chenevez et Nanta Novello Paglianti
De la Valeur Universelle Exceptionnelle de 1972, en passant par la Convention pour la reconnaissance de l'immatérialité de 2003, le patrimoine mondial de l'UNESCO, à l'importante plasticité conceptuelle, ne cesse d'évoluer. Cet ouvrage invite au débat sur l'évolution du patrimoine mondial, à travers trois axes : diachronique, interactionniste et communicationnel, mais aussi politique et prospectif.
(Coll. Logiques sociales, 25.00 euros, 248 p.)
ISBN : 978-2-343-04985-4, ISBN EBOOK : 978-2-336-36697-5

LUTTE (LA) CONTRE LES DISCRIMINATIONS
Genèse et usages d'une politique publique
Prévert Aline
Lutter contre les discriminations» résonne aujourd'hui en France comme un mot d'ordre naturel accompagné d'un dispositif d'actions et d'un réseau d'acteurs. Pourtant, il a fallu attendre la fin des années 90 pour que les pouvoirs publics se saisissent de cette problématique et qu'une politique soit définie puis mise en oeuvre. Cet ouvrage contribue à mieux comprendre la politique de lutte contre les discriminations en France à travers l'étude de sa genèse et de ses usages.
(Coll. La Librairie des Humanités, 39.00 euros, 404 p.)
ISBN : 978-2-343-04730-0, ISBN EBOOK : 978-2-336-36648-7

MONDE (LE) CANNIBALE
Le défi démographique de 2065
Rollandin Philippe
Conséquences des progrès de la génétique, de la médecine prédictive et des traitements personnalisés, les grandes maladies seront bientôt vaincues et l'espérance de vie va augmenter dans des proportions inimaginables. L'Homme est sur le point de conquérir son immortalité. Mais dans quel monde vivra-t-il cette éternité ? Ce livre tire la sonnette d'alarme : si l'on n'anticipe pas le choc démographique à venir, le monde de demain sera un monde où les générations et les peuples seront prêts à tout pour faire disparaître les plus faibles ou ceux qui accaparent la richesse - le monde de demain sera un monde de cannibales.
(Coll. Défis, 19.00 euros, 198 p.)
ISBN : 978-2-343-05352-3, ISBN EBOOK : 978-2-336-36798-9

RÉPUBLIQUE (LA) CONTRE LES LIBERTÉS
Le virage autoritaire de la gauche libérale (1995-2014)
Bourgoin Nicolas
La montée en force du libéralisme sécuritaire est une tendance lourde de nos sociétés occidentales. Sa mise en oeuvre par un gouvernement de gauche lui donne une coloration particulière en mobilisant des valeurs étiquetées humanistes ou progressistes au service de politiques discriminatoires ou liberticides (lois antiterroristes, islamophobie, inflation carcérale, encadrement de la liberté d'expression dans les salles de spectacle et sur Internet, dissolution de mouvements politiques contestataires...).
(Coll. Questions contemporaines, 21.00 euros, 210 p.)
ISBN : 978-2-343-05267-0, ISBN EBOOK : 978-2-336-36838-2

FRANCE, LA RÉPUBLIQUE EST TON AVENIR
Guyon Frank
L'auteur analyse les causes du pessimisme collectif contemporain des Français pour leur avenir. Il démontre que le chômage de masse, apparu en 1975, a ruiné l'héritage de la République et mis à mal deux valeurs communes qui fondaient la cohésion sociale : le Travail et l'Égalité. Pour reprendre confiance il faut renouer avec les valeurs républicaines, s'engager dans le développement durable en faisant plus avec moins et faire mieux autrement.
(Coll. Questions contemporaines, 18.00 euros, 182 p.)
ISBN : 978-2-343-04912-0, ISBN EBOOK : 978-2-336-36793-4

DISSUASION NUCLÉAIRE (LA)
Prélude au désarmement
Valensi Edouard
Plus de 17 000 têtes nucléaires traînent dans le monde, 4 500 sont programmées pour détruire la moitié de la terre. Peut-on les éliminer ? Oui, il existe un chemin vers le désarmement nucléaire, mais il doit passer par un stade intermédiaire, la suffisance nucléaire. On ne peut être réaliste sans évoquer précisément la mise en œuvre des armes nucléaires, les plans de tir et les doctrines. Cet ouvrage propose un mode de calcul réaliste de forces nucléaires et démontre que les arsenaux monstrueux que le XXe siècle nous a légués sont désormais sans objet.
(21.00 euros, 170 p.)
ISBN : 978-2-343-04982-3, ISBN EBOOK : 978-2-336-36506-0

PLAIDOYER POUR UNE NOUVELLE ÉCOLOGIE DE LA NATURE
Genot Jean-Claude
Dans une société caractérisée par la maîtrise des hommes sur la nature, l'auteur propose de laisser faire l'évolution naturelle car c'est justement dans la nature spontanée que résident la liberté et l'enchantement. Il plaide pour la nature férale (autrefois domestiquée puis redevenue sauvage). À l'heure où une prise de conscience des enjeux écologiques de nos écosystèmes commence à se développer, une nouvelle nature apparaît, faisant renaître l'espoir.
(Coll. Antidotes, 18.50 euros, 186 p.)
ISBN : 978-2-343-05238-0, ISBN EBOOK : 978-2-336-36527-5

PLUS LOIN QUE LE DÉVELOPPEMENT DURABLE : LA DURABILITÉ
Brun-Picard Yannick
En partant d'une analyse contextuelle et critique du développement durable, cet ouvrage a pour objectif de démontrer la pertinence de l'emploi du concept de durabilité dans les projets d'aménagement et d'organisation des territoires. Cinq thématiques illustrent les potentialités de la mise en application de la durabilité (commercialisation, valorisation, diversification, agriculture et les enseignements). Elles sont synthétisées au sein de l'exemple transméditerranéen de l'activité développée par le groupe Pizzorno environnement, de gestion des déchets, entre la Provence et l'Afrique.
(Coll. Logiques sociales, 25.00 euros, 246 p.)
ISBN : 978-2-343-04840-6, ISBN EBOOK : 978-2-336-36271-7

BOURDIEU
Une sociologie réflexive
Lemaire Dominique Thiébaut
A l'époque où il était élève de l'École Normale Supérieure, l'auteur de cet ouvrage a eu l'occasion de découvrir l'enseignement et les recherches de Bourdieu. Bien des années plus tard, ayant lu et relu les premiers ouvrages du sociologue, il s'est senti assez proche de cette pensée qui a beaucoup évolué. A la sociologie de l'État s'est ajouté une réflexion approfondie sur la science et sur l'universel irréductible aux conditions sociales particulières dans lesquelles il a été produit.
(Coll. Le Scribe Cosmopolite, 12.00 euros, 120 p.)
ISBN : 978-2-343-05108-6, ISBN EBOOK : 978-2-336-36375-2

SYSTÈME (LE) PROSTITUTIONNEL
Sources africaines dans le paysage français
Mbiaga Cyrille
Cet ouvrage décrit la situation des personnes prostituées en France, le rôle des proxénètes et des clients qui forment le système prostitueur, le rôle des familles et de la société. Leur analyse révèle des déterminants qui poussent au départ des pays d'origine. A partir d'un modèle général qui établit le cercle vicieux de la prostitution, l'auteur se penche sur les modèles spécifiques camerounais et nigérian qui se distinguent.
(Coll. Questions contemporaines, 23.00 euros, 232 p.)
ISBN : 978-2-343-04854-3, ISBN EBOOK : 978-2-336-36281-6

PÉDAGOGIE SOCIALE
Dalla Piazza Serge, Garcet Marc, Vandormael Luc
De crise en crise, une partie toujours plus grande de la population se retrouve au ban de la société, en situation de dépendance des services sociaux, mettant à mal les tentatives de cohésion sociale des États. C'est contre tout cela que la pédagogie sociale lutte. «Vivre ensemble» illustre un modèle de pensée sociale qui érige le projet social en incluant les talents d'invention du citoyen dans la dynamique collective où priment la cohésion sociale, l'égalité des chances et la qualité de vie.
(Coll. Au carrefour du social, 23.00 euros, 222 p.)
ISBN : 978-2-343-04793-5, ISBN EBOOK : 978-2-336-36402-5

APOLOGIE DU GRAND ÂGE
Vieillesse oblige !
Cambona Christophe
Préface d'Alain Minc
Les personnes âgées sont, à l'heure où la société connaît une véritable dictature de l'urgence, les garants et les acteurs d'une autre temporalité : celle de la retraite. Cette période ne doit pas marquer la fin de la vie sociale, au contraire. Elle constitue un nouvel élan vers de nouvelles activités et rencontres. Loin d'être le blâme de la jeunesse, cet essai plaisant à lire prône davantage de solidarité entre les générations en renversant les préjugés sur la vieillesse.
(Coll. Rue des écoles, 11.50 euros, 94 p.)
ISBN : 978-2-343-04679-2, ISBN EBOOK : 978-2-336-36100-0

CHÔMEURS
Anthropologie d'un mouvement social
Kim Seung-Yeon
Préface de Marc Abélès
Ce livre témoigne des mobilisations de chômeurs en France, telles que les a vues et vécues une anthropologue coréenne. Aussi médiatiques que spectaculaires que soient les formes de mobilisation, ces sortes de rites militants ne visent pas à un changement radical mais tendent à un nouveau rapport de forces avec l'autorité publique. La violence s'exprime contre l'inégalité et l'injustice, mais aussi au sein du mouvement, dans l'affrontement des idées et des groupes.
(Coll. Socio-anthropologie, 28.00 euros, 280 p.)
ISBN : 978-2-343-03842-1, ISBN EBOOK : 978-2-336-36175-8

L'HARMATTAN ITALIA
Via Degli Artisti 15; 10124 Torino

L'HARMATTAN HONGRIE
Könyvesbolt ; Kossuth L. u. 14-16
1053 Budapest

L'HARMATTAN KINSHASA
185, avenue Nyangwe
Commune de Lingwala
Kinshasa, R.D. Congo
(00243) 998697603 ou (00243) 999229662

L'HARMATTAN CONGO
67, av. E. P. Lumumba
Bât. – Congo Pharmacie (Bib. Nat.)
BP2874 Brazzaville
harmattan.congo@yahoo.fr

L'HARMATTAN GUINÉE
Almamya Rue KA 028, en face
du restaurant Le Cèdre
OKB agency BP 3470 Conakry
(00224) 657 20 85 08 / 664 28 91 96
harmattanguinee@yahoo.fr

L'HARMATTAN MALI
Rue 73, Porte 536, Niamakoro,
Cité Unicef, Bamako
Tél. 00 (223) 20205724 / +(223) 76378082
poudiougopaul@yahoo.fr
pp.harmattan@gmail.com

L'HARMATTAN CAMEROUN
BP 11486
Face à la SNI, immeuble Don Bosco
Yaoundé
(00237) 99 76 61 66
harmattancam@yahoo.fr

L'HARMATTAN CÔTE D'IVOIRE
Résidence Karl / cité des arts
Abidjan-Cocody 03 BP 1588 Abidjan 03
(00225) 05 77 87 31
etien_nda@yahoo.fr

L'HARMATTAN BURKINA
Penou Achille Some
Ouagadougou
(+226) 70 26 88 27

L'HARMATTAN SÉNÉGAL
10 VDN en face Mermoz, après le pont de Fann
BP 45034 Dakar Fann
33 825 98 58 / 33 860 9858
senharmattan@gmail.com / senlibraire@gmail.com
www.harmattansenegal.com

L'HARMATTAN BÉNIN
ISOR-BENIN
01 BP 359 COTONOU-RP
Quartier Gbèdjromèdé,
Rue Agbélenco, Lot 1247 I
Tél : 00 229 21 32 53 79
christian_dablaka123@yahoo.fr

Achevé d'imprimer par Corlet Numérique - 14110 Condé-sur-Noireau
N° d'Imprimeur : 117718 - Dépôt légal : avril 2015 - *Imprimé en France*

www.ingramcontent.com/pod-product-compliance
Lightning Source LLC
LaVergne TN
LVHW011009061026
849535LV00006B/1793